하나님의 기쁨, 나의 기쁨

빌립보서강해서

Expository Sermons
: The Epistle of Paul The Apostle to the Philippians

하나님의 기쁨
나의

안병만 박사
지음

**성경신학이 고스란히 녹아난
목회적 강해 설교**

주 안에서 항상 기뻐하라 내가 다시 말하노니 기뻐하라
Rejoice in the Lord always, and again I say, rejoice
빌립보서 4:4

SFC

목차
index

저자 소개	*07*
저자의 변	*09*
추천의 글	*21*
빌립보서 개요	*24*
ch.1 성도의 삶의 표지	*31*
ch.2 복음의 진전	*43*
ch.3 삶과 죽음	*57*
ch.4 복음에 합당하게 생활하라	*69*
ch.5 예수님의 마음을 품으라(1)	*83*
ch.6 예수님의 마음을 품으라(2)	*93*
ch.7 예수님의 마음을 품으라(3)	*107*
ch.8 너희 자신의 구원을 이루라	*119*

ch.9 복음의 신실한 동역자, 디모데(1)　　　131

ch.10 복음의 신실한 동역자, 디모데(2)　　　147

ch.11 복음의 신실한 동역자, 에바브로디도　　　159

ch.12 주님 안에서 기뻐하십시오　　　171

ch.13 믿음 안에서의 유익과 손해　　　183

ch.14 푯대를 향한 삶　　　199

ch.15 하늘에 있는 우리의 시민권　　　209

ch.16 주 안에 서서 기뻐하라　　　223

ch.17 기도와 간구로 하나님께 아뢰라　　　237

ch.18 믿음과 삶의 조화　　　251

ch.19 자족의 비결　　　261

ch.20 향기로운 제물　　　271

ch.21 영광송과 문안 인사　　　283

저자 소개

안병만 박사

복음에 빚진 자의 심령으로 하나님 나라의 거룩한 열정을 가지고 사역하는 안병만 목사는, 외조모가 선교사를 통해 처음 복음을 접한 이후 3대째 예수님을 믿는 가정에서 태어나 성장했다. 모태신앙으로 자라서 거듭남의 체험과 확신을 한 후 고신대학교와 고려신학대학원을 졸업하였다. 졸업 이후 바로 젊은이들을 위한 선교단체인 학생신앙운동 SFC에서 5년 반 동안 경남 지역과 전국 총무간사로 섬기며 캠퍼스 복음화를 위해 헌신했다. 사역을 마친 후, 복음과 양육, 선교에 대한 비전을 실현하기 위하여 영국으로 건너가 위클리프 대학에서 선교에 대한 신학적인 기초를 다졌으며, 남아프리카공화국 포체프스트룸^{Pochefstroom} 대학교에서 '설교에 있어서의 적용'에 관한 논문으로 신학석사$^{Th.M}$ 학위를 받았다. 이후 20세기의 탁월한 강해설교자로 알려진 '존 스토트$^{J.Stott}$ 박사의 설교의 원리와 방법'이라는 논문으로 박사학위$^{Th.D}$를 취득하였다.

1997년 말에 학위를 마치고 귀국한 후, 부산 수정교회를 섬기다가, 뉴밀레니엄이 시작되는 해에 신도시가 형성되는 수지 지역에 성경적 교회를 세우려는 사명감을 가지고 '열방교회'를 개척했다. 현재 신봉동에 새 예배당을 건축하여 25년째 왕성하게 사역하고 있다. 고려신학대학원, 백석대학교 신학대학원, 서울 한영대학교에서 설교학과 설교 클리닉 강사로 후학들을 양성하였으며, 지금은 교회 목회에 전념하면서 다음 세대를 세우기 위해 열방 킹스키즈 아카데미를 설립하여 쉐마초등학교 이사장으로 섬기고 있다.

저서로는 한영합본『존 스토트의 설교의 원리와 방법』SFC출판부, 요한일서 강해서인『하나님의 사랑』영문, 설교학의 고전이라고 할 수 있는『맛 설교학』프리칭 아카데미,『마가복음 강해 1, 2, 3, 4』영문가 있으며, 새신자와 양육을 위한 성경공부 교재인『아름다운 가족』,『아름다운 만남』,『아름다운 성숙』시리즈가 있다. 또한, 쉐마교육과 관련된 다수의 워크북인『구약의 지상명령 쉐마』,『인성교육 노하우』등을 집필하였다.

저자著者의 변辯

 오늘 우리 시대는 웃음과 기쁨을 상실하고 말았습니다. 온갖 스트레스와 불안 그리고 비교의식을 통한 상실감으로 비애와 눈물의 시대가 되었습니다. 그러나 빌립보서는 모든 그리스도인에게 하나님의 기쁨을 얻게 하여 즐거운 삶, 행복한 삶을 살도록 하는 보고寶庫입니다.

 빌립보서를 시리즈로 강해 설교를 하면서 핵심 주제를 '주 안에서의 기쁨'으로 잡고, 책 제목도 '하나님의 기쁨, 나의 기쁨'으로 정했습니다. 강해 내내 이 주제의 흐름을 놓지 않고 설명하려고 애썼습니다. '기쁨'과 '즐거움'에 대한 말씀이 총 네 장에서 여러 번 반복되고 있음을 쉽게 알 수 있습니다. 또 다른 강조점은 '마음'입니다. 빌립보서를 읽을 때 사도 바울이 여러 차례 마음, 기억, 생각에 대해 말씀하고 있는지 쉽게 알 수 있습니다. 우리는 이 책의 주제를 '그리스도인에게 기쁨을 가져다주는 그리스도를 닮은 마음'이라고 요약할 수 있습니다. 그리스도인이 생활 속에서 그리스도의 기쁨과 평화를 누리려고 한다면 마땅히 소유해야 할 마음의 종류들이 각 장에서 설명되고 있는데, 그 이유는 우리의 생각이 생활에 큰 영향을 끼치기 때문입니다. 그리고 잘못된 생각은 잘못된 생활로 우리를 이끌어 갑니다. 빌립보서에 있는 네 가지 마음, 곧 단일한 마음, 순종하는 마음, 신령한 마음, 안정된 마음에 주목하지 않을 수 없으며, 이 서신에서 복음의 핵심이며 기쁨의 근원이신 그리스도에 대해 많이 언급하고 있습니다. 예수 그리스도는 우리의 생명이시고1장, 우리의 모범이시며2장, 우리의 목표요3장, 우리의 힘4장이십니다. 그리스도 중심적인 삶이 바로 우리에게 최대의 기쁨이며 하나님의 기쁨임을 설명하면서 강조하고 있습니다.

저는 교회를 개척하여 25년을 섬기면서 주일 설교 사역에 빌립보서는 두 번 정도 강해 설교로 말씀을 전한 것 같습니다. 이 서신을 여러 번 읽고 깊이 묵상하면서 다양한 주석과 강해서를 참조하여 연구하였으며, 설교를 작성할 때마다 마치 광부가 탄광에서 보석을 캐내는 기쁨처럼 내내 마음속에 일어나는 기쁨을 억제할 수 없었습니다. 삶의 어려운 현장에서 기쁨을 상실하고 긴장감을 가지고 예배에 참석한 청중을 보면 어떻게 그들에게 기쁨을 선사할 수 있을지를 고민하지 않을 수 없었습니다. 이런 형편에 있는 청중들에게 교회가 줄 수 있는 가장 큰 선물은 바로 예수 그리스도 안에서 누릴 수 있는 기쁨이었습니다. 시편 기자도 이 진리를 깨닫고 이렇게 고백합니다. **"무릇 주를 찾는 자는 다 주로 즐거워하고 기뻐하게 하시며 주의 구원을 사랑하는 자는 항상 말하기를 여호와는 광대하시다 하게하소서"**시 40:16. 그리고 사도 베드로도 동일하게 고난 중에도 즐거워해야 할 것을 말씀합니다. **"오직 너희가 그리스도의 고난에 참여하는 것으로 즐거워하라 이는 그의 영광을 나타내실 때 너희로 즐거워하고 기뻐하게 하려 함이라"**벧전 4:13. 하나님은 기쁨을 성도들에게 선물로 주시는 관대하신 분이십니다. 하나님의 기쁨은 바로 나의 기쁨이 되어야 하는데 그것을 가능하게 하신 분이 바로 예수 그리스도입니다. 사도 바울은 이 서신을 감옥에서 써서 바깥에 있는 성도들에게 주면서 **"주 안에서 항상 기뻐하라 내가 다시 말하노니 기뻐하라"**빌 4:4고 힘주어 말씀하고 있습니다. 이것은 하나님의 기쁨을 경험하지 못한 사람은 죽었다 깨어나도 할 수 없는 말입니다. 어떻게 옥에서 족쇄를 차고 있는 분이 자유를 누리고 있는 성도들에게 기뻐하라고 말씀하실 수 있습니까? 예수 그리스도 안에 사는 성도는 바울 사도처럼 기뻐하고 즐거워 할 수 있는 줄 믿습니다. 웃음과 즐거움은 성도의 기본적인 삶인데 그리스도 안에 있는 자만이 누릴 수 있는 축복이며 특권입니다.

온 성도들이 이 진리를 깨닫고 예언자 이사야의 외침처럼 "그는 시온에서 슬퍼하는 자에게 화관을 주어 그 재를 대신하며 희락의 기름으로 그 슬픔을 대신하며 찬송의 옷으로 그 근심을 대신하시고 그들로 의의 나무 곧 여호와의 심으신바 그 영광을 나타낼 자" 사61:3로 살아가도록 할 책임이 사역자에게 있습니다. 성도는 모름지기 고통과 슬픔과 고독의 재를 뒤집어쓴 채 살아가고 있습니다. 이들에게 기쁨의 화관을 씌워주기 위해서 다시 빌립보서를 꺼내 문장의 한 단어와 한 소절도 놓치지 않고 꼼꼼하게 강해를 하게 되었습니다. 감사한 것은 매 주일 선포되는 기쁨의 메시지를 통해 성도들의 삶에 기쁨을 누리는 모습은 목회자의 한 사람으로 큰 보람이었음을 고백하게 됩니다. 성도들이 겪는 여러 가지 문제 앞에서 어떻게 하면 슬픔과 고통이 변하여 기쁨과 즐거움이 될 수 있을까를 생각해 보니 말씀 외에는 그 어떤 것도 해답이 될 수 없다는 것을 깨닫고 말씀으로 성도들을 도전하게 되었고, 위로하고 격려하는 가운데 큰 보람 또한 얻게 되었습니다.

끝으로, 부족한 사람이 강단에서 강해 말씀을 전할 때 시간마다 겸손히 경청해 주신 교우님들에게 심심한 감사를 드립니다. 때로 설교를 마치고 나면 '은혜 많이 받았습니다'라고 말씀하시는 성도님의 격려 멘트는 제가 끝까지 강해 할 수 있도록 하는 원동력이 되었습니다. 이 책 출판을 위해 기꺼이 후원해 주신 열방교회와 몇몇 성도님께 깊이 감사드립니다. 하나님께서 교회와 그분들에게 넉넉하게 보상해 주시리라 확신합니다. 몇 분(한진환, 정주채, 박은조,

김명군목사님과 박현신교수님)의 추천서는 보잘것없는 저의 강해집에 맛깔나게 하는 특수 조미료가 되었습니다. 너무 감사드립니다.

　늘 항상 곁에서 조언과 기도로 용기를 북돋아 줌으로써 격려를 아끼지 아니한 사랑하는 나의 영원한 동반자인 아내(허순덕)와 든든한 버팀목이 되어준 우리 가문의 믿음의 상속자들, 장녀 보혜/서정훈장로, 아들 희락, 막내 보은/박종구집사에게 감사하면서 이 책을 아버지의 귀한 유산으로 물려주게 되어 너무 행복합니다. 그리고 우리 가정의 삼대인 손주들 박인우, 선우, 노을이도 글을 쓰는 동안 기쁨의 청량제가 되었습니다. 아빠와 할아버지를 기억하는 좋은 유산의 보물이 되리라 확신하면서 모든 영광을 하나님께 돌려드립니다.

Soli Deo Gloria (Only glory to God)

2025. 2. 28.

광교산 자락 삼대가 행복한 열방교회 목양실에서

안병만 목사

Acknowledgements *: Author's Preface*

In our time, we have lost laughter and joy. Our era has become one of sorrow and tears, filled with stress, anxiety, and a sense of loss caused by constant comparing. However, the Book of Philippians is a treasure trove that allows all Christians to obtain God's joy and live a joyful, happy life.

While giving a series of expository sermons on Philippians, I chose the core theme as 'Joy in the Lord' and decided to title the book 'God's Joy, My joy'. I have tried to stay focused on the theme without losing the flow throughout the exposition. It is easy to see that the words 'joy' and 'gladness' are repeated several times in all four chapters. Another emphasis is on the 'heart'. When reading Philippians, it is easy to see that the Apostle Paul speaks about 'heart', 'memory' and 'thought' many times. We can summarize the theme of this book as a 'Christ-like mind that brings joy to Christians'. Each chapter explains the kinds of hearts that Christians should possess if they want to enjoy Christ's joy and peace in their lives, because thoughts greatly influence all aspects of one's life. Having wrong and bad thoughts lead to a life of wrong choices and consequences. We cannot help but pay attention to the four kinds of hearts in Philippians: a unified mind, an obedient mind, a spiritual mind, and a stable mind. This letter mentions Christ a great deal, the core of the gospel and the source of joy. Jesus Christ is our life_{Chapter 1}, our model_{Chapter 2}, our goal _{Chapter 3}, and our strength_{Chapter 4}. A Christ-centered life is our greatest joy hence, God's joy.

Ever since I have founded the church, I have served it for 25 years with unwavering devotion. I have had the chance to preach Philippians as an expository sermon about twice during the Sunday morning service. After reading and deeply meditating on this letter, I studied it with reference to various commentaries and expositions. Every time I wrote a sermon, I could not suppress the emotion and joy that arose in my heart, like mining for jewels in a coal mine, which is the core theme I chose for Philippians. I could not help but to feel obligated to place the joy in the lives of today's Christians who are rigid and lack joy. The greatest gift that the church could give to modern Christians is the joy that they can fully embrace in Jesus Christ. The Psalmist also realized this truth and confessed, 'But may all who seek you rejoice and be glad in you; may those who long for your saving help always say, The Lord is great!' Psalm 40:16 And the Apostle Peter also spoke of rejoicing even in suffering, 'But rejoice inasmuch as you participate in the sufferings of Christ, so that you may be overjoyed when his glory is revealed' 1 Peter 4:13. God is a generous giver who gives joy as a gift to the believers. God's joy must become my joy, and the one who makes this possible is Jesus Christ. The Apostle Paul wrote this letter in prison and sent it to the believers outside, saying emphatically, 'Rejoice in the Lord always. I will say it again: Rejoice!' Philippians 4:4. It is impossible for a person who has never experienced God's joy to say this. Isn't it ironic for a person who is imprisoned and in shackles to tell the believers who are free to rejoice? I believe that Christians living in Jesus Christ can rejoice and be glad like Paul, regardless of their circumstances. Laughter and joy are part of the basic life of the believers, and they are a blessing and privilege that only those in Christ can enjoy.

Preachers have a responsibility to make all the saints realize this truth and live as Isaiah the Prophet cried out, 'to bestow on them a crown of beauty instead of ashes, the oil of joy instead of mourning, and a garment of praise instead of a spirit of despair. They will be called oaks of righteousness, a planting of the Lord for the display of his splendor.' Isaiah 61:3 Thus, I chose Philippians again, a year before my retirement, and carefully expound on it, meditating on every word and phrase. The purpose is to awaken the fact that the believers are sent to be neighbors to those who suffer and to put a crown of joy on those who are covered in ashes of sorrow and loneliness. Thankfully, as a preacher, I confess seeing the believers savoring joy through the messages proclaimed every Sunday was a great reward. Faced with various problems that the believers experience, I thought about ways to turn sorrow and pain into joy and gladness, and I realized nothing but the Word could be the answer. With this insight, I have continued to encourage the believers. It has been rewarding to comfort them.

Finally, I would sincerely like to thank the members of the church who humbly listened to my expository sermons that were delivered from the pulpit. Sometimes, words of encouragement from different members of the church was the drive that allowed me to continue the sermons. I would also like to extend my gratitude to All Nations' Community Church and to those who have personally sponsored the publishing of this book. The Lord will surely reward them abundantly for their generosity. The letters of recommendation written by Pastor Han Jin Hawn, Pastor Jung Joo Chae, Pastor Park Eun Jo, Pastor Kim Myung Gun, and Professor Park Hyun Shin became special seasoning that added flavor to my humble book. Thank you very much.

I would like to thank my companion, who has been my greatest inspiration, my wife, Hur Soon Deog for her sacrifice, prayer and encouragement. My children- Bo Hye and her husband, Seo Jeong Hoon, my son Hee Rak, and my youngest daughter Bo Eun and her husband Jong Gu, are precious heirs to the legacy of faith. My grandchildren- In Woo, Seon Woo and No Eul are also a refreshing source of joy while writing this book. I am confident that this book will be a great way to remember their father and grandfather.

Soli Deo Gloria

28 February 2025

In the office of All Nations' Community Church in view of

Gwanggyo Mountains

Pastor An Byeong Man

추천의 글

안병만 목사의 「하나님의 기쁨, 나의 기쁨」은 참 적절한 시기에 세상에 나왔다. 계엄이라는 초유의 사태로 인해 세상이 두 쪽 나버렸다. 이념의 차이는 어제의 친구를 원수로 돌릴 만큼 불신과 미움의 장벽을 높이 쌓아 올렸다. 끝 모르는 혼란의 소용돌이 속에 모든 사람이 피투성이가 되어 고통받으며 신음하고 있다.

또한, 자영업자들의 폐업이 속출하고 젊은이들이 갈 곳이 없다. 트럼프 발 관세 전쟁은 가뜩이나 힘든 기업들을 광야로 내몰고 있다. 외환위기 때보다 더 어려운 것이 작금의 현실이다. 의정 갈등은 해결될 기미가 보이지 않고 더 깊은 불신과 증오의 늪으로 빠져들고 있다.

바로 이런 시대를 바라보며 전도자가 탄식한 것이 아닐까! **"내가 다시 해 아래에서 행하는 모든 학대를 살펴보았도다. 보라 학대 받는 자들의 눈물이로다. 그들에게 위로자가 없도다."**전 4:1. 이런 암울한 시대에 저자가 울리는 기쁨의 팡파레는 흑암을 밝히는 빛이요, 가뭄 끝에 대지를 적시는 단비와 같다.

사도 바울이 처한 상황은 우리보다 훨씬 더 절망적이었다. 그는 춥고 어두운 로마의 감옥에 갇혀있었고 어쩌면 사형 선고를 받을지도 모르는 불안가운데 있었다. 그런데도 그의 마음은 그리스도로 인해 기쁨의 샘이 터졌다. 본서는 그와 같은 상황을 초월한 기쁨을 생생하게 설파하고 있다. 풍요와 궁핍을 넘어서는 자족의 비결 가운데서 샘솟듯 솟아나는 기쁨의 신비를 아름답게 증거로 제시해 준다. 투기와 분쟁의 사회 갈등마저 치유해버리는 기쁨의 능력을 분명하게 증거해 준다1:15.

사도는 기쁨을 명령형으로 말한다4:4. 그리스도인에게 기쁨은 옵션이 아니라 필수이다. 복음의 열매는 기쁨이며, 기쁨이 우리를 더 큰 복음의 능력으로 이끌기 때문이리라. 저자는 그런 기쁨의 선순환을 잘 드러내 준다. 그리스도와의 친밀한 교통이 환경을 초월한 기쁨을 만들고, 그 기쁨이 영적인 삶을 능력으로 장식함을 잘 밝혀준다.

사도의 기쁨이 빌립보의 성도들, 로마의 성도들에게 흘러갔듯이 기쁨은 전염성이 있다. 우리도 기쁨을 위로자 없이 탄식하는 이 시대의 군상들에게 흘려보내야 한다. 암울한 세상에 긍정과 희망의 바이러스를 퍼뜨려야 한다. 기쁨은 그리스도인만이 가진 독특하고 강력한 경쟁력이다. 본서는 그런 기쁨의 사명을 설득력 있게 증거해 준다.

본서는 흔히 연속 강해 설교가 빠지기 쉬운 건조함을 현대적이고 흥미로운 인용과 예화들로 훌륭하게 극복했다. 본문의 정교한 해석과 쉽고 적실한 주석적 설명은 설교자들의 가려움을 시원하게 긁어준다. 본서는 평신도들에게는 은혜와 감동을, 설교자들에게는 강해 설교를 위한 영감과 자료들을 제공해주는 데 손색이 없다.

설교 한 편을 준비하는 데 몇 시간이 걸렸느냐는 질문에 '50년

이 걸렸다'라고 답한 목사가 있다. 설교에는 설교자의 영적인 생활, 지적 세계, 다양한 인생 경험과 경륜 등 온 인생이 녹아있다는 말이다. 본서의 흐름 속에서 저자 평생의 경륜과 영성을 엿볼 수 있는 것은 큰 축복이다. 독자들이 저자와 함께 빌립보 서신을 즐거이 산책하며 암울한 시대를 이기는 기쁨으로 충만하게 무장되기를 기원한다.

한진환 박사 고려신학대학원 원장 역임, 서울 서문교회 은퇴

빌립보서 개요

먼저, 빌립보서의 개요를 말씀드리면, 마게도냐 지역의 대표적인 도시인 빌립보 성은 로마의 식민지였으며, 로마의 법에 따라 다스림을 받았고 완전히 로마에 종속되어 진정한 자유를 잃어버리고 굴레를 쓰고 굴종의 삶을 살았습니다. 마치 이 땅의 교회가 '하늘의 통치'를 받는 것처럼 이 도시는 그리스 문화로 둘러싸여 있는 '작은 로마'였습니다. 트라키아누스에서 이 지역을 침탈한 빌립왕은 자신의 공적을 기리기 위해 본인의 이름을 따서 빌립보라고 명명했습니다. 이 지역은 토양이 기름져 농업이 왕성했고, 금도 많이 생산되는 부유한 지역이었습니다. 바울이 제2차 전도여행을 계획하면서, 제1차 전도여행 중에 세웠던 여러 신생 교회들을 방문하는 중에 무시아에서 밤에 **"마게도냐 사람 하나가 서서 건너와서 우리를 도와 달라"**행 16:7,9는 환상을 보았습니다. 그는 이 환상을 보고, 성령에 이끌리어 바다 건너 도착한 첫 성이 바로 유럽의 관문이라고 할 수 있는 빌립보였습니다. 빌립보에 도착한 바울은 기도하러 가는 중에 강변에서 옷감 장사 루디아를 만나 복음을 전하여 그녀의 온 가족이 다 세례를 받고 유럽에서 첫 개종자가 되었습니다행 16:15. 그러니까 빌립보 교회는 루디아의 집에서 개척되었다고 볼 수 있습니다행 16:14-15. 또한, 바울이 복음을 전하는데 귀신들린 여종 하나가 방해를 하자, 바울이 그리스도의 이름으로 귀신을 쫓아냄으로서 큰 문제가 발생하게 되었습니다. 그 여종의 신통한 점괘는 그녀의 주인에게 큰 수입원이었는데 더이상 점괘가 나오지 않자 그들은 바울과 실라를 잡아 **"로마 사람인 우리가 받지도 못하고 행하지도 못할 풍속을 전한다"**행 16:21는 명목으로 당국에 고발합니다. 결국 바울과 실라는 체포되어 실컷 두들겨 맞고 차꼬에 매어 깊은 감옥에 갇히게 됩니다(행 16:22-24). 여기서 거의 죽을 정도의 태장으로 39대를 맞았습니다. 이때 사용하는 채찍은 그 끝에 쇳조각이 붙어 있는 가죽끈이었습니다. 그들에게 가한 차꼬는 송판에 겨우 발이 들어갈 수 있을 만큼의 구멍이 뚫려 있고 그 구멍의 좌우에는 쇳조각이 붙어 있어서, 발을 조금만 움직여도 찢기고 상하게 하는 고문 도구입니다. 그런 환경에서 바울과 실라는 한밤중에 기도하고 하나님을 찬송하였는데, 옥터가 움직이고 문들이 다 열리고 죄수들의 쇠사슬이 벗겨지는 기적이 일어났습니다(행 16:25). 이 때 죄수들이 도망간 줄 알았던 간수가 자결하려 하자, 바울이 감옥 안에서 간수에게 **"네 몸을 상하게 하지 말라. 우리가 다 여기 있다"**(행 16:28)고 외쳤습니다. 그 상황에서 바울이 **"주 예수를 믿으라. 그리하면 너와 네 집이 구원을 얻으리라"**(행 16:31)는 복음의 메세지를 전했고, 그 사건을 계기로 간수와 그의 온 가족이 한꺼번에 세례를 받고 구원을 받게 되었습니다(행 16:33). 이렇게 어려운 여건 가운데서 초기에 복음을 들었던 몇몇 성도(루디아 가족, 귀신들렸다 나은 소녀, 간수장의 가족)에 의해서 기적적으로 빌립보 교회가 설립된 것입니다.

바울이 데살로니가로 떠난 후에도 빌립보 성도들은 바울을 물심양면으로 도왔습니다(빌 4:15; 고후 11:9). 5년 후 3차 여행 중에 바울은 고린도로 가는 길에 빌립보에 잠깐 들렀고, 돌아올 때도 역시 방문했습니다(행 20:1-6). 바울과 빌립보 사람들의 관계는 매우 친근했으며 서로에게 깊은 사랑이 있었습니다. 바울이 예루살렘에서 체포되었다는 소식을 듣고 그를 돕고자 하여 평신도의 지도자인 에바브로디도(장로로 추정함)를 파송하여 로마에 있는 사도 바울에게 후원금을 전달하였습니다. 빌립보에서 로마까지의 여행은 그 당시로는 한 달 정도 걸리는 거리였습니다. 먼 거리를 마다하지 않고 에바브로디도는 바울을 방문하고 함께 로마에 머물며 헌신하며 섬기는 가운데 과로로 인하여 병이 났습니다 빌 2:25-30. 바울이 이 교회에 보낸 편지속에 그의 병에 대해 언급하였는데, 이는 교회가 그에게 큰 관심을 가지고 있었기 때문입니다. 에바브로디도가 그의 체력을 회복하자 바울은 편지를 써서 그의 손에 들려 빌립보 교회 성도들에게 보냈습니다. 이 편지를 쓴 몇 가지 목적이 있는데 첫째, 바울에 대해 큰 관심을 가진 성도들에게 자신의 형편을 알리고, 둘째, 에바브로디도의 사역을 설명하며 그를 비판하는 것에 대해 변호하기 위함이었고, 셋째, 바울에 대한 그들의 관대한 지원에 깊이 감사하기 위함이고, 넷째, 핍박받는 성도들의 생활에 대해 격려하기 위함이었습니다.

An Overview of Philippians

First of all, let me give you an overview of Philippians. The city of Philippi, a representative city in the Macedonian region, was a Roman colony, governed by the Roman law. It was completely subordinate to Rome, losing its true freedom and living a life of shackles. Just as the church on this earth is under the "rule of heaven," this city was a "Little Rome" surrounded by Greek culture. King Philip, who took the city from Thracians, named 'Philippi' after himself to commemorate his achievements. The region was originally famous for agriculture and gold. The soil here was said to be fertile. When Paul planned his second mission trip, he decided to visit the churches he had established during his first mission trip Acts 14:36. While visiting the newly established churches in the cities where he had preached during his previous mission trip, he had a vision at night during his stay in Mysia: "A man of Macedonia was standing there, pleading for help Acts 16:7, 9. Seeing this vision, Paul, led by the Holy Spirit, took a ship and arrived at Philippi, the gateway to Europe. Upon arriving in Philippi, Paul happened to meet a woman selling purple cloth by the river. This woman was Lydia, and her entire family was baptized, becoming the first converts in Europe Acts 16:15. So, it can be said that the Philippian church was established in Lydia's house Acts 16:14-15. Also, when Paul was preaching, a demon-possessed slave girl interrupts him, and Paul expels it out of her in the name of Christ. This causes trouble, since the slave girl's uncanny fortune-telling was a great source of income for her masters. With the girl's power gone, they seized Paul and Silas and brought them to court, saying, 'These men are Jews, and are throwing our city into an uproar by advocating customs unlawful for us Romans to accept or practice' Acts 16:21. Consequently, Paul and Silas were arrested, severely beaten, and imprisoned in the inner cell with their feet fastened in stocks Acts 16:22-24. Here they were flogged 39 times, almost to the point of death. Forty lashes were prohibited by law at that time. It seems that forty lashes would have most likely resulted in death, so we can presume that 39 was the maximum number of flogging that was allowed. The whip used at that time was a leather strap with pieces of metal attached to the end. Stocks were a torture device with holes in a wooden board just large enough for the feet to fit, and pieces of metal attached to the sides of the holes, so that even a slight movement of the feet would cause tearing and injury. In such an environment, Paul and Silas continued to pray and sing hymns. While they were singing and praying, a miracle happened in the middle of the night: the foundations of the prison were shaken, all the doors were opened, and the chains were unfastened, freeing the prisoners Acts 16:25. When the jailer, thinking that all prisoners had escaped, was about to commit suicide, Paul shouted to him from inside the cell. "Don't harm yourself! We are all here!" Acts 16:28. Then, Paul proclaimed the message of the gospel: "Believe in the Lord Jesus, and you will be saved- you and your household!" Acts 16:31. As a result, the jailer and his entire family were baptized and saved Acts 16:33. Thus, the Philippian church was miraculously founded by a few believers who first heard the gospel amidst such difficult circumstances- Lydia's family, the demon-possessed girl, and the jailer's family.

Even after Paul moved to Thessalonica, the Philippian believers supported him in every way Phil. 4:15/2 Cor. 11:9 Five years later, during his third mission trip, Paul briefly visited Philippi on his way to Corinth and again on his return Acts 20:1-6. The relationship between Paul and the congregation of Philippian church was very close and they had a deep affection for each other. Upon hearing the news that Paul had been arrested in Jerusalem, they sent Epaphroditus (presumed to be an elder), who was the leader of the laymen, to Rome to deliver financial support to him. The journey from Philippi to Rome was estimated to take about a month at that time. Epaphroditus, stayed in Rome with Paul, serving him, but became ill due to overwork Phil. 2:25-30. The fact that Paul mentioned Epaphroditus' illness in his letter of thanks to the Philippian church suggested that the church was deeply concerned about Epaphroditus. When he recovered, Paul wrote a letter and sent it along with him back to the church of Philippi. There were several purposes for writing this letter: first, to explain his situation to the believers who were greatly concerned about him; second, to explain Epaphroditus' ministry and defend him against criticism; third, to express deep gratitude for their generous support; and fourth, to encourage the believers under persecution.

Chapter. 1

성도의 삶의 표지
Some Signs of Life of Saints

빌립보서 1:1-11

1 그리스도 예수의 종 바울과 디모데는 그리스도 예수 안에서 빌립보에 사는 모든 성도와 또한 감독들과 집사들에게 편지하노니 **2** 하나님 우리 아버지와 주 예수 그리스도로부터 은혜와 평강이 너희에게 있을지어다 **3** 내가 너희를 생각할 때마다 나의 하나님께 감사하며 **4** 간구할 때마다 너희 무리를 위하여 기쁨으로 항상 간구함은 **5** 너희가 첫날부터 이제까지 복음을 위한 일에 참여하고 있기 때문이라 **6** 너희 안에서 착한 일을 시작하신 이가 그리스도 예수의 날까지 이루실 줄을 우리는 확신하노라 **7** 내가 너희 무리를 위하여 이와 같이 생각하는 것이 마땅하니 이는 너희가 내 마음에 있음이며 나의 매임과 복음을 변명함과 확정함에 너희가 다 나와 함께 은혜에 참여한 자가 됨이라 **8** 내가 예수 그리스도의 심장으로 너희 무리를 얼마나 사모하는지 하나님이 내 증인이시니라 **9** 내가 기도하노라 너희 사랑을 지식과 모든 총명으로 점점 더 풍성하게 하사 **10** 너희로 지극히 선한 것을 분별하며 또 진실하여 허물 없이 그리스도의 날까지 이르고 **11** 예수 그리스도로 말미암아 의의 열매가 가득하여 하나님의 영광과 찬송이 되기를 원하노라

빌립보서는 바울 사도가 쓴 가장 아름다운 편지라고 할 수 있습니다. 감옥 속에서 죽음의 날을 기다리고 있는 바울이 이 서신을 통해서 오늘날 이 시대 무거운 짐을 지고 슬픔 가운데 살아가고 있는 우리에게 **"항상 기뻐하라. 내가 다시 말하노니 기뻐하라"**는 등 아무도 빼앗아 갈 수 없는 확신과 믿음을 심어주고 있습니다. 그래서 빌립보서는 '기쁨카이레테, Χαιρετε의 서신'이라 부르며 바울 사도가 로마 감옥에 수감 상태에서 기록했기 때문에 '옥중서신'이라 부르기도합니다. 또한 성도들을 향한 사랑의 마음으로 시작해서 사랑스러운 말로 끝나기 때문에 '사랑의 서신'이라 부르기도 합니다.

이 시대를 일컬어 '기쁨을 잃어버린 시대'라고 표현하는 이들이 많습니다. 예를 들자면, 막스 러너Max Lerner는 '지금 우리는 과거 어느 때보다도 더 많은 자유를 누리고, 행동의 제재를 받지 않고 살아가고 있다. 그러나 놀라운 충격은 우리가 하고 싶은 것, 가고 싶은 곳, 생각하고 싶은 것을 마음대로 하면서도 기쁨이 없다는 사실이다'라고 했습니다. 그러면 우리는 어떻게 기쁨을 누리며 행복하게 살 수 있겠습니까? 그것은 예수 그리스도 안엔 크리스토스, εν Χριστος에 있어야 가능합니다. 사도 바울은 4:4에 **"주 안에서 항상 기뻐하라 내가 다시 말하노니 기뻐하라**Rejoice in the Lord always, I will say it again: Rejoice**"**고 했습니다. 왜냐하면 주님 만이 참된 기쁨의 샘이기 때문입니다. 누구든지 퍼 마시기만 하면 기쁨의 삶을 살아갈 수 있습니다. 이제 **"주안에서 항상 기뻐하라"**는 말씀을 중심으로 빌립보 서신에 담긴 진리를 나누면서 현재 하나님께서 교회에 보내시는 교훈이 무엇인지 깊이 생각하고 그대로 받아 순종하며 살기를 원합니다.

오늘은 빌립보서 서두에서 드러낸 성도의 삶의 표지가 무엇인지를 세 가지 관점에서 살펴보고자 합니다. 모든 사람은 나름의 표식sign을 가지고 살아갑니다. 옷을 가지고 자기의 모습을 드러내기도 하고 간혹 장신구를 통해서 드러내기도 합니다. 그렇듯 삶의 양식이나 태도를 통해 드러내는데 오늘 나누려고 하는 성도의 표지는 삶에 있어서 하나의 신앙 양식form이라고 할 수 있습니다. 어떤 표지를 가지고 사는 것이 진실된 성도의 삶이겠습니까?

하나님의 은혜와 평강

본문 1,2절에 "**그리스도 예수의 종 바울과 디모데는 그리스도 예수 안에서 빌립보에 사는 모든 성도와 또한 감독들과 집사들에게 편지하노니 하나님 우리 아버지와 주 예수 그리스도로부터 은혜와 평강이 너희에게 있을지어다**"라고 기록하고 있습니다.

첫째, 종으로 사는 삶

사도 바울은 자신과 디모데를 소개하면서 그리스도 예수님의 종이라고 불렀습니다. 종은 헬라말로 둘로스^{δυλος}인데 종이나 하인servant이 아니라 노예slave를 의미합니다. 종은 오고 가는 자유가 있고 맘에 안 들고 사정이 생기면 그만둘 수 있지만, 노예는 자유가 없습니다. 노예는 주인이 마음대로 팔고 살 수 있는 존재였습니다. 따라서 노예는 영원히 주인에게 속해야 합니다. 그런데 바울은 자신이 바로 예수 그리스도의 노예라고 그 신분을 밝히고 있습니다. 이 말은 자신은 예수 그리스도의 절대 소유물이라는 뜻으로 자신의 정체성을 드러낸 자기 확신이며 예수 그리스도와 자기의 분명한 관계를 확증한 것입니다.

예수 그리스도께서 우리를 구원하기 위하여 갈보리 산 십자가 위에서 모든 죄를 다 담당하시고 생명을 주셔서 우리를 자기의 것으로 값 주고 사셨기에 이제 우리는 그리스도의 완전한 소유물이 되었습니다. 그리스도의 종으로 예수 그리스도의 완전한 소유물이 된 것입니다. 따라서 그리스도의 종 된 바울 사도와 우리는 주인 되신 예수 그리스도께 절대복종할 책임이 있게 되었습니다. 그리스도만 따르고 그분을 사랑하고 이제 내 의지로 살지 않고 오직 그리스도의 뜻대로 살아야 합니다. 그러나 그리스도 예수님의 종은 자랑스런 신분입니다. 종은 그 주인의 신분에 따라서 가치가 달라집니다. 그러므로 그리스도의 종은 엄청난 가치를 지니고 있습니다. 라틴어로 '주님의 노예가 되는 것은 왕자가 되는 것이다*Servire est regnare*' 라는 말이 있습니다. 왜냐하면, 그리스도 예수님의 종이 되는 것은 완전한 자유를 얻는 길이기 때문입니다. 또한 내가 지배하지 않고 그리스도께서 나를 지배하시므로 그리스도 안에 있는 기쁨과 자유를 누릴 수 있기 때문입니다.

하나님의 백성 된 우리가 그리스도 예수의 종으로 그리스도께 우리 자신을 완전히 복종시키면 그 속에서 참된 자유를 얻고 기쁨을 누릴 수 있습니다. 그러므로 우리는 항상 그리스도께 복종할 준비가 되어 있어야 합니다. 그 어떤 상황 가운데도 담대하게 그리스도의 종으로 생명까지 드리게 됩니다. 초대교회의 많은 순교자는 이 정체성을 붙들었습니다. 주후 111년 사자 먹이가 돼 순교한 교부 이그나티우스는 '오직 예수 그리스도만 얻을 수 있다면 화형이나 십자가형, 사나운 짐승의 공격도 견딜 것'이라고 말했습니다. 단두대에서 순교 당한 한 귀족은 '내 마음을 조사하라. 그리스도를 향한 사랑밖엔 찾을 수 없을 것'이라고 고백하면서 형장에서 이슬처럼 사라졌습니다.

바울 자신과 동역자 디모데의 신분과 정체성에 대해서 분명하게 밝힌 다음에 사랑하는 빌립보 성도들에게 문안 인사를 건네는데 '은혜와 평강'으로 합니다. 2절에 **"하나님 우리 아버지와 주 예수 그리스도로부터 은혜와 평강이 너희에게 있을지어다"**라고 기록하고 있습니다. '은혜와 평강'은 성도들 즉 구별된 자$^{하기오스, ἅγιος}$, 거룩한 삶을 추구하는 하나님의 자녀들이 나누는 최고의 인사말입니다.

둘째, 은혜로 사는 삶

'은혜'는 헬라어로 카리스^{χάρις}인데, 헬라 사람의 보통 인사말로 기쁨, 즐거움, 쾌활, 아름다움이란 의미가 담겨 있습니다. 은혜는 하나님의 과분한 호의^{favor}를 말합니다. 예수 그리스도로 말미암아 우리 성도는 하나님과 새로운 관계를 형성했습니다. 예수님 때문에 우리는 하나님의 자녀가 되었고. 구원을 얻었고 영생을 얻었으며$^{엡 2:8,9,}$ 하나님 아버지와 동행하는 삶을 살게 되었고, 성령을 받게 되었으며 그리고 진리의 말씀을 알게 되었습니다. 이것은 주님께서 주시는 한량없는 은혜입니다. 하나님과 예수 그리스도를 통해서 주어진 은혜로 살아가는 삶이 신앙생활에 기쁨의 원천이 됩니다. 그러므로 성도는 하나님께서 선물로 주시는 은혜로 시작부터 끝까지 살아야 승리하는 삶을 살고 하나님께서 원하시는 복된 삶으로 영광 돌리며 살 수 있습니다. 은혜로 사는 인생이 될 수 있기를 주님의 이름으로 축복합니다.

셋째, 평강 가운데 사는 삶

사도 바울은 은혜를 말하고 다음에 **"평강이 너희에게 있을지어다"**라고 이어서 인사합니다. '평강'은 히브리인의 인사인데 헬라어로는 에이레네^{εἰρήνη}이며 히브리어로는 샬롬^{שלום}입니다. 인간의 최고의 선을 향하여 행하는 모든 행위, 복지 전체를 의미합니다. 이 평안은 항상 인격적인 관계입니다. 이 평안은 예수 그리스도의 십자가의 은혜를 통해서만 얻어지는 것입니다. 예수 그리스도의 십자가 은혜

없이는 참된 평안을 얻을 수 없습니다. 그러므로 은혜가 평강의 근원이라 할 수 있습니다. 은혜가 충만할 때 마음에 평화가 깃들고 임합니다. 그 평화는 그리스도 안에 있을 때 누리는 것입니다. 예수님은 이 세상에 계실 때 여러 가지 삶의 모습에서 두려워하고 불안해하는 사람들에게 세상이 줄 수도 없고 빼앗을 수 없는 평안을 주신다고 약속하셨습니다. **"평안을 너희에게 끼치노니 곧 나의 평안을 너희에게 주노라. 내가 너희에게 주는 것은 세상이 주는 것과 같지 아니하니라. 너희는 마음에 근심하지도 말고 두려워하지도 말라."**요 14:27. 이 평안은 외부의 상황에 좌우되지 않으며, 우리의 마음과 영혼 깊은 곳에 자리 잡습니다. 우리는 예수님의 평안 안에서 근심과 두려움을 이기고, 어떤 상황에서도 평안함을 누릴 수 있다는 이 약속을 붙잡을 수 있기를 소망합니다.

항상 범사에 감사하는 삶

본문 3절에 **"내가 너희를 생각할 때마다 나의 하나님께 감사하며"** 라고 했습니다. 옥중에서도 빌립보 교회를 생각하면서 사도 바울은 하나님께 감사하고 있습니다.

성도의 표지 중에 아주 두드러진 점은 감사하면서 사는 것입니다. 바울의 삶은 늘 감사하는 삶이었습니다. 환경이나 어떤 조건 때문에 감사하는 것이 아니라 비록 옥에 갇혀 매여 있는 중에도 감사를 멈추지 않을 수 있었던 이유는 하나님의 일하심을 신뢰했기 때문입니다. 6절에 **"너희 안에서 착한 일을 시작하신 이가 그리스도 예수의 날까지 이루실 줄을 우리는 확신하노라"**라고 고백하고 있습니다. 하나님의 일하심을 신뢰하는 성도는 고난과 역경 그리고 세상 사람들이 불행하다고 하는 상황 속에서도 감사할 수 있습니다. 사도 바울의 다른 서신인 데살로니가전서 5:18에는 **"범사에 감사하라"**라고 권면하고 있습니다. 이것이 하나님의 선하시고 기뻐하시는 뜻이라고 말씀하십니다. 신앙이 깊어질수록 성도는 감사의 생활이 어떤 것인지를 알고 더 감사하는 삶으로 나아갑니다.

> 하나님 때때로 병들게 하심을 감사합니다. 인간의 약함을 깨닫게 해주시기 때문입니다.
> 고독하고 외로운 것도 감사합니다. 그것은 하나님과 가까워지는 기회가 되기 때문입니다.
> 일이 계획대로 안 되도록 틀어 주신 것도 감사합니다. 그래서 저의 교만이 깨지기 때문입니다.
> 돈이 떨어지고 사고 싶은 것도 마음대로 못 사게 하신 것도 감사합니다. 눈물 젖은 빵을 먹는 심정을 이해하도록 하기 때문입니다.
> 자식들이 공부를 기대만큼 안 하고, 아내가 미워지고, 어머니와 형제들이 짐스러워질 때도 감사합니다. 그래서 그들이 저의 우상이 되지 않도록 하기 때문입니다.
> 때로는 허무를 느끼게 하고, 때로는 몸이 늙고, 아프게 하심도 감사합니

다. 그러므로 인하여 영원을 사모하는 마음을 가지기 때문입니다.

제게 잘못하고 저를 비방하는 사람들이 있게 하심도 감사합니다. 그럴수록 더욱 겸손해지고 더욱 노력하기 때문입니다.

오늘 밤, 잠 못 이루고 뒤척이게 하신 것도 감사합니다. 그래서 병들고 고통받는 이웃들을 위해 기도할 수 있기 때문입니다.

하나님, 그럼에도 불구하고, 제게 감사할 수 있는 마음을 주신 것을 더욱 감사합니다.

_ **세브란스 병원에 걸려 있는 감사 기도문**

이렇게 감사하는 삶이 하나님의 자녀들의 분명한 표지일 것입니다. 우리의 일상생활 가운데 범사에 감사하면 더 큰 감사로 이어집니다. 어떠한 상황(그럼에도 불구하고)에서도 감사할 줄 알고 또 그 감사를 표현할 줄 아는 사람이 결국 가장 두각을 드러내 하나님의 합당한 뜻대로 살아가는 멋진 삶을 살게됩니다. 진심으로 감사하고 항상 감사한 마음으로 세상을 대하면 반드시 성공할 수 있습니다. 그리고 기쁨의 삶을 회복하여 하나님께 영광을 돌려 드릴 수 있습니다.

꾸준한 기도의 삶

본문 4절은 **"간구할 때마다 너희 무리를 위하여 기쁨으로 항상 간구함은"**이라고 말씀합니다. 그 기도의 구체적인 내용이 9-11절까지입니다. "내가 기도하노라 너희 사랑을 지식과 모든 총명으로 점점 더 풍성하게 하사 너희로 지극히 선한 것을 분별하며 또 진실하여 허물 없이 그리스도의 날까지 이르고 예수 그리스도로 말미암아 의의 열매가 가득하여 하나님의 영광과 찬송이 되기를 원하노라."

사도 바울과 전도팀과의 관계는 복음으로 묶인 뗄려야 뗄 수 없는 끈끈한 관계였으며 복음을 위해서 함께 은혜에 참여한 동역자였습니다. 이러한 성도와 교회 지도자들 그리고 교회를 섬기는 집사들^{Deacons}을 너무나 사모했는데 이 사실에 대해서는 하나님이 증인이라고 말씀하고 있습니다. 8절에서 바울은 하나님 앞에서 자신이 얼마나 빌립보 성도들을 사모하는지를 예수 그리스도의 심장으로 표현하고 있습니다. 이 말은 교회를 향한 그리스도의 생명을 건 사랑을 말합니다. 그처럼 바울은 성도들을 생명다해 사랑했습니다. 이러한 관계 속에서 감방에서도 바울은 빌립보 교회와 성도들을 위해서 기쁨을 가지고 하나님께 간절히 기도하고 있습니다. 기도도 성도를 위한 사랑의 한마음에서 우러나오는 표현이며 반응이기에 기쁨이 샘솟듯이 솟아 난 것입니다.

바울의 기도의 내용은,
(1) 하나님과 그리스도의 사랑이 풍성해지는 것입니다. 그들을 향한 자신의 사랑처럼 그들의 사랑이 역시 풍성하게 되기를 바라면서, 그들의 사랑이 풍성하기 위하여 지식과 총명이 있기를 기도

합니다. 지식은 하나님의 뜻과 관련된 것이고, 총명은 통찰력이나 판단의 지혜입니다. 삶을 살아가는데 옳고 그름을 판단하는 지혜가 필요했습니다.

(2) 허물이 없기를 기도했습니다. 허물이 없다는 것은 세상 속에서 복음에 장애가 되지 않는 삶을 살아가는 깨끗하고 거룩한 삶을 의미하는 것입니다.

(3) 의의 열매가 가득하기를 바라며 기도했습니다. 본문 11절에서 그리스도를 통해 하나님과 관계에 합당한 의의 열매가 가득 맺히는 것이고 하나님께 영광과 찬송이 돌려지는 삶이 되기를 바랐던 것입니다. 의의 열매는 성령에 의하여 의로운 삶을 드러낸 열매입니다. 하나님의 말씀을 따라 선한 삶, 깨끗한 삶, 거룩한 삶을 통해 맺히는 열매입니다. 하나의 거룩한 성품의 열매라고 할 수 있습니다. 성도가 마땅히 맺어야 하는 열매인데 그러한 삶을 살지 못하는 성도를 향하여 바울은 기도로 지원하고 있습니다.

성도를 위한 바울의 기도는 하나님께서 응답해 주셨을 뿐 아니라, 기도하는 가운데 매여 있는 자신의 삶을 하나님 안에서 자유함을 누리는 기회가 되고 고독한 자신의 삶을 잊어버리고 그 보다 더 큰 하나님의 나라와 복음의 전진에 대해 기대하게 되었습니다. 이것이 기도가 주는 쌍방이 함께 누리는 복과 응답의 은혜입니다. 우리도 다른 사람이 볼 때 기도하는 사람으로 인정하고 더 하나님과 은밀한 가운데 깊은 교제를 계속 이어갈 수 있기를 주님의 이름으로 축복합니다.

　　결론적으로, 바울은 감옥에서 여러 가지 주제를 가지고 빌립보 교회 성도들에게 편지를 쓰면서 문안의 인사로 헬라계의 성도에게는 하나님과 그리스도로 주어지는 은혜^{카리스}를 전하고, 유대인으로 개종한 성도에게는 샬롬^{평안}을 전했습니다. 카리스가 있을 때 참 평안을 누리며 살게 되니 이것이 그리스도인들의 강력한 삶의 표식입니다. 바울 자신이 먼저 하나님께 감사하는 삶을 모범으로 보여주면서 빌립보 성도도 감사하는 삶을 살기를 바랬던 것입니다. 원망과 불평은 하나님을 믿지 않는 사람의 주 무기이지만 성도는 늘 환경과 조건에 상관없이 감사하는 삶을 사는 것입니다. 이것이 뚜렷이 구별되어 성도는 감사로 더 긍정적이고 성공하는 삶을 사는 것입니다. 마지막으로 항상 하나님께 기도하며 간구하는 삶은 성도의 강력한 무기이면서 하나님의 자녀됨을 드러내는 분명한 표식이 됩니다. 이 세 가지를 성실하게 행함으로 기쁨이 충만하고 성도의 아름다운 모습을 유지하면서 믿지 아니하는 사람들에게 하나님의 자녀임을 드러냄으로써 영광 돌려 드리는 성도님이 되시길 주님의 이름으로 축복합니다.

Chapter. 2

복음의 진전
The Progress of the Gospel

빌립보서 1:12-21

12 형제들아 내가 당한 일이 도리어 복음 전파에 진전이 된 줄을 너희가 알기를 원하노라 **13** 이러므로 나의 매임이 그리스도 안에서 모든 시위대 안과 그 밖의 모든 사람에게 나타났으니 **14** 형제 중 다수가 나의 매임으로 말미암아 주 안에서 신뢰함으로 겁 없이 하나님의 말씀을 더욱 담대히 전하게 되었느니라 **15** 어떤 이들은 투기와 분쟁으로, 어떤 이들은 착한 뜻으로 그리스도를 전파하나니 **16** 이들은 내가 복음을 변증하기 위하여 세우심을 받은 줄 알고 사랑으로 하나 **17** 그들은 나의 매임에 괴로움을 더하게 할 줄로 생각하여 순수하지 못하게 다툼으로 그리스도를 전파하느니라 **18** 그러면 무엇이냐 겉치레로 하나 참으로 하나 무슨 방도로 하든지 전파되는 것은 그리스도니 이로써 나는 기뻐하고 또한 기뻐하리라 **19** 이것이 너희의 간구와 예수 그리스도의 성령의 도우심으로 나를 구원에 이르게 할 줄 아는 고로 **20** 나의 간절한 기대와 소망을 따라 아무 일에든지 부끄러워하지 아니하고 지금도 전과 같이 온전히 담대하여 살든지 죽든지 내 몸에서 그리스도가 존귀하게 되게 하려 하나니 **21** 이는 내게 사는 것이 그리스도니 죽는 것도 유익함이라

보통 사람들은 자기에게 어려움이 닥치고 시련을 겪으면 그 원인이 된 대상이나 하나님을 원망하거나 모든 탓을 다른데 돌리기 쉬운데 성숙한 성도는 어려움을 만나도 피하지 않고 그것을 더 발전적이고 나은 방향으로 승화시킵니다. 왜냐하면, 고난이 많은 유익을 가져오고 더 성숙하게 만들기 때문입니다. 시편 기자는 '고난 당하는 것이 내게 유익이라 이로서 주의 유례를 배웠다'고 했고, 동방의 의인이었던 욥은 '나를 단련하신 후에는 정금같이 나올 것이라'고 고백했습니다. 그것은 마치 금광에서 채굴한 원석을 용광로에 넣어 불순물을 완전히 제거하고 순금이 되어 나오는 것과 같은 원리입니다.

성경에서 위기를 호기로 바꾼 대표적인 인물이 바로 우리가 살펴보게 될 사도 바울입니다. 바울은 로마의 감옥에 갇혀 있는 순간에도 원망과 불평 대신 복음의 진전을 위한 유용한 통로가 되었다고 고백하고 있습니다. 우리가 생각할 때는 나의 처한 형편이 참 꼬여 있는 듯한 곡선^{고난} 같지만, 하나님이 보실 때는 그 길이 직선^{첩경}일 수도 있습니다. 현실을 보면 늦추어지고 돌아가는 것처럼 보이지만, 하나님은 지름길로 우리를 인도하시는 경우가 많습니다. 왜냐하면, 하나님께서는 어떤 상황에서나 언제나 일하고 계시고 우리 편이시기 때문입니다.

매임과 복음의 진전

본문 12-14절에서 바울은 "형제들아 내가 당한 일이 도리어 복음 전파에 진전이 된 줄을 너희가 알기를 원하노라 이러므로 나의 매임이 그리스도 안에서 모든 시위대 안과 그 밖의 모든 사람에게 나타났으니 형제 중 다수가 나의 매임으로 말미암아 주 안에서 신뢰함으로 겁 없이 하나님의 말씀을 더욱 담대히 전하게 되었느니라"라고 고백합니다.

하나님은 고난 가운데 축복을 감추어 두십니다. 그래서 '고난은 포장된 복이다'라고 말하기도 합니다. 하나님이 일하시는 방식인 '의외성'과 '반전' 그리고 '상황의 역전'이 12절에 멋지게 표현되고 있습니다. **"형제들아 내가 당한 일이 도리어 복음 전파에 진전이 된 줄을 너희가 알기를 원하노라."**

여기서 '도리어'는 '나쁜 일인 줄 알았는데, 알고 보니 결과적으로 좋은 일인 것으로 밝혀진다'라는 의미입니다. 대표적인 예표가 십자가 사건입니다. 제자들은 예수님께서 십자가에 달리셨을 때 모든 것이 끝났다고 생각해 절망했습니다. 그런데 십자가는 끝이 아니라 부활이라는 완전히 새로운 축복으로 들어가는 관문이었습니다. 십자가는 하나님의 최고의 반전 작품입니다. 바울은 **"십자가의 도가 멸망하는 자들에게는 미련한 것이요. 구원을 받는 우리에게는 하나님의 능력이라"** 고전 1:18고 말합니다. 바울은 '도리어'의 역사를 누구보다 깊게 경험한 사람입니다. 사람들은 바울이 감옥에 갇혔기 때문에 그의 사역도 끝났다고 생각했지만, 그는 자신의 상황을 그렇게 생각하지 않았습니다. 감옥에 들어온 바울은 어떻게 그 상황이 복음의 진전이 되었는지 궁금해하는 사람들에게 구체적으로 설명합니다.

복음의 '진전진보'은 헬라어로 '프로코페προκοπή' 라고 하며, 그 뜻은 '나무를 찍어가면서 앞으로 나아간다'는 것이며, 이 말은 로마 군대에 속한 공병대가, 본대本隊보다 앞서 나가면서 장애물을 제거하고 길을 놓고 다리를 놓을 때 쓰는 말이라고 합니다. 로마의 공병대가 닦아 놓은 길을 로마의 전차 부대 및 주력 부대가 이용하여 상대방의 적을 격파하며, 특히 로마의 전차 부대가 들어오면 승부는 거의 끝난다고 하는데 공병대가 길을 닦아 놓으면, 로마의 전차 부대가 오게 되고, 로마의 전차 부대가 오면 그 지역은 로마의 나라가 되는 공식과 같습니다. 바울은 로마의 감옥에 갇혀 쇠사슬에 묶여 있는 매임이 하나님의 나라가 오기 위한 길을 닦는 공병대처럼 사용되고 있음을 빌립보 교회 성도들에게 전하고 있습니다. 이 단어를 사용할 때 수신자들은 이 말의 의미가 무엇인지 충분하게 이해했을 것입니다. 그렇습니다. 오직 하나님의 나라가 세워지고 확장되는 것에 마음을 다한 사람 바울은 매임이 하나님의 나라가 오는 길을 닦는 역할이었다고 고백하고 있습니다.

이어서 바울은 13절에서 **"이러므로 나의 매임이 그리스도 안에**

서 모든 시위대 안과 그 밖의 모든 사람에게 나타났으니"라고 했습니다. 그가 매여 있었던 감옥은 우리가 생각하는 교도소가 아니었습니다. 사도행전 28:30-31에 **"바울이 온 이태를 자기 셋집에 머물면서 자기에게 오는 사람을 다 영접하고 담대하게 하나님의 나라를 전파하며 주 예수 그리스도에 관한 것을 담대하게 거침없이 가르치더라"**고 기록하면서 바울이 갇힌 곳이 어디이며 무엇을 할 수 있었는지를 설명하고 있습니다. 여기 '셋집$^{미스도마타이, \mu\sigma\theta\omega\mu\alpha\tau\iota}$'은 공짜로 머무는 감옥이 아니고 황제의 친위대 뜰에 있는 안가^{女家}입니다. 바울은 일반 죄수들과 같은 공공 감옥에 갇히지 않았습니다. 자기를 지키는 친위대 병사와 별도로 있도록 허락받았습니다. 바울은 로마 시민권자이고 아직 죄가 확정되지 않은 미결수이기 때문에 가능했습니다. 또한, 로마 군인들과 백부장의 목숨도 구해주었기에 특별히 선처한 것 같습니다.

바울이 머문 곳 셋집은 하나님께서 뜻하신 바울의 로마 선교의 전초기지입니다. 하나님의 특별하신 은혜로 이루어진 일입니다. 바울은 그곳에 자유롭지 못한 미결수로 있었던 것이 시위대와 옥에서 일하는 사람들과 수감 된 죄수들에게 예수님을 소개하는 좋은 기회가 되었던 것입니다. 여기서 '시위대'는 로마인 중에서만 선발해서 총독들의 관저와 황제의 궁을 지키는 정예 부대입니다. 철저히 로마 시민 중에서 뽑힌 시위대는 각 총독 근위대가 천명 단위로, 전체 시위대는 9,000명으로 구성됐습니다. 바울이 13절에서 말하는 시위대는 전체 시위대 9,000명을 말하는 것은 아닌 것 같고, 시위대는 로마 식민지 전역에 퍼져 있었기 때문에 로마 도시에 있는 시위대는 1,000~2,000명 정도였습니다. 그러니까 바울에 의해서 1,000~2,000명 군인들에게 복음이 전해진 것으로 이해하면 될 것 같습니다. 그리고 그 시위대를 유지하는 사람들과 시위대 병사의 가족들에게까지 복음이 전해졌습니다. 엄청난 복음의 파장을 일으킨 것입니다. 바울은 로마서 1:16에 복음의 확장성 때문에 **"내가 참으로 자랑스럽게 선포하는 이 소식은, 그분의 능력 가득한 계획에 관한 것입니다. 하나님께서 그분을 신뢰하는 사람이면 누구나 유대인으로부터 시작해서 모든 사람에 이르기까지 다 구원하신다는 엄청난 메시지입니다"** 유진 피터슨 메시지 성경라고 했습니다. 그가 감옥에서 죄수의 몸으로 자기를 지키는 사람들에게 복음을 부끄러워하지 않고 담대하게 전할 수 있던 것은 복음을 듣고 믿는 모든 자에게 구원을 주시는 하나님의 능력이기 때문입니다.

로마에서 로마인들에게 복음을 전할 수 있는 것은 불가능한 일이었는데 바울이 오히려 감옥에 들어와 있었기 때문에 합법적으로 가능했던 것입니다. 로마를 종일 뛰어다녀도 만날 수 없는 사람들이 감옥에 갇힌 바울에게 찾아왔습니다. 오히려 감옥 안에서는 2명씩 돌아가면서 24시간 교대로 바울에게 복음을 듣게 되었습니다. 바울은 혼자 전하는 것하고는 비교도 안 될 정도로 빨리 복음이 확산하는 것을 보며 탄성이 나왔을 것입니다. '아, 내가 당한 일이 도리어 복음의 진보를 이루었구나. 나에게는 곡선처럼 보이는 이 일이 하나님께는 직선이었구나!' 이것을 깨달은 바울은 자신의 감정을 이렇게 표현했습니다. 18절에 **"그러면 무엇이냐 겉치레로 하나 참으로 하나 무슨 방도로 하든지 전파되는 것은 그리스도니 이로써 나는 기뻐하고 또한 기뻐하리라"**고 말입니다.

혹시 여러분들 중에 자신의 삶이 감옥에 있는 바울의 삶보다 더 어려운 형편에 있다고 생각하시는 분이 있습니까? 이 순간에도 하나님은 일하고 계십니다. 돌아가는 길이 지름길이 될 때도 있습니다. 나는 멈추어도 내 안에서 일하시는 하나님은 절대로 멈추지 않으시기 때문입니다. 우리의 삶이 원하지 않는 방향으로 흘러가더라도 그 순간에도 일하시는 하나님의 '도리어'의 역사를 기대하며 믿으시기 바랍니다.

상반된 동기 : 선한 동기와 악한 동기

첫째, 복음 전파에 순수한 동기를 가진 자들이 있습니다.

바울이 옥에 갇혀 있는 동안에 선한 동기로 복음을 전하는 성도들이 있었습니다. 본문 14절은 **"형제 중 다수가 나의 매임으로 말미암아 주 안에서 신뢰함으로, 겁 없이 하나님의 말씀을 더욱 담대히 전하게 되었느니라"**고 말씀하고 있습니다. 바울이 시위대에 갇혀 있는 상황에서 복음을 전했더니, 다른 사람들이 영향을 받았습니다. 여기서 '형제'는 로마에 있는 그리스도인들을 가리킵니다. 비록 바울이 감옥에 갇혀 있었지만, 바울을 쳐다보는 눈이 있었습니다. 바울이 그 상황에서도 복음 전파에 힘쓰는 것을 보고, 그들도 힘을 냈습니다. 바울이 매인 것이, 오히려 그들에게 복음 전파의 동기 부여가 됐습니다. **"겁 없이 하나님의 말씀을 더욱 담대히 전하게 되었느니라."** 바울이 매인 상태에서도 복음 전하는 것에 도전을 받고, 그들도 겁 없이 더욱 담대히 복음을 전했습니다. 그들은 바울이 저렇게 생명을 걸고 복음을 전하는데 우리가 가만히 있으면 안 된다고 생각하고 전도에 최선을 다했습니다. 착한 뜻으로 그리스도를 전파한 것입니다. 복음전파를 중단해야 함에도 그들은 오히려 겁 없이 더욱 담대히 복음을 전했습니다.

둘째, 복음 전파에 불순한 동기를 가진 자들이 있습니다.
비록 복음을 받아들인 사람이라 할지라도 복음전파에 동기가 순수하지 않은 사람들도 있었습니다. **"어떤 이들은 투기와 분쟁으로, 어떤 이들은 착한 뜻으로 그리스도를 전파하나니, 이들은 내가 복음을 변증하기 위하여 세우심을 받은 줄 알고 사랑으로 하나, 그들은 나의 매임에 괴로움을 더하게 할 줄로 생각하여, 순수하지 못하게 다툼으로 그리스도를 전파하느니라"**15-17절. 바울이 어디를 가나 환영받았던 것은 아닙니다. 전도자 바울을 시기하고 질투하는 사람도 있었습니다. 바울이 로마에 오기 전부터, 이미 그곳에 그리스도인들이 있었습니다. 14절에 나오는 형제들이 바로 그들입니다. 이들 중에는 순수하지 않게 열심히 복음을 전했습니다. 바울에 대한 시기와 경쟁심으로 복음을 전했습니다. 그들은 바울에게 로마 복음화의 주도권을 빼앗길 수 없다고 생각하여 열심을 냈습니다. 바울에게 그런 소문이 들려왔습니다. 하지만 바울은 어떻게든 복음만 전해지면 된다는 생각으로 불순한 동기를 가진 자들의 복음 전파에 대해서 개의치 않았습니다. 역시 그는 이해심이 깊고 그릇이 큰 사람입니다. 밥그릇 싸움이 치열한 세상에서 이렇게 살면 자기 밥그릇을 빼앗길까요? 혹은 '자기 밥그릇도 못 찾아 먹는다'며 바보란 소리를 들을까요? 그럴 수도 있습니다. 당연히 그런 소리를 들을 수 있습니다. 그럼 하나님께는 어떤 소리를 들을까요?

그런데 바울은 선한 동기든지 그렇지 않은 순수하지 못한 동기든지 **"그러면 무엇이냐? 겉치레로 하나 참으로 하나 무슨 방도로 하든지, 전파되는 것은 그리스도니, 이로써 나는 기뻐하고 또한 기뻐하리라."18절**고 고백하고 있습니다. 바울에게는 복음과 그리스도밖에 없었습니다. 그리스도가 전파되면 그걸로 대만족이었습니다. 자기로 인하여 도전을 받아 착한 뜻으로 복음을 전하든지 순수하지 못한 마음으로라도 복음이 전파되니 그저 기쁘기만 했습니다. 이게 바울의 진심이었습니다. 어찌 보면 좀 불편할 것도 같은데, 전혀 그런 게 느껴지지 않습니다. **"이로써 나는 기뻐하고 또한 기뻐하리라"18절 하반절.** 이어서 19절에 **"이것이 너희의 간구와 예수 그리스도의 성령의 도우심으로 나를 구원에 이르게 할 줄 아는 고로"**라고 말합니다. 바울은 자신이 비록 감옥에 갇혀 있음에도, 복음 전파가 진전되는 것을 빌립보 교회 성도들의 공으로 돌리고 있습니다. 기도에 대한 감사이자, 또한 기도를 부탁하는 것입니다. 적지 않은 나이에 감옥 생활이 얼마나 어렵겠습니까? 빌립보 교회 성도들의 기도가 큰 힘이 될 것을 알았습니다. 목회자를 위해 성도들이 기도하고 있다는 생각이 지친 목회자를 일으켜 세웁니다. 바울은 모든 일에 성령의 도우심이 있음을 믿고 있습니다. 성령님은 자유롭게 역사하십니다. 당신의 선하신 뜻에 따라 역사하십니다. 성경에는 성도가 기도할 때 역사하셨습니다. 우리가 기도하면 성령이 역사하신다는 것을 믿어야 합니다. "우리가 기도하면 성령이 역사하십니다." 바울 사도에게조차 중보기도가 필요했습니다. 그 힘든 상황에서 바울 자신도 기도했을 것입니다. 동시에 빌립보 교회 성도들에게 기도 부탁을 했습니다. 목회자는 성도의 기도를 먹고 산다고 할 수 있습니다.

생사(生死)권 : 삶과 죽음

감옥 안에서 일하시는 하나님을 경험한 바울은 이제 더 깊은 곳으로 갑니다. '내가 감옥 밖에 있을 때보다 감옥 안에 있을 때 하나님이 더 많은 일을 하신다면, 감옥 보다 못한 곳으로 가더라도 하나님은 더 큰 일을 하시겠구나. 감옥 보다 못한 곳은 없으니 내가 이곳에서 죽어도 하나님은 오히려 그 일을 통해서 더 크게 일하실 수 있겠구나. 그렇다면 죽는 것이 하나도 아쉬울 것이 없다'는 생각에까지 이르자 바울은 드디어 위대한 고백을 하게 됩니다. 21절에서 **"이는 내게 사는 것이 그리스도니 죽는 것도 유익함이니라"**라고 한 바울의 고백은 그가 옥중에 있으면서도 기뻐할 수 있었던 비결이 무엇인지를 우리에게 알려줍니다. 바울은 지금 옥중에서 가이사 황제의 재판을 기다리고 있는 가운데 성도들의 기도와 성령의 도우심으로 구원, 즉 석방될 것을 어느 정도 확신한다고 말합니다. 그러나 최악의 경우 유죄 판결을 받고 사형을 당할 수도 있지만, 바울은 그러한 죽음을 두려워하거나 회피하고자 하는 것이 아니라 오히려 그 죽음을 유익한 것으로 여겼던 것으로서, 이런 죽음에 대한 그의 자세 때문에 어떤 환경 가운데서도 낙심하지 않고 평안을 누리며 기뻐할 수 있었던 것입니다.

바울은 솔직하게 말한다면 개인적인 차원에서는 지금이라도 죽는 것이 더 낫다고 말합니다. 즉 이미 그리스도와 연합한 존재이지만 거기서 더 나아가 항상 주님과 함께 있는 것이 바울의 가장 큰 소원으로서, 그런 그에게 죽음은 육신을 벗어나서 늘 사모하던 주님과 영원히 함께 있게 되는 것이기에 오히려 유익이라고 한 것입니다. 그렇다고 해서 바울은 죽기만을 바라는 것은 아니었습니다. 즉, 개인적으로는 죽음이 유익이지만, 만약 자신이 석방되어 성도들과 교회를 섬김으로써 유익을 줄 수 있다면 그 역시 바라는 것이라고 말하면서, 사는 것과 죽는 것 사이에서 어느 것이 더 나을지 행복한 고민을 하고 있음을 말하고 있습니다.

바울에게 가장 중요한 것은 살든지 죽든지 자신을 통하여 그리스도께서 존귀하게 되는 일이었습니다. 그러면서도 주님과 함께 있게 되는 것이 가장 큰 소원이었던 바울에게는 죽음이 더는 꺼려지거나 두려운 일이 아니라 오히려 유익한 일이었던 것입니다. 이처럼 예수 그리스도를 사모하기에 죽음을 유익으로 여길 수 있는 사람이야말로 참으로 행복한 사람인 것입니다.

결론적으로, 바울은 감옥에 갇혀있는 생활이 따분하기도 하고 낙심할 수도 있었지만, 그는 조용히 하나님의 의도를 깨닫고 주어진 환경 속에서 복음을 전하게 되었습니다. 첫째, 그의 매임, 즉 옥에 갇혀 있는 일로 인하여 많은 사람에게 합법적으로 복음을 전할 수 있는 절호의 찬스가 되었습니다. 우리도 간혹 여러 환경에 매여 있을 수 있지만, 그것을 활용하여 복음을 전하는 기회로 삼아야 합니다. 둘째, 바울의 이러한 상황이 바깥에 있던 사람들에게는 두 가지 반응을 일으켰습니다. 하나는 좋은 의도에서의 복음이 전해지는 결과가 되었고, 다른 하나는 선한 동기는 아니지만 어떻게 해서든지 그리스도가 전파되는 결과를 가져온 것입니다. 바울은 어떤 방도에서나 전파되는 것이 그리스도이기에 자신은 기뻐하고 기뻐한다고 했습니다. 자신에게 돌아오는 그 어떤 것도 혹 예수 그리스도가 증거되는 기회가 된다면 그것을 개의치 않았습니다. **"이는 내게 사는 것이 그리스도니 죽는 것도 유익함이라"**[21절]고 했습니다. 그리고 마지막으로, 삶과 죽음 사이에서 그 어느 한쪽에만 치우치지 않고 살든지 죽든지 자신을 매개체로 하여 그리스도만 존귀하게 되기를 바랐습니다. 이것이 바울의 삶을 기쁨으로 인도하는 견인줄이었습니다. 신자에게는 두 가지 일이 정반대처럼 보이지만 그것을 잘 활용하면 더 좋은 결과가 주어집니다.

Chapter. 3

삶과 죽음
Life and Death

빌립보서 1:22-26

22 그러나 만일 육신으로 사는 이것이 내 일의 열매일진대 무엇을 택해야 하는지 나는 알지 못하노라 **23** 내가 그 둘 사이에 끼었으니 차라리 세상을 떠나서 그리스도와 함께 있는 것이 훨씬 더 좋은 일이라 그렇게 하고 싶으나 **24** 내가 육신으로 있는 것이 너희를 위하여 더 유익하리라 **25** 내가 살 것과 너희 믿음의 진보와 기쁨을 위하여 너희 무리와 함께 거할 이것을 확실히 아노니 **26** 내가 다시 너희와 같이 있으므로 그리스도 예수 안에서 너희 자랑이 나로 말미암아 풍성하게 하려 함이라

그리스도의 보혈로 혈관 구석구석까지 예수님을 중심으로 꽉 차 있는 성도는 사는 것도 죽는 것도 다 유익합니다. 왜냐하면, 생사의 문제가 그리스도를 존귀하게 하는 데 초점이 맞춰져 있기 때문입니다. 어떤 사람은 사는 것이 괴롭고 고통스럽지만 죽는 것보다 낫다고 여기는 사람도 있는가 하면, 또 다른 사람은 이 땅에서 사는 것도 보람 있고 유익하지만, 죽음의 강을 건너가 주님과 함께 사는 것이 훨씬 더 유익함을 알고 소망 가운데 살아갑니다.

바울은 복음을 전하기 위해 다메섹에서 부름을 받은 후, 복음을 위해서 죽기로 각오한 사람입니다. 그는 복음이 전파되는 곳이라면, 고난과 역경을 기쁨으로 감내하며 죽음도 불사하고 담대하게 복음을 전했습니다. 비록 감옥에 갇혀 있는 몸이었지만, 복음의 진전으로 인한 기쁨을, 세상 사람들은 맛보지 못하는 큰 기쁨을 누리며, 오히려 바깥에서 자유를 누리는 사람들에게 기뻐하라고 권면했습니다.

바울의 간절한 기대와 소망

지금 바울은 어떤 누구도 그가 석방될 수 있을 것이라고 예상할 수 없는 상황에 처해 있습니다. 바울 곁에 아무리 실력 있는 사람이 있어도, 황제의 직할 감옥에 갇혀 있는 그를 구할 수는 없었습니다. 그럼에도 불구하고 바울은 자신이 곧 살아나가 자유의 몸이 될 것이라고 믿고 있습니다19절. 무엇이 바울에게 이런 확신을 주었을까요? 무엇이 바울에게 감옥 안에서조차 오히려 기대와 소망을 가지게 했을까요? 그것은 그의 마음속에 늘 자리 잡고 있었던 삶의 목표, 즉 예수 그리스도 때문이었습니다. 그리고 자기를 위해서 기도해 주는 성도와 성령님의 도움이라고 말씀하고 있습니다.

20, 21절을 같이 읽어 보겠습니다. "**나의 간절한 기대와 소망을 따라 아무 일에든지 부끄러워하지 아니하고 지금도 전과 같이 온전히 담대하여 살든지 죽든지 내 몸에서 그리스도가 존귀하게 되게 하려 하나니, 이는 내게 사는 것이 그리스도니 죽는 것도 유익함이라.**"

바울은 감옥에 갇혀 있으면서 자신의 인생의 목표를 다시 한번 되새기게 되었습니다. 다메섹으로 가는 길에서 예수님을 만난 이후로, 한 번도 변하지 않고 지켜온 인생의 목적인 예수 그리스도 중심의 삶을 생각하게 되었습니다. 가족과 동료들로부터 외면 받을 때, 그의 마음을 지켜준 것은 바로 예수 그리스도였습니다. 군중들이 그를 돌로 칠 때, 그의 마음을 가득 채우고 있었던 것은 바로 예수 그리스도였습니다. 아그립바 왕과 베스도 총독 앞에서도 그를 담대하게 만들어 주었던 것은 바로 예수 그리스도였습니다. 바울은 이 예수 그리스도가 자신의 가슴속에 살아 있는 것을 알았습니다. 그래서 바울은 감옥 안에서조차 이런 고백을 하게 됩니다. "**온전히 담대하여 살든지 죽든지 내 몸에서 그리스도가 존귀히 되게 하려 하나니,**

이는 내게 사는 것이 그리스도니 죽는 것도 유익함이라.”

　　감옥 안에서 하나님이 일하시는 것을 경험한 바울은 이제 더 깊은 곳으로 나아갑니다. '내가 감옥 밖에 있을 때보다 감옥 안에 있을 때 하나님이 더 많은 일을 하신다면, 감옥보다 더 나쁜 곳으로 가더라도 하나님은 더 큰 일을 하시겠구나. 감옥보다 못한 곳은 없으니 내가 이곳에서 죽어도 하나님은 오히려 그 일을 통해 더 크게 일하실 수 있겠구나. 그렇다면 죽는 것이 하나도 아쉬울 것이 없다'라는 생각에까지 이르자 바울은 드디어 위대한 고백을 하게 됩니다. 21절에서 그는 **"이는 내게 사는 것이 그리스도니 죽는 것도 유익함이라"**라고 고백하며, 그가 감옥에 갇혀 있음에도 기쁨을 누릴 수 있었던 비결을 우리에게 알려줍니다. 바울은 지금 가이사 황제의 재판을 기다리며 성도들의 기도와 성령의 도우심으로 석방될 것이라고 확신하고 있었지만, 최악의 경우 유죄 판결을 받고 사형을 당할 수도 있었습니다. 그러나 그는 죽음을 두려워하거나 회피하려 하지 않았습니다. 오히려 그 죽음을 유익한 것으로 여겼습니다. 이러한 죽음에 대한 확신 때문에 그는 어떤 환경에서도 낙심하지 않고 평안을 누리며 기뻐할 수 있었습니다. 우리도 환경에 따라 신앙생활이 달라지지 않도록, 더 나아가 삶과 죽음의 문제를 초월한 신앙인이 되어야 할 것입니다.

바울의 두 사이에 끼임

바울은 삶과 죽음에 대해 이렇게 표현하고 있습니다. 본문 23절에서 그는 **"내가 그 둘 사이에 끼었으니 차라리 세상을 떠나서 그리스도와 함께 있는 것이 훨씬 더 좋은 일이라"**고 말합니다. 그러나 육신으로 사는 것이 빌립보 성도들을 위해 유익하다고 판단하기 때문에, 바울은 자신이 살아날 것을 기대하고 확신합니다. 그가 살아서 성도들을 다시 만나고, 그들의 믿음이 더욱 견고해지고 큰 기쁨을 줄 수만 있다면, 그는 살아서 그들을 만날 것이라고 말합니다. 결국 생사의 문제가 바울에게 큰 관심사가 아니었습니다. 감옥에 갇혀 처형을 당한다고 해도, 그는 그것이 문제가 되지 않았습니다. 왜냐하면 그렇게 되면 오히려 그토록 보고 싶었던 주님을 만나게 될 것이기 때문입니다. 감옥에서 나올 수 있다면 그것도 좋았습니다. 그랬을 때 사랑하는 성도들을 다시 만날 수 있기 때문입니다. 중요한 것은 사느냐 죽느냐가 아니라, 내가 그리스도의 기쁨과 영광, 그리고 그리스도의 이름을 존귀하게 하는 삶을 사느냐 하는 것입니다.

죽음의 문제는 바울에게도 절대 쉬운 일이 아니었을 것입니다. 죽음을 두려워하지 않는 사람은 세상에 한 사람도 없습니다. 그러나 바울은 죽음에 대한 두려움 때문에 그 죽음이 자기를 피해가기를 기도하지 않았습니다. "반드시 죽어야 한다면 죽겠습니다. 감옥에서 석방이 된다고 모든 문제가 해결되는 것도 아닙니다. 감옥에서 나가면 또 수많은 사람을 만나야 하고 복음을 들고 이곳저곳을 다녀야 할 것입니다." 그럼에도 불구하고 바울은 그 일을 통해 그리스도가 존귀하게 된다면 자기는 나가겠다고 말합니다.

삶과 죽음의 문제는 종이 한 장 차이일 것입니다. 우리도 바울의 표현처럼 이 둘 사이에 끼어서 살아가고 있습니다. 언제 죽음이 우리에게 순식간에 닥쳐올지 아무도 알 수 없습니다. 이 둘 사이에 끼어 있는 사람이 지녀야 할 자세는 삶에 대해 너무 힘들어하거나 만족해서도 안 되고, 죽음에 대해 너무 두려워하거나 불안해해서도 안 됩니다. 살아 있는 동안에는 주님께서 맡겨 주신 자리에서 최선을 다해야 하고, 만일 죽음의 문턱에 서게 되면 죽음을 기쁨으로 받아들이며 주님과 함께 살 것을 기쁨으로 받아들여야 합니다. 바울은 로마서 14:7, 8에서 이렇게 고백합니다. **"우리 중에 누구든지 자기를 위하여 사는 자가 없고 자기를 위하여 죽는 자도 없도다. 우리가 살아도 주를 위하여 살고 죽어도 주를 위하여 죽나니 그러므로 사나 죽으나 우리가 주의 것이로다."** 이 말씀은 오늘 본문과 일맥상통하는, 둘 사이에 끼어 있는 자로서의 솔직한 고백입니다.

천국에 빨리 가고 싶다고 말하면서 현실을 부정하는 염세주의자가 되어서도 안 됩니다. 이 세상에서 더 오래 살고 싶다고 하면서 죽음 이후의 삶에 대한 소망을 저버리는 사람이 되어서도 안 됩니다. 우리는 둘 사이에 끼어 있는 인생이지만, 균형을 잘 맞추어 살아야 합니다. 그리스도만이 존귀하게 되고, 하나님께 영광을 돌리는 멋진 삶을 살아야 할 것입니다.

이 복음 찬양을 함께 불러 봅시다.

이제 내가 살아도 주 위해 살고
이제 내가 죽어도 주위해 죽네
하늘 영광 보여 주며 날 오라 하네
할렐루야 찬송하며 주께 갑니다

이제 내가 떠나도 저 천국 가고
이제 내가 있어도 주위해 있네
우리 예수 찬송하며 나는 가겠네
천군 천사 나팔 불며 마중나오네

그러므로 나는 사나 죽으나 주님의 것이요
사나 죽으나 사나 죽으나
날 위해 피 흘리신 내 주님의 것이요

개인보다 교회의 유익

바울은 솔직하게 말합니다. 바울은 본문 23절에서 **"내가 그 둘 사이에 끼었으니 차라리 세상을 떠나서 그리스도와 함께 있는 것이 훨씬 더 좋은 일이라 그렇게 하고 싶으나"**라고 하며, 개인적으로는 지금이라도 죽는 것을 더 바란다고 고백합니다. 만약 죽으면 실제로 그리스도와 함께 있게 될 것입니다. 주와 함께 본향에 있게 될 것입니다. 고린도후서 5:8, 9에서 바울은 **"우리가 담대하여 원하는 바는 차라리 몸을 떠나 주와 함께 있는 그것이라. 그런즉 우리는 몸으로 있든지 떠나든지 주를 기쁘시게 하는 자가 되기를 힘쓰노라"**고 말하고 있습니다.

바울은 자신의 유익이 결코 그리스도를 위한 유익, 즉 교회를 위한 유익과 분리될 수 없다고 믿었습니다. 이처럼 예수 그리스도를 사모하기에 죽음을 유익으로 여길 수 있는 사람이야말로 참으로 행복한 사람입니다. 그는 죽음을 하나의 '출발점^{departure}'으로 이해했습니다. 이 표현은 병사들이 사용하는 용어로 '천막을 접고 이동하다'는 뜻입니다. 기독교인의 죽음을 잘 묘사하는 단어입니다. 우리가 살아가는 육신의 장막은 죽을 때 접고, 우리의 영혼은 그리스도와 함께 살기 위해 천국 집으로 이동^{이사}하는 것입니다. 선원들도 이 말을 사용했는데, '닻줄을 감아올리고 출항한다'는 뜻입니다. 항구에 정박한 배가 먼 항해를 위해 닻줄을 감아올리고 목적지로 출항하는 것처럼, 인생의 모든 닻을 들어 올리고 영원한 포구인 천국으로 출항하는 것이 바로 인생의 죽음입니다.

찬송가 330장 "고통의 멍에 벗으려고" 4절 가사가 떠오릅니다.

죽음의 길을 벗어나서
예수께로 나갑니다
영원한 집을 바라보고
주께로 갑니다
멸망의 포구 헤어나와
평화의 나라 다다라서
영광의 주를 뵈오려고
주께로 갑니다

또한, 반대로 바울은 24절에서 **"내가 육신으로 있는 것이 너희를 위하여 더 유익하리라"**고 말하며, 22절에서 **"만일 육신으로 사는 이것이 내 일의 열매일진대 무엇을 택해야 하는지 나는 알지 못하노라"**라고 고백합니다. '내 일의 열매'는 그의 많은 사역을 통해 많은 영혼을 건지는 구원의 열매를 맺는 것을 의미합니다. 그가 석방된다면, 다시 복음을 더욱 폭넓게 전하며 모든 기회를 얻게 될 것을 확신하면서 한 말씀입니다. 바울은 자신이 사는 것이 주님을 위한 것이라면, 주님이 세우신 교회에도 유익이 될 것이라고 믿었습니다. 따라서 감옥에서 풀려나게 되는 것도 좋지만, 만약 감옥에서 나오지 못하고 처형되어 순교의 길을 걷게 되더라도 전혀 개의치 않겠다고 말합니다. 이것은 '**살든지 죽든지**_whether it be by life, or by death_' 오직 그리스도가 존귀하게 되는, 그리스도로 충만한 자의 진실한 고백입니다. 이러한 고백은 그리스도인의 최종적인 기대와 소망이어야 하며, 우리의 미래를 위한 진실한 고백이어야 합니다.

결론적으로, 바울은 감옥에 갇혀 있는 생활이 따분하거나 낙심될 수 있는 상황이었지만, 그럼에도 불구하고 복음의 진전이 이루어지는 것에 기쁨을 가졌습니다. 그의 간절한 기대와 소망은 그리스도가 존귀하게 되는 것이었습니다. 왜냐하면, 그는 그리스도 중심의 삶을 살았기 때문입니다. 만약 바울이 자기 중심의 삶을 살았다면, 자신의 유익을 추구했을 것입니다. 그러나 바울은 모든 삶의 목표가 그리스도가 존귀하게 되는 것이었기에 삶과 죽음을 초월할 수 있었습니다. 자신에게 돌아오는 불이익도, 복음과 예수 그리스도가 증거되는 기회라면 전혀 개의치 않았습니다. 그는 **"이는 내게 사는 것이 그리스도니 죽는 것도 유익함이라"**[21절]라고 고백했습니다. 그리고 그는 삶과 죽음 사이에서 어느 한쪽에 치우치지 않고, 개인이 살든지 죽든지 그것이 교회와 복음에 합당하다면 기쁨으로 선택할 수 있음을 고백합니다. 바울에게 삶과 죽음은 자기를 갈등하게 한 것이 아니라, 어느 편을 선택해도 바울의 삶을 기쁨으로 인도하는 견인줄이었습니다. 한쪽으로만 치우치지 않는다면 신자에게는 두 가지 일 모두 좋은 결과를 낳습니다.

Chapter. 4

복음에 합당하게 생활하라
Live According to the Gospel of Christ

빌립보서 1:27-30

27 오직 너희는 그리스도의 복음에 합당하게 생활하라 이는 내가 너희에게 가 보나 떠나 있으나 너희가 한마음으로 서서 한뜻으로 복음의 신앙을 위하여 협력하는 것과 **28** 무슨 일에든지 대적하는 자들 때문에 두려워하지 아니하는 이 일을 듣고자 함이라 이것이 그들에게는 멸망의 증거요 너희에게는 구원의 증거니 이는 하나님께로부터 난 것이라 **29** 그리스도를 위하여 너희에게 은혜를 주신 것은 다만 그를 믿을 뿐 아니라 또한 그를 위하여 고난도 받게 하심이라 **30** 너희에게도 그와 같은 싸움이 있으니 너희가 내 안에서 본 바요 이제도 내 안에서 듣는 바니라

바울이 빌립보 교인들을 향해 권면하는 말씀은, 이 시대를 사는 성도의 공동체인 모든 교회에 하는 말씀입니다. 빌립보는 로마의 식민 도시로, 황제 숭배와 각종 우상 숭배가 만연해 있었고, 이로 인해 복음대로 살아가기 어려운 상황이었습니다. 교회는 환난과 극심한 가난에 시달리며, 회유와 협박을 겪고 있었고 고후 8:1-2, 내부적으로는 반목과 시기 질투로 인한 분쟁이 끊이지 않았습니다.

바울은 빌립보 교회를 생각하면서 두 가지 주요 문제가 떠오른다고 봤습니다. 첫째, 복음과 복음을 대적하는 자들에 대한 교인들의 태도, 즉 교인들이 어떤 자세를 가져야 하는지에 관한 문제 1:27-28와 둘째, 그리스도인의 고난, 즉 고난을 어떻게 이해하고 어떻게 대응해야 하는지에 대한 문제 1:29-30입니다. 바울은 이 두 가지 문제에 대해 해결책을 제시합니다. 이 문제는 오늘을 사는 그리스도인이 겪고 있는 교회 현안과 조금도 다를 바가 없습니다.

복음을 위해 협력하십시오

본문 27절에 "오직 너희는 그리스도의 복음에 합당하게 생활하라 이는 내가 너희에게 가 보나 떠나 있으나 너희가 한마음으로 서서 한뜻으로 복음의 신앙을 위하여 협력하는 것과"라고 기록되어 있습니다. '그리스도의 복음에 합당하게'라는 뜻은 무엇일까요? 복음은 하나님께서 예수 그리스도를 통해 인간을 구원하신다는 기쁨의 복된 소식 유앙겔리온, εὐαγγέλιον입니다. 즉, 복음은 예수 그리스도께서 십자가에서 대속의 죽음을 통해 타락한 죄인이 구원을 얻게 되었다는 소식이며, 그리스도가 부활하심으로 우리가 영생을 누리게 되었다는 놀라운 복된 소식입니다 요 3:16; 14:16; 롬 3:25; 골 1:20.

따라서 '그리스도의 복음에 합당하게'라는 의미는 이 복음의 본질에서 벗어나지 않고, 그 복음에 충실하게 살아가라는 뜻입니다.

다음으로, '생활하라'는 용어에 주목할 필요가 있습니다. 이 단어는 헬라어로 '폴리튜에스쎄 πολιτεύεσθε'인데, 원래 정치적인 용어로, '폴리스 도시, 마을의 시민으로 살아라'는 의미입니다. 즉, '자신의 국가나 정치 체제에서 요구하는 시민적 의무에 부합하게 살아라'는 뜻을 함축하고 있습니다.

그러나 이 편지에서 바울은 정치적 의미에서 로마 시민으로서 의무를 다하라는 뜻으로 말한 것이 아니라, 이 정치적 용어를 빌려와 교회에 적용하고 있습니다. 이 맥락에서 두 가지 차원을 생각해 볼 수 있습니다. 첫째, 개인적 차원에서는 빌립보 교인 각자가 하나님 나라의 백성, 즉 천국의 시민권을 가진 사람으로서 하나님이 기뻐하시는 삶을 살라는 의미입니다. 둘째, 범위를 좀 더 확장하여 공동체 차원에서는 빌립보 교인들이 하나님 나라의 시민으로서, 하나님 나라의 법, 즉 복음에 합당하게 공동체적 삶을 살아가라는 것입니다. 다시 말해, 복음의 정신과 가치관, 복음이 제시하는 방법에 따라 서로 관계를 맺고 살아가라는 권면입니다.

그러므로 27절 전반부는 **"빌립보 교인 여러분은 하나님 나라의 백성, 천국의 시민권을 가진 사람으로서 하나님이 기뻐하시는 삶을 살고, 교회는 복음에 합당하게 공동체적 삶을 잘 꾸려나가십시오"** 라고 정리할 수 있습니다. 즉, "복음에 합당한 삶을 살며, 교회가 서로 단합하여 복음을 대적하는 자들을 용감하게 맞서고, 온갖 어려움을 이겨내십시오"라는 말씀입니다.

그러면 구체적으로 어떻게 살아야 할까요? 27절 후반부에서 바울은 **"이는 내가 너희에게 가 보나 떠나 있으나 너희가 한마음으로 서서 한뜻으로 복음의 신앙을 위하여 협력하는 것과"** 라고 말합니다.

바울은 성도들이 다음과 같은 모습으로 살아가기를 기대하고 있습니다.

첫째, 바울은 교인들이 한마음으로 대동단결하여 복음의 신앙을 위해 대항할 것을 권면합니다. 교회의 지체로서 서로 유기적으로 연결된 공동체로, 한 마음으로 똘똘 뭉쳐 교회 전체가 함께 대응해 나가라는 말씀입니다. 이 편지가 쓰였던 당시, 로마에 있던 교회는 복음을 위해 세워졌지만, 교인들 간의 단합이 부족한 모습을 보였습니다. 바울은 이 점에 대해 걱정이 많았던 것 같습니다. 심지어 자신에게 연보를 보낸 빌립보 교회조차도 고난과 내분으로 힘들어한다는 소식을 듣게 되었습니다. 그래서 바울은 이제 빌립보 교회가 복음에 대한 단합된 자세로 세상에 복음을 증거할 기회를 얻기를 바라며, 교회가 하나가 되어 똘똘 뭉치기를 권면하고 있습니다.

둘째, 한마음으로 '서서'라는 표현은 군사 용어로, 굳건하거나 꼿꼿하게 서는 것을 의미합니다. 이를 더 구체적으로 말하자면, 군대가 어깨를 맞대고 방패를 들고 밀착된 자세로 굳건히 서서 다가오는 적들을 맞서는 장면입니다. 이어서 나오는 "협력하는 것"은 군사적 또는 경기 용어로, 적을 향해 함께 투쟁하거나 다투는 것을 의미합니다. 이는 혼자 싸우는 것이 아니라 하나의 팀을 이루어 투쟁한다는 뜻입니다. 럭비나 미식축구 선수들이 스크럼을 짜고 한 팀이 되어 상대와 싸우는 장면을 상상하면 이해가 더 쉬울 것입니다. 여기서 '협력하는 것'은 단순히 돕는 것이 아니라 '함께 싸우는 것'을 의미합니다.

다음은 '복음의 신앙$^{the\ faith\ of\ the\ gospel}$'이라는 구절입니다. 이 표현은 27절의 전반부에 나오는 '복음에 합당한 신앙'과 동일한 의미인 '복음에 바탕을 둔 신앙', 곧 '복음적 신앙$^{the\ gospel\ faith}$'을 의미합니다. 그렇다면 왜 '복음적 신앙'을 위해 함께 싸우라고 했을까요? 바울은 선교하면서 유대인들과 이방인, 심지어 그리스도인이라는 사람들로부터도 공격을 받았습니다. 유대인들로부터는 자신들의 율법과 전통을 파괴한다고 공격을 받았고, 바리새파 그리스도인들로부터는 '할례를 비롯한 율법을 준수해야만 구원을 얻는다'는 거짓 복음 때문에 비난을 받았습니다. 이방인들로부터는 그들의 종교와 철학, 문화, 풍습, 즉 우상숭배로부터 복음의 순수성을 지키기 위해 싸워야 했습니다. 바울은 사실상 우리에 갇힌 신세나 다름없이 복음을 지키고 전하기 위해 외로운 싸움을 싸워 왔습니다. 특히 마게도냐 첫 성이었던 빌립보에서 그는 예수를 전한다는 이유로 옷을 벗겨진 채 매질을 당하고 감옥에 갇히는 등 숱한 고난을 겪었습니다^{행 16:22-23}. 그럼에도 불구하고 그는 결국 그들과 싸워 이기고 교회를 세웠습니다. 빌립보 교인들도 바울이 처음 복음을 전했을 때와 마찬가지로, 복음을 지키며 살아가는 일이 쉽지 않은 환난 속에 있었습니다. 그렇기에 바울은 그들에게도 자신이 했던 것처럼 복음의 신앙을 위해 힘을 합쳐 싸울 것을 당부한 것입니다.

우리는 본문 27절을 통해 복음에 합당한 삶을 살기 위해 무엇보다 하나가 되어 협력해야 함을 배울 수 있습니다. 그리스도인에게 주어진 가장 큰 사명 중 하나는 복음을 전하고 영혼을 구하는 일입니다. 이 일은 혼자서 감당할 수 없습니다. 온 교회가 서로 마음을 합하여 협력할 때만 가능합니다. 그러므로 우리는 각자가 살아온 배경이나 성격이나 취향이나 직업이 다르더라도 예수 그리스도 안에서 서로를 용납하면서 나보다는 공동체를 생각하는 마음으로 합심하는 훈련을 해야 합니다. 개인으로 우리는 각자이지만, 예수 그리스도 안에서 우리는 하나입니다. 그렇다면 우리가 하나 되어야 할 일은 무엇일까요? 빌립보 교인처럼 복음적 신앙을 위해 복음을 왜곡하고 핍박하는 대적들과 함께 싸우는 것입니다. 전도와 선교는 박해의 역사이자 박해와 싸워온 역사입니다. 바울은 27절에서 우리가 복음적 신앙을 위해 함께 대적하고 싸워야 한다고 권면합니다. 교회는 한 생명 구령을 위해 온 교인이 협력해서 한마음으로, 한 사람이 한 생명을 인도하는 일에 최선을 다해야 할 것입니다.

두려워하지 마십시오

28절을 함께 읽겠습니다. "**무슨 일에든지 대적하는 자들 때문에 두려워하지 아니하는 이 일을 듣고자 함이라 이것이 그들에게는 멸망의 증거요 너희에게는 구원의 증거니 이는 하나님께로부터 난 것이라**" 여기서 바울은 빌립보 교인들에게 어떤 상황에서도 대적자들에 대해 두려워하지 말고, 담대하게 복음을 전하며 살아가라고 권면하고 있습니다. 바울은 교인들이 이런 자세로 살아가기를 진심으로 바라고 있습니다.

먼저 '두려워하지 아니하는'에서 '**두려워하다**'는 용어도 군사적 의미를 가지고 있습니다. 이는 달리는 말이 장애물이나 적군을 만나 두려워하며 움찔하는 모습을 말합니다. 그러므로 28절 전반부는 '대적자들이 공격해 와도 절대 움츠러들지 말고 용감하게 앞으로 나가라'는 의미입니다. 이 말씀은 27절 후반부에서 말하는 "힘을 합쳐 대적과 싸우라"는 권고의 전제가 되는 것이기 때문에 이 두 구절의 앞뒤를 바꾸면 더 이해하기 쉬웠을 것입니다. 28절 전반부의 "두려워하지 말고"라는 말이 먼저 나오고, 이어서 "한 마음으로 힘을 합쳐 복음의 신앙을 위해 싸우라"는 표현이 뒤따랐다면 더 자연스럽고 명확하게 이해될 수 있었을 것입니다.

하나님께서 가나안 정복을 앞두고도 여호수아에게 동일한 말씀을 주십니다. **"마음을 강하고 담대하라 너는 내가 그들의 조상에게 맹세하여 그들에게 주리라 한 땅을 이 백성에게 차지하게 하리라 내가 네게 명령한 것이 아니냐 담대하라 두려워하지 말며 놀라지 말라 네가 어디로 가든지 네 하나님 여호와가 너와 함께 하느니라"** 수 1:6, 9. 우리는 대적 원수에게 두려워할 이유가 없습니다. 이미 예수 그리스도께서 십자가로 승리하심으로 우리에게 승리를 보장하셨기 때문입니다.

본문 28절 후반부는 **"이것이 그들에게는 멸망의 증거요 너희에게는 구원의 증거니 이는 하나님께로부터 난 것이라"**라고 말합니다. '이것이'는 27절과 28절 전반부에서 언급된 내용을 지칭하며, **"한 마음으로 굳게 서서 대적자를 두려워하지 않고 함께 싸우는 것"**을 의미합니다. 바로 이렇게 용감하게 싸우는 행동이야말로 대적자들에게는 이미 패배를 안겨줄 멸망의 표, 곧 증거가 되며, 용감한 믿음의 전사들이 될 빌립보 교인들에겐 이미 구원을 보장받는 표, 곧 증거가 될 것입니다. 이 모든 일, 즉 대적들과 용감히 맞서 싸우는 것이 대적들에게는 멸망을, 빌립보 교인들에게는 구원을 가져오는 이 모든 일은 하나님께서 하시는 일입니다. 하나님은 이 단합된 싸움의 주권자이시며, 모든 일은 그분의 통제 아래 이루어집니다.

고난을 기꺼이 받으십시오

본문 29절에 **"그리스도를 위하여 너희에게 은혜를 주신 것은 다만 그를 믿을 뿐 아니라 또한 그를 위하여 고난도 받게 하려 하심이라"**고 말씀합니다. 이 구절은 영어 성경에는 '왜냐하면'호티, ὅτι이 맨 앞에 위치하고 있습니다. 또 한글 성경에는 '은혜를 주신 것'이라고 번역되어 있지만, 원래의 뜻은 '은혜가 주어졌다'입니다. 즉, 믿음도 고난도 하나님으로부터 받은 은혜의 선물이라는 의미가 됩니다.

그러므로 이 구절은 '왜냐하면 여러분에게 그리스도를 믿을 뿐만 아니라 그를 위해서 고난받는 은혜도 주어졌기 때문입니다'라는 의미가 됩니다. 앞 구절과 연결하면, 하나님께서 성도들이 한마음으로 굳게 서서 대적자들을 두려워하지 않고 싸우는 것을 통해, 대적자들에게는 멸망의 증거가 되고 교인들에게는 구원의 증거가 되게 하신 이유는 바로 하나님께서 그리스도를 믿는 은혜뿐만 아니라 그리스도를 위해 고난받는 은혜도 주셨기 때문이라는 것입니다. 다시 말해, 대적들과 용감하게 싸우는 고통을 주신 것도 바로 하나님의 은혜라는 것입니다.

이것의 모델은 바로 예수 그리스도이십니다. 예수님은 직접 십자가에서 고통을 당하시며 돌아가셨습니다. 그가 십자가에서 고난을 겪으심으로써 온 인류는 구원의 은혜를 얻게 되었습니다. 만약 십자가 고난이 없었으면 구원도 없습니다. 하나님이신 예수 그리스도께서도 고난당하심으로 주님은 승귀陞貴의 영광을 얻으셨고, 그를 믿는 사람은 구원을 얻는 은혜를 받았습니다.

이 같은 고난의 은혜는 바울의 경험에서도 증명됩니다. 여러분이 아시다시피 바울은 고난과 함께 산 사람입니다. 그는 고난이 주는 구속의 가치를 알았습니다. 빌립보서 3:10에서 바울은 그리스도를 알고자 하는 강한 열망을 드러냈습니다. 그는 부활의 능력과 고난에 참여하는 신비를 알고자 했습니다. 그가 깨우친 사실은 부활의 놀라운 능력뿐만 아니라, 복음을 전하다 당하는 고난이야말로 그리스도인의 신앙을 확인시켜 주며, 주님과 더 가까운 관계를 맺게 해주며, 주님에 대한 헌신이 실제적이며 가시적이 되게 만든다는 것이었습니다. 고난을 겸허하게 받아들일 때, 그것을 통해 일어나는 실제적인 특권을 알게 되고 누리게 된다는 것입니다. 그래서 복음을 위해 당하는 고난은 하나님이 주신 은혜입니다.

카르만 부인의『광야의 샘』이라는 책에 이런 이야기가 나옵니다. 내 책상 위에는 여러 개의 누에고치가 있었고, 어느 날 번데기가 나방으로 탈바꿈하는 과정을 지켜보았습니다. 바늘구멍만 한 틈새에서 몸 전체가 비집고 나오려고 한나절을 버둥거리고 있었습니다.

안쓰러운 마음에 그녀는 가위로 구멍을 넓혀 주었고, 커진 구멍으로 나방은 쉽게 빠져나왔습니다. 하지만 나방은 공중으로 솟아오르려고 몇 번 시도했으나 결국 날지 못하고 땅바닥을 맴돌았습니다. 그녀는 나방이 작은 틈새로 나오려고 애쓰는 시련의 과정을 거쳐야 날개의 힘이 길러지고 물기가 알맞게 말라 날 수 있다는 사실을 뒤늦게 알았습니다. 사람은 누구나 편안하고 쉬운 삶을 살기를 원합니다. 고통과 고난을 싫어하고, 기쁨과 즐거움, 행복만 가득하기를 바랍니다. 그러나 고통이 없고 기쁨만 있다면 인간의 내면은 절대 여물 수 없습니다. 나방처럼 난관을 헤쳐 나가는 과정에서 생존의 힘을 기를 수 있게 됩니다. 특히 그리스도인은 예수님처럼, 바울처럼 고난의 은혜를 경험해야 신앙의 내공이 쌓이고, 다른 사람의 영혼을 복음으로 구원해 낼 수 있는 능력이 생기는 법입니다. 그리고 고난은 반드시 영광을 가져옵니다. 그리스도의 영광에 참여하도록 하는 매개체가 바로 고난과 시련 고통입니다. 그래서 바울은 고난을 주신 것도 하나님의 은혜라고 담대하게 말하는 것입니다.

마지막으로, 본문 30절은 **"너희에게도 그와 같은 싸움이 있으니 너희가 내 안에서 본 바요 이제도 내 안에서 듣는 바니라"**라고 마무리 하고 있습니다. 이 구절을 새번역 성경에서는 **"여러분은 내가 하는 것과 똑같은 투쟁을 벌이고 있습니다. 여러분은 내가 그렇게 하는 것을 보았으며, 내가 그렇게 하는 것을 지금 소문으로 듣습니다"**라고 더 쉽게 표현하고 있습니다. 사실, 본문 30절은 분사 구절로 29절과 연결해서 풀이하면, "그리스도를 위해 여러분이 고난도 받게 하셨는데, 그 고난은 바로 내가 지금까지 겪은 고난과 동일한 고난이며, 여러분은 그 고난을 보고 들은 바와 같다"는 뜻이 됩니다.

　바울이 왜 이렇게 말했을까요? 그는 자신이 겪은 고난을 통해 성도들이 고난을 힘들어하지 말고, 오히려 그것을 믿음의 싸움을 견고히 해 나가는 기회로 삼을 수 있도록 격려하고 위로하는 것입니다. 바울은 디모데에게도 **"그러므로 너는 내가 우리 주를 증언함과 또는 주를 위하여 갇힌 자 된 나를 부끄러워하지 말고 오직 하나님의 능력을 따라 복음과 함께 고난을 받으라"**고 권면하고 있습니다. 고난은 성도들에게 필수적으로 겪어야 할 특권입니다. 그래서 고난은 포장된 하나님의 축복이라고 말합니다.

　결론적으로, 복음에 합당한 삶을 삽시다. 세상의 재물과 명예, 권력, 건강, 장수 등 현대인이 좋아하는 어떤 것도 복음보다 앞설 수 없습니다.

　J. D. 그리어는 그의 책 『오직 복음』에서 다음과 같이 말합니다.

> 복음은 우리가 계획한 프로그램보다 더 중요하다.
> 복음은 우리의 취향보다 더 중요하다.
> 복음은 우리가 우선시하는 일보다 더 중요하다.
> 복음은 우리의 정치 보다 더 중요하다.

복음은 OOO 보다 더 중요하다. 빈칸에 무엇을 집어넣든 상관없다.
복음은 항상 그 무엇보다 더 중요하다.
복음이 그 무엇보다 중요하지 않으면 그것은 더이상 복음이 아니다

내 대신 죄를 지시고 십자가에 못 박히신 예수 그리스도를 믿음으로써 죄 용서와 구원의 은혜를 누린다는 이 단순한 복음이 온전히 나의 것이 되어야 하며, 삶의 최우선이고 전부가 되어야 합니다. 나아가, 복음이 말뿐만 아니라 삶의 모든 영역에서 증거되어야 합니다.

오늘 말씀의 교훈을 따라 복음을 대적하는 세속 문화에 대항하여 모두 한마음으로 맞서 싸워 승리해야 합니다. 그 과정에서 어떤 고난이 닥쳐와도 인내하면, 그것이 대적에게는 멸망의 증거가 되고 우리에겐 구원의 증거가 된다는 사실을 믿으시기 바랍니다. 이 피 묻은 복음을 세상에 담대하게 전파하여 예수님의 지상 명령을 성취하는 증인 공동체로서의 사명을 감당하는 교회가 되기를 축복합니다.

Chapter. 5

예수님의 마음을 품으라(1)
Let the Mind of Jesus be in You

빌립보서 2:1-11

1 그러므로 그리스도 안에 무슨 권면이나 사랑의 무슨 위로나 성령의 무슨 교제나 긍휼이나 자비가 있거든 **2** 마음을 같이 하여 같은 사랑을 가지고 뜻을 합하여 한마음을 품어 **3** 아무 일에든지 다툼이나 허영으로 하지 말고 오직 겸손한 마음으로 각각 자기보다 남을 낫게 여기고 **4** 각각 자기 일을 돌볼뿐더러 또한 각각 다른 사람들의 일을 돌보아 나의 기쁨을 충만하게 하라 **5** 너희 안에 이 마음을 품으라 곧 그리스도 예수의 마음이니 **6** 그는 근본 하나님의 본체시나 하나님과 동등됨을 취할 것으로 여기지 아니하시고 **7** 오히려 자기를 비워 종의 형제를 가지사 사람들과 같이 되셨고 **8** 사람의 모양으로 나타나사 자기를 낮추시고 죽기까지 복종하셨으니 곧 십자가에 죽으심이라 **9** 이러므로 하나님이 그를 지극히 높여 모든 이름 위에 뛰어난 이름을 주사 **10** 하늘에 있는 자들과 땅에 있는 자들과 땅 아래에 있는 자들로 모든 무릎을 예수의 이름에 꿇게 하시고 **11** 모든 입으로 예수 그리스도를 주라 시인하여 하나님 아버지께 영광을 돌리게 하셨느니라

사도 바울은 빌립보 성도들이 하나님의 도성의 시민으로서 합당한 삶을 살 것을 권면했습니다. 이를 위해 가장 우선적이며 중요한 것은 성도들이 한마음으로 하나가 되는 것입니다. 바울은 성도들이 한마음을 품을 수 있는 구체적이고 실제적인 교훈을 주고 있습니다.

1-4절에서는 교회 공동체 내부의 문제, 즉 '성도 간의 인간관계'에 대해 말씀하고 있습니다. 이어서 5-11절에서는 이를 가능하게 하는 '예수님의 마음을 품어야 한다'는 중요한 교훈을 제시하고 있습니다. 워렌 위스비 Warren W. Wiersbe 는 예수님의 마음을 '예수님께서 보여주신 태도'라고 설명합니다. 우리가 가져야 할 올바른 교우 관계의 긍정적인 면은 1, 2, 4절에서 제시되고, 부정적인 면은 3절에서 다루고 있습니다.

바울은 앞서 성도들에게 한마음으로 서서 협력할 것을 요청한 후, 교회 안에서 참된 일치 unity 를 이루는 방법에 대해 말씀하고 있습니다. '일치'는 교회 안에 있는 성도들의 마음에서 비롯됩니다. '획일 unifomity'과는 다른 것입니다. 강압적인 행정이나 조직의 힘으로 일괄적으로 이루어지는 것이 획일이라면, 일치는 그리스도의 마음을 품을 때, 자연스럽게 드러나는 하나됨, 즉 한마음을 품는 것입니다.

성도간의 아름다운 관계

첫째, 공동체 안에서 아름다운 덕목으로...

본문 1절에서 바울은 "그러므로 그리스도 안에 무슨 권면이나 사랑의 무슨 위로나 성령의 무슨 교제나 긍휼이나 자비가 있거든"이라고 말씀합니다. 이 구절에서 바울은 '있거든'이라는 단어를 사용합니다. 그 표현은 '그것이 있는지 없는지 모르지만 혹시 있다면'이라는 불확실한 의미가 아니라, '그리스도 안에서의 권면, 사랑의 위로, 성령의 교제, 긍휼이나 자비'가 이미 빌립보 교회 공동체에 존재한다는 의미입니다. 바울은 그러한 상태가 계속해서 지속되기를 바라는 마음으로 이 말씀을 전하고 있습니다. 이것은 빌립보 교회 성도들이 이미 탁월한 영적 성숙을 갖추고 있음을 바울이 인정하며 칭찬하는 말씀입니다. 따라서 바울은 빌립보서 4:1에서 성도들을 "나의 사랑하고 사모하는 형제들, 나의 기쁨이요 면류관"이라고 감동적으로 묘사하며 그들을 더욱 격려하고 있습니다.

바울이 언급하는 권면, 위로, 교제, 긍휼, 자비는 빌립보 성도들의 정체성과 삶의 본질을 잘 나타내는 중요한 요소들입니다. 한때 그들은 마음이 원하는 대로 살며, 세상의 헛된 신을 믿고 세상의 풍조를 따르던 사람들이었습니다 엡 2:2. 그러나 이제는 예수 그리스도를 믿고 영접함으로써 하나님의 자녀가 되었으며, 이제 그리스도 안에서 그분께 붙어 있는 지체가 되었습니다. 빌립보 성도들의 모든 존재 요소, 삶의 요소는 모두 그리스도와의 관계에서 비롯되어 이루어지기 시작하였습니다. 이것은 단순한 이론이 아닙니다. 권면, 사랑, 위로, 교제, 긍휼, 자비는 그리스도로 인하여 형성된 공동체적인 특성입니다. '그리스도 안에서'라는 표현은 그것을 뒷받침해 줍니다. 이러한 덕목들은 공동체를 이루며 각 지체들과의 관계에서 이루어지는 훌륭한 덕목들입니다.

이전에는 마음에서 일어나는 욕심과 감정대로 말하고 행동하며, 세상의 방식대로 이생의 자랑과 더 많은 소유를 좇아 판단하고 결정하며 생활하였습니다. 감정과 욕심, 세속적인 것이 관계의 바탕이 되었다면, 이제는 성령께서 이루시는 거룩한 연합을 이루고 그리스도의 이름으로 아름다운 교제를 실천하는 삶을 살아가고 있습니다. **"권면과 사랑과 위로와 교제와 긍휼과 자비"**는 세상 사람이 흉내도 내기 어려운 것으로 예수 그리스도를 믿는 자들의 관계가 얼마나 수준 높고 거룩한지를 보여줍니다. 이러한 덕목을 통해 온 성도들은 미리 하나님 나라에서 이루어질 교제의 기쁨을 맛볼 수 있었습니다. 바울은 2장 4절에서 **"나의 기쁨을 충만하게 하라"**고 말씀합니다. 이러한 덕목들은 또한, 교회를 섬기는 사역자와 목회자에게도 천국의 기쁨을 맛보게 하는 것입니다. 그러므로 빌립보 교회 성도들은 예수님 믿고 맛본 신비롭고 은혜로운, 차원이 다른 교회 공동체 안에서의 교제를 지속해야 합니다. 열방교회도 성도들 간에 이러한 아름다운 덕목들이 실천됨으로써, 천국을 맛보며 더욱 풍성하고 멋진 신앙생활을 하시기를 주님의 이름으로 축복합니다.

둘째, 한마음을 품음으로...

본문 2절에서 바울은 **"마음을 같이 하여 같은 사랑을 가지고 뜻을 합하며 한마음을 품어"**라고 말씀합니다. 이것은 교회 공동체의 하나됨을 이루기 위해 가져야 할 마음의 태도를 제시하는 것입니다. **'마음을 같이 한다'**는 표현은 '같은 것을 생각한다'는 의미입니다. '생각하다'라고 번역되는 '프로네테φρονῆτε'는 단순한 지성적 작용을 가리키는 것이 아닙니다. 오히려 느끼고, 생각하고, 결정하고, 행동하는 모든 과정을 가리킵니다. 바울은 이 개념을 강조하기 위해 유사한 표현을 반복적으로 사용합니다. 지닌 의미를 네 차례나 되풀이하여 표현합니다. '같은 마음, 같은 사랑, 같은 뜻, 한마음'은 공동체 구성원들이 동일한 관점을 가지고 있다는 의미입니다.

'관점'이란 사물이나 현상을 관찰할 때, 그 사람이 보고 생각하는 태도나 방향, 또는 처지를 말합니다. 따라서 '같은 생각을 품고, 같은 사랑을 가지고, 뜻을 합하여 한마음이 된다'는 것은 하나의 동일한 관점으로, 같이 느끼고, 같은 생각을 하고, 결정하고, 행동하는 것을 의미합니다. 이것은 로봇처럼 획일화한다는 것이 아니라 개성과 다양한 의견을 표출하면서도, 같은 관점으로 분석하고 판단하며, 서로의 이해와 결정을 존중하는 태도를 의미합니다. 이처럼 복음에 합당한 공동체를 이루기 위해서는 '같은 관점'을 가지고 교회의 일치를 이루어 나가야 합니다.

　　사도 바울은 한마음을 품기 위해 구체적으로 마음을 같이하고, 같은 사랑을 가지며, 뜻을 합하는 것을 제시합니다. 이는 빌립보 교회가 하나됨을 이루도록 권면하는 말씀입니다. 빌립보 교회가 한마음을 이루어야 할 이유는 분명했습니다. 첫째, 사회적·국가적으로 예수를 믿는 성도들에게 많은 고난이 외부로부터 닥쳐오고 있었습니다. 이러한 고난의 강을 건너가기 위해서는 교회 공동체가 하나로 연합해야 했습니다. 둘째, 교회 내부에는 의견 차이로 인해 갈등이 있는 성도들이 있었습니다. 특히, 교회를 위해 헌신하고 충성하던 능력 있는 두 자매 유오디아^{'향기'의 의미}와 순두게^{'행운'의 의미} 사이에 심각한 갈등이 벌어지고 있었습니다^{빌 4:1-3}. 이러한 인간적인 갈등은 서로에게 아무 유익이 없을 뿐만 아니라, 예수님의 이름과 교회에도 큰 부담이 되는 문제였습니다. 이에 사도 바울은 이러한 갈등을 속히 해결하고, 한마음으로 연합할 것을 강력히 권면하고 있습니다.

　　마음을 같이하는 것은 생각의 일치를 의미하며, 같은 사랑을 가지는 것은 열정과 감성의 일치를 의미합니다. 뜻을 합하는 것은 추구하는 목적의 일치를 의미합니다. 사도 바울은 빌립보 성도들에게, 그들이 그리스도 안에서 신령한 권면과 사랑, 위로, 교제, 긍휼, 자비를 경험한 자들답게 계속해서 한마음을 이루어야 한다고 권면합니다. 그렇게 할 때, 외부로부터 닥쳐오는 핍박과 고난을 이겨낼 수 있으며, 내부적으로 하나 되어 천국 시민답게 살아갈 수 있습니다. 또한, 선한 영향력을 이방 세계에 끼칠 수 있습니다.

셋째, 겸손함으로 남을 나보다 낫게 여김으로...

바울은 본문 3절에서 **"아무 일에든지 다툼이나 허영으로 하지 말고 오직 겸손한 마음으로 각각 자기보다 남을 낫게 여기고"**라고 말씀합니다. 공동체가 한마음, 한뜻을 이루는 데 가장 큰 걸림돌은 '다툼'과 '허영'입니다. '다툼'에 해당하는 헬라어 에리데이안^{ἐριθείαν}은 영어 성경에서 'selfish ambition'$^{NIV, ESV}$으로 번역됩니다. 이는 개인의 이익과 명예를 추구하며, 소모적인 경쟁과 분열을 조장하는 말다툼을 의미합니다. '허영'에 해당하는 헬라어 케노독시안^{κενοδοξίαν}은 영어 성경에서 'empty glory'^{ESV}, 'vain glory'^{KJV}로 번역됩니다. 문자적으로 '헛된 영광'을 뜻하며, 실체 없는 자기 과시를 의미합니다.

조금 더 깊이 살펴보면, '다툼'^{경쟁심}은 육체의 행실, 이기적인 야망, 자신의 이익 추구, 자신의 주장을 관철하기 위해 취하는 행동입니다. '허영'은 헛된 영광, 쓸데없는 명예를 위함, 하나님의 영광보다 자신의 이름이 드러나기를 은근히 바라는 것입니다. 인정받으려는 욕망, 다른 사람들을 통제하고 간섭하려는 욕망이 Selfish Ambition입니다. 이러한 태도에는 반드시 다툼이 일어납니다. 관심을 받기 위해 열매가 없음에도 열매가 있는 척, 위로부터 받은 구체적 은혜가 없음에도 있는 척, 교회 안에서 사람들 앞에서 어릿광대와 같은 행동을 합니다. 이것을 '허영'이라고 합니다. 이것을 속히 버려야 합니다. 그래야 진실 된 성도가 됩니다.

이런 것을 버리고 특별히 힘써야 할 것이 있습니다. 바로 '겸손'입니다. 바울은 **"오직 겸손한 마음으로 각각 자기보다 남을 낫게 여기고"**라고 권면합니다. 겸손은 하나님께서 주시는 복을 체험하는 가장 확실한 미덕이며, 하나님께서는 겸손한 사람을 귀하게 여기십니다. 겸손은 하나님 앞에서의 겸손이 있고 관계에서의 겸손이 있습니다. 하나님 앞에서 겸손한 사람은 주의 말씀에 절대적으로 순종합니다. 관계에서의 겸손은 항상 다른 사람이 나보다 낫다고 여기며 존중하는 태도입니다.

바울은 본문 4절에서 **"각각 자기 일을 돌볼뿐더러 또한 각각 다른 사람들의 일을 돌보아 나의 기쁨을 충만하게 하라"**라고 말씀합니다. 로마 시대의 사람들은 개인의 명예와 이익에 집중했습니다. 오늘날에도 개인주의는 강한 흐름으로 자리 잡고 있습니다. 그러나 바울이 말하는 "각각 자기 일을 돌보라"는 것은 개인주의적인 태도를 조장하거나 개인의 '명예를 중시하라'는 의미가 아닙니다. 오히려 '개인의 책임과 의무를 다하라'는 뜻입니다. 이어지는 말씀, **"또한, 각각 다른 사람들의 일을 돌보아 나의 기쁨을 충만하게 하라"**에서 다른 사람들의 일을 돌보라는 것은 다른 사람의 일에 간섭하고 문제를 제기하며 통제하려는 것이 아닙니다. 공동체에 대한 책임을 다하라는 뜻이며, 형제애를 실천하고 연약한 자들을 보호하며 섬기라는 말씀입니다. 이것은 조용하고 성실한 태도로 이루어져야 합니다. 고대 헬라 시대에서 '겸손'은 노예들에게만 해당하는 특성이었습니다. 자신을 높일 근거가 없는 자들이 자연스럽게 겸손을 가질 수 밖에 없다고 여겼으며, 사회적 지위가 낮은 사람과 어울리는 것은 어리석은 일로 판단했습니다. 또한, 다른 사람을 정복의 대상으로 여길 뿐, 존중의 대상으로 여기지 않았습니다. 그러나 복음은 이러한 사고방식을 완전히 뒤집습니다. 같은 관점을 공유하는 '한 가지'가 있으면, 자연스럽게 자기 일을 돌아볼 뿐 아니라 남의 일도 돌보게 됩니다. '자기 일을 돌아본다'는 말은 아무 생각 없이 본능적으로 다툼이나 허영에 빠지지 않도록 자신을 살피는 것입니다. 또한, 다른 사람의 일도 살펴 권면, 위로, 긍휼, 자비를 베풀며 격려합니다.

이렇게 '그리스도의 복음에 합당한 공동체'를 이루기 위해서는 '한 가지'에 초점을 맞춘 같은 생각, 같은 마음, 같은 뜻을 가져야 합니다. 그 '한 가지'는 그리스도의 복음에 합당한 삶을 살아가게 하는 핵심 열쇠이자, 그리스도에 대한 믿음의 본질이며, 그리스도를 따른다는 의미입니다. 그리고 이렇게 할 수 있도록 하는 가장 완전한 역할 모델은 바로 그리스도 예수님이십니다. 그러므로 우리 각자의 마음에 반드시 예수님의 겸손하고 온유한 마음을 품어야 합니다.

결론적으로, 공동체 안에서 성도들은 아름다운 덕목을 구체적으로 실천해야 합니다. 그리스도 안에서의 권면, 사랑의 위로, 성령의 교제, 긍휼이나 자비로 충만하고 모두가 한마음을 품어야 합니다. 다른 생각, 다른 관점으로 나누어지면 교회는 어려움에 부닥치게 됩니다. 하나의 관점을 가지고 나아갈 때, 교회가 추구하는 사역의 목표를 성취하여 교회가 건강하게 성장할 수 있습니다. 또한 외부적으로는 복음으로 뭉쳐 싸워 승리할 수 있습니다. 따라서 허영이나 다툼으로 하지 말고, 남을 나보다 낫게 여기는 겸손한 자세로 섬길 때, 교회는 기쁨이 가득하고 계속해서 건강미를 유지할 수 있을 것입니다.

Chapter. 6

예수님의 마음을 품으라(2)
Let the Mind of Jesus be in You

빌립보서 2:1-11

1 그러므로 그리스도 안에 무슨 권면이나 사랑의 무슨 위로나 성령의 무슨 교제나 긍휼이나 자비가 있거든 **2** 마음을 같이 하여 같은 사랑을 가지고 뜻을 합하여 한마음을 품어 **3** 아무 일에든지 다툼이나 허영으로 하지 말고 오직 겸손한 마음으로 각각 자기보다 남을 낫게 여기고 **4** 각각 자기 일을 돌볼뿐더러 또한 각각 다른 사람들의 일을 돌보아 나의 기쁨을 충만하게 하라 **5** 너희 안에 이 마음을 품으라 곧 그리스도 예수의 마음이니 **6** 그는 근본 하나님의 본체시나 하나님과 동등됨을 취할 것으로 여기지 아니하시고 **7** 오히려 자기를 비워 종의 형제를 가지사 사람들과 같이 되셨고 **8** 사람의 모양으로 나타나사 자기를 낮추시고 죽기까지 복종하셨으니 곧 십자가에 죽으심이라 **9** 이러므로 하나님이 그를 지극히 높여 모든 이름 위에 뛰어난 이름을 주사 **10** 하늘에 있는 자들과 땅에 있는 자들과 땅 아래에 있는 자들로 모든 무릎을 예수의 이름에 꿇게 하시고 **11** 모든 입으로 예수 그리스도를 주라 시인하여 하나님 아버지께 영광을 돌리게 하셨느니라

사도 바울은 빌립보 성도들이 하나님의 도성의 시민으로서 합당한 삶을 살며, 온 교우가 한마음으로 하나되어 겸손하게 그리스도 안에서 권면하고, 사랑으로 위로하며, 성령으로 교제하고, 긍휼과 자비를 베푸는 삶을 지속적으로 살 것을 권면했습니다. 이를 위해 가장 시급한 과제는 바로 빌립보 성도들이 한뜻과 한마음으로 하나의 공동체가 되는 것입니다. 그러나 그것은 인간의 의지나 행위로 되는 것이 아니라, 이 땅에 오셔서 온전한 본이 되신 '예수 그리스도의 마음을 품을 때' 비로소 가능하다고 말씀합니다. 바울은 그분의 삶과 태도를 실례로 제시하고 있습니다.

바울 자신도 회심한 후, 예수님의 마음을 품고 살아가면서 사역했습니다.

그는 고린도전서 2:16에서 **"누가 주의 마음을 알아서 주를 가르치겠느냐 그러나 우리가 그리스도의 마음을 가졌느니라"**라고 선언하며, 자신이 그리스도의 마음을 가지고 있음을 고린도 교회 성도들에게 힘주어 말하고 있습니다. 고린도 교회가 직면한 문제를 해결할 수 있는 유일한 길이 그리스도의 마음을 가지는 것임을 확신했기 때문입니다. 예수님께서는 자신의 마음을 마태복음 11:29-30에서 이렇게 말씀하셨습니다. **"나는 마음이 온유하고 겸손하니 나의 멍에를 메고 내게 배우라 그리하면 너희 마음이 쉼을 얻으리니 이는 내 멍에는 쉽고 내 짐은 가벼움이라 하시니라."** 오늘 본문은 예수님의 마음을 더욱 구체적으로 풀어 설명하고 있습니다. 그렇다면, 예수님의 마음^{자세} 혹은 태도는 무엇일까요?

그리스도 예수의 마음

첫째, 자기 비움입니다

본문 6-7절에서는 다음과 같이 기록하고 있습니다. "**그는 근본 하나님의 본체시나 하나님과 동등됨을 취할 것으로 여기지 아니하시고 오히려 자기를 비워 종의 형체를 가지사 사람들과 같이 되셨고**" '근본 하나님의 본체'라는 표현은 헬라어로 모르페^{μορφη}로, 속성, 본질, 지위, 능력 등 하나님께 속한 것을 의미합니다. 그렇습니다. 예수님은 근본 하나님이시며, 하나님과 본질적으로 동일하신 분입니다. 예수님 자신도 "**나와 아버지는 하나이니라**"^{요 10:30}라고 말씀하셨습니다. 삼위 중 제 2위격으로 온전한 하나님이시며, 존귀하시고 거룩하시며 영원하신 분이십니다. 예수님은 하나님과 동등한 영광과 능력과 존귀를 가지신 분이시지만, 하나님과 동등됨을 취할 것으로 여기지 아니하셨습니다. 예수님은 자기를 비우고, 모든 것을 내려놓으시며, 사람의 몸을 입고 이 땅에 오셨습니다. 그것을 성육신^{incarnation}이라고 합니다. 예수님은 이 땅에서 어떤 명예와 물질에 대한 욕심도, 사심도 가지지 않으셨습니다. 예수님은 세상에 오셔서도 '내가 하나님의 아들인데, 나는 하나님과 동등한데'하며 자신을 높이려 하지 않으셨습니다. 오히려 자기를 완전히 비우고 낮아지셨습니다. 마땅히 받아야 할 대접과 마땅히 받아야 할 영광조차도 받지 않으셨습니다. 우리가 예수님의 마음을 품으려면, 먼저 마음을 비우는 것부터 시작해야 합니다. '비운다'는 말은 헬라어 명사로 '케노시스^{κένωσις}'로 표현되는데, 본문에서는 '에케노센^{ἐκένωσεν}'이라는 동사로 사용되었습니다. '평판, 명성'의 의미와 함께 영어 성경에서 no reputation으로 번역됩니다. 쉽게 말해, '내가 누구인데, 내가 어떤 사람인데'라는 자만심을 버리는 것을 의미합니다. 예수님은 없는 것을 버린 것이 아니라, 충분히 주장할 수 있고 누릴 수 있는 것을 마치 없는 자처럼 살아가셨습니다.

웨스트민스터 신학대학원의 권문상 교수는 영국 아버딘 대학에서 쓴 박사 논문의 서문에서 '비움$^{케노시스, κένωσις}$'에 대해 다음과 같이 설명합니다.

> 그리스도의 자기 비우심의 원리가 우리에게 전해주는 의미는 가히 절대적이다. 참된 하나님이 자기를 비움으로써 참된 인간으로 살아가신 그 모습에서 우리는 하나님의 (삼위 일체적) 존재 원리를, 하나님의 통치 원리를, 피조물 모두가 가지는 생의 지고한 원리를 발견하는데 그것은 바로 예수님의 '자기희생'이다. 희생이 있는 곳에, 아니 희생이 있어야 생명이 있고, 죽음의 고통이 있어야 부활이 있는 그것 말이다.

우리 자신이 비움의 원리를 이해하지 못하면, 예수님을 닮아갈 수 없고, 주님을 따라 사는 삶이 힘들어집니다. 만약에 '내가 누구인데'하는 마음을 가진다면, '왜 나를 알아주지 않는가? 왜 나를 무시하나?'하는 생각이 들게 되고, 항상 섭섭한 마음이 생기고 시험에 들게 됩니다. 그런 마음을 가지고는 믿음 생활하기가 어려울 뿐만 아니라, 성숙할 수도 없습니다. 모든 것을 다 내버리고 빈 마음 자기희생이 되어야 예수님의 마음을 닮는 것입니다. 순수한 자기 부정과 희생이 있는 교회는 하나가 되고, 아름다운 공동체로 자리매김할 수 있습니다.

둘째, 종의 형체를 가짐으로 사람과 같이 되심입니다

본문 7절에서는 **"오히려 자기를 비워 종의 형체를 가지사 사람들과 같이 되셨고"** 라고 기록되어 있습니다. 하나님이신 예수님께서 낮아지셔서 사람이 되셨을 뿐만 아니라, 종의 형체를 가졌습니다. '종의 형체 모르펜 둘루, μορφὴν δούλου'는 종의 속성을 가지게 되었다는 뜻입니다. "하나님의 본체"와 "종의 형체"가 동일한 헬라어 단어 '모르페 μορφή'를 사용합니다. 예수님은 이름만 종이 아니라, 실제로 노예가 되셨습니다. '둘로스 δοῦλος'라는 단어는 단순한 종 servant보다, 최하급 노예 slave를 의미합니다. 옛날에는 배가 모터에 의한 동력이 아니라 배 밑창에서 노를 저어 움직였습니다. 배 밑창에서 노를 젓던 사람들이 대부분 노예였으며, 그들을 '둘로스'라고 불렀습니다. 따라서 예수님이 노예가 되셨다는 것은 최하위의 신분을 가지셨다는 의미로 이해할 수 있습니다. 그러면 예수님은 누구의 노예가 되셨습니까? 사람들, 특히 죄인들의 종이 되셨습니다. 예수님은 제자들의 발을 씻기시고, 약한 사람을 도우시며, 병든 사람을 고치시고, 굶주린 사람을 먹이셨습니다. 예수님은 섬김을 받기 위해 오신 것이 아니라, 섬기기 위해 오셨다고 말씀하셨습니다. **"인자가 온 것은 섬김을 받으려 함이 아니라 도리어 섬기려 하고 자기 목숨을 많은 사람의 대속물로 주려 함이니라"**막 10:45. 예수님은 하나님께 순종하셨을 뿐만 아니라, 사람들의 종이 되어 섬기셨습니다. 예수님의 위대함이 여기에 있습니다.

우리가 참으로 예수님의 마음을 품으려면 철저하게 노예가 되어야 합니다. 그리고 주님의 종으로 살아가려면 사람의 종도 되어야 합니다. 하나님의 종노릇만 하겠다는 사람은 사람을 섬길 수 없고 하나님의 종노릇도 제대로 할 수 없습니다. 주의 종이 된다는 것은 사람들에게 대접을 받고, 높임을 받고, 명예와 영광을 누리는 것이 아닙니다.

일제 강점기 시대, 독립운동가요 민족지도자인 고당 조만식 선생은 평양 산정현교회의 장로였습니다. 그 교회의 담임목사는 주기철 목사였습니다. 그는 조만식 장로가 민족지도자 양성학교인 오산중학교 교장 시절에 가르쳤던 제자였습니다. 어느 주일 아침 9시, 조만식 장로는 민족 지도자들의 긴급 회의에 참석하고 11시 예배에 참석하기 위해 급한 걸음으로 교회에 돌아왔습니다. 그러나 그는 예배 시작시간에 5분이나 늦었습니다. 당시 교회는 의자 없이 마룻바닥에 앉아서 예배드리던 시절이었습니다. 조만식 장로는 미안한 마음으로 머리 숙여 조심스럽게 걸어서 바닥에 앉으려 했습니다. 그때 담임 주기철 목사가 조용히 말했습니다. "조 장로님, 앉지 마시고 뒤에 서서 예배드리세요." 그 말을 들은 조 장로는 아무 말 없이 뒤로 가서 한 시간 동안 서서 회개의 눈물을 흘리며 예배를 드렸습니다. 자신의 제자였던 주기철 목사를 하나님의 종으로 섬긴 것이지요. 예배가 끝나자마자 조만식 장로는 앞으로 나아가 주기철 목사님에게 정중히 양해를 구하고 성도들 앞에서 다음과 같이 사과했다고 합니다.

> "성도 여러분, 오늘 하나님께 드리는 거룩한 주일에 민족 운동을 한답시고 예배 시간을 지키지 못해서 죄송합니다. 먼저는 하나님께, 그리고 목사님과 성도 여러분들께 신앙의 모범을 보이지 못해 진심으로 죄송합니다. 용서해 주시기 바랍니다."

탁월한 애국자요 민족의 지도자로서 온 민족에게 존경을 받았던 큰 어른이었지만, 조만식 장로는 자기 제자의 견책에도 겸손히 순종하는 큰 그릇이었습니다. 그래서 더욱 존경을 받았습니다. 이 사건 이후, 산정현교회 성도들은 예배 시간을 더욱 엄숙히 지키며 신앙의 모범을 보여주는 교회가 되었습니다. 그리고 산정현 교회는 교회사적으로 유명한 교회가 되었습니다.

그렇습니다. 교회에서 중한 직분을 맡는 것은 겸손하게 종의 자세로 앞장서서 섬기도록 하신 것입니다. 사람들은 가끔 '내가 왜 저런 사람을 섬겨야 합니까? 내가 왜 저런 사람을 위해 희생해야 합니까?'라고 말합니다. 하지만 주님께서는 우리처럼 연약하고 못난 사람, 우리같이 추한 죄인을 섬겨주셨습니다. 다른 사람이 나를 어떻게 대하는지에 신경 쓰기보다, 내가 어떻게 하면 다른 사람을 더 잘 섬길 수 있을지에 관심을 가져야 합니다. 예수님의 마음은 철저하게 노예로 사람들을 섬기는 삶을 사셨습니다. 자신의 권리와 특권을 다 포기하고 심지어 자유까지 다 포기하시며 인류의 종으로 사셨습니다.

셋째, 자기를 낮추심입니다.

본문 8절은 이렇게 기록하고 있습니다. **"사람의 모양으로 나타나사 자기를 낮추시고 죽기까지 복종하셨으니 곧 십자가에 죽으심이라."** 예수님은 자기를 낮추셨습니다. 이것이 예수님의 겸손입니다. 세상에서 스스로 낮아지려고 하는 사람이 어디 있습니까? 사람들은 저마다 더 높아지기 위해 다투고 싸우고 있습니다. 가정에서도 다투고 싸우는 이유는 서로 높아지려는 마음 때문입니다. 그러나 예수님은 낮아지셨습니다. 그것도 조금 낮아진 것이 아니라, 가장 낮은 자리로 내려오셨습니다. 하늘에서 땅까지 낮아지셨습니다. 창조주이신 하나님께서 피조물인 인간으로까지 낮아지셨습니다. 예수님은 이 세상에 태어나실 때부터 가장 낮고 천한 말구유에서 나셨습니다. 그뿐만 아니라, 일평생 낮은 자로 살아가셨습니다. 부요한 삶을 사는 대신 가난한 삶을 택하셨고, 낮은 자로 사셨습니다. 예수님의 제자들도 낮고 천한 자들이 대부분입니다. 주님은 당시 사회적으로 죄인 취급을 받던 세리와 창기들, 그리고 소외된 블랙 칼라들과 교제하며 살아가셨습니다. 그 결과, 많은 사람들이 예수님을 향해 **"저는 죄인들과 세리의 친구"**라고 비난했습니다. 예수님이 이렇게 낮아지셨기 때문에 사람들은 주님께 가까이 갈 수 있었고, 주님과 어울릴 수 있었습니다. 예수님은 낮아지셔서 죄인들과 함께 식사하시고, 대화하시며, 그들의 손을 잡아주셨습니다. 이렇게 자기를 비우고, 종이 되고, 낮아지면, 우리는 예수님의 말씀대로 살게 될 것입니다. 예수님은 **"무릇 자기를 높이는 자는 낮아지고 자기를 낮추는 자는 높아지리라"**라는 역설적 진리를 우리에게 말씀하셨습니다 눅14:11. 어떤 목사님이 예수님의 낮아지심겸손을 세 가지 측면에서 설명하셨는데, 상당히 공감이 가는 말씀이었습니다.

첫째, 자신과의 관계입니다. 인류의 죄를 담당하시기 위한 대속적인 측면에서, 예수님께서 사람이 되신 것이 최고의 낮아지심이셨습니다. 성육신은 하나님이 사람이 되신 사건입니다. 우리는 가끔 적당히 높은 지위, 부유한 삶을 누릴 수 있음에도 가난한 자의 친구가 되고 청빈한 삶을 사는 사람들의 이야기를 들으면 감동과 도전을 받습니다. 그러나 예수님의 성육신 이야기는 너무 많이 들어서인지 감동하지 못하는 경우가 많습니다. 그러나 예수님께서 인간이 되셔서 고난을 겪으셔야만, 온전한 대속으로 구원을 이룰 수 있으므로 피할 수 없는 낮아지심의 최고봉인 성육신을 택하신 것입니다.

히브리서 5:7-10에서는 다음과 같이 말씀하고 있습니다. "그는 **육체에 계실 때에 자기를 죽음에서 능히 구원하실 이에게 심한 통곡과 눈물로 간구와 소원을 올렸고 그의 경건하심으로 말미암아 들으심을 얻었느니라 그가 아들이시면서도 받으신 고난으로 순종함을 배워서 온전하게 되셨은즉 자기에게 순종하는 모든 자에게 영원한 구원의 근원이 되시고 하나님께 멜기세덱의 반차를 따른 대제사장이라 칭하심을 받으셨느니라.**"

둘째, 성부 하나님과의 관계입니다. 예수님은 삼위 하나님으로서 성부 하나님과 동등한 존재이시지만, 제2위격의 자리에서 죽기까지 복종하신 것은 최고의 낮아지심의 자세입니다. 겟세마네 동산에서 예수님께서 자기 뜻을 내려놓고, 온전히 아버지의 뜻에 따름으로써 완전한 복종을 이루셨습니다. 우리는 자신의 의견이 받아들여지지 않고, 다른 사람의 의견이 결정될 때 섭섭함을 느끼거나 반대의 입장에 서게 됩니다. 그러나 예수님은 끝까지 겸손과 순종의 본을 보이셨습니다.

셋째, 사람과의 관계입니다. 개미의 세계를 이해하려면 개미가 되어야 하듯이, 예수님께서는 인간을 온전히 이해하고 돕고 섬기기 위해 직접 사람이 되셨습니다. 예수님께서도 섬김을 위해 가장 낮은 자리, 즉 노예의 신분으로 이 땅에 오셨습니다. 그분은 말구유에서 태어나셨고 늘 낮은 자세로 섬기셨습니다. 정말 쉽지 않은 선택으로 멋진 삶을 사시고 우리의 모범이 되셨습니다.

넷째, 십자가에 죽으심입니다.

본문 8절은 이렇게 기록하고 있습니다. "**사람의 모양으로 나타나사 자기를 낮추시고 죽기까지 복종하셨으니 곧 십자가에 죽으심이라.**" 예수님은 죽기까지 복종하시며 십자가에서 돌아가셨습니다. 이것이야말로 예수님 생애에서 하이라이트입니다. 예수님께서는 자신의 죽음을 통해 인류를 살리고, 영원한 생명을 주시기 위해 십자가를 지셨습니다. 그분이 십자가에 달리신 이유는 택한 백성을 살리기 위함이며, 죄인인 우리를 구원하기 위함이었습니다. 예수님의 삶은 고난의 연속이었고, 십자가의 길을 걸어가는 삶이었습니다. 그분은 날마다 자신을 희생하며 섬기셨고, 마지막 순간에는 십자가에 달려 피 흘려 돌아가셨습니다. 그러나 예수님께서는 자신에게 유익이 되거나, 자기에게 좋은 것만 순종하신 것이 아닙니다. 오히려 가장 힘들고 순종하기 어려운 말씀을 복종하셨습니다. 목숨을 바쳐야만 할 수 있는 십자가까지 복종하셨습니다. 예수님께서 지신 십자가는 가장 치욕스럽고, 가장 부끄럽고, 고통스럽고, 가장 저주스러운 것이었습니다. 그러므로 우리도 십자가를 지고 주님을 따라가야 합니다. 예수님처럼 십자가의 죽음으로 자신의 생명을 희생하는 자가 진정한 예수님의 제자가 되는 것입니다. 예수님은 마태복음 16:24, 25에서 이렇게 말씀하셨습니다. "**이에 예수께서 제자들**

에게 이르시되 누구든지 나를 따라오려거든 자기를 부인하고 자기 십자가를 지고 나를 따를 것이니라 누구든지 제 목숨을 구원하고자 하면 잃을 것이요 누구든지 나를 위하여 제 목숨을 잃으면 찾으리라." 예수님은 생명과 죽음에 대한 말씀을 하시며, 진정한 제자는 자기를 부인하고 자기 십자가를 지며 기꺼이 주님을 따라야 함을 가르치셨습니다.

예수님께서 스스로 낮아지셨기에, 하나님께서는 그분을 지극히 높여 영광스럽게 하셨습니다. 본문 9절은 이렇게 말씀합니다. **"이러므로 하나님이 그를 지극히 높여 모든 이름 위에 뛰어난 이름을 주셨습니다."** 스스로 낮아지신 예수님을 하나님께서 지극히 높여 모든 이름 위에 뛰어난 이름을 주셨습니다. 예수님의 이름처럼 아름답고 복된 이름이 어디 있습니까? 우리는 예수님의 이름으로 구원을 받고, 예수님의 이름으로 기도하며, 예수님의 이름으로 복음을 전합니다. 또한 예수님의 이름으로 마귀를 쫓아내고, 예수님의 이름을 찬양하며, 그 이름으로 승리하며 살아갑니다.

본문 10절은 이렇게 말씀합니다. **"하늘에 있는 자들과 땅에 있는 자들과 땅 아래에 있는 자들로 모든 무릎을 예수의 이름에 꿇게 하시고."** 이는 하늘에 있는 천사들과 땅에 있는 모든 사람과 피조물들이 다 예수님의 이름 앞에 무릎을 꿇게 하셨음을 의미합니다. 또한, 11절은 이렇게 기록하고 있습니다. **"모든 입으로 예수 그리스도**

를 주라 시인하여 하나님 아버지께 영광을 돌리게 하셨느니라." 즉, 모든 입이 예수님을 주로 고백하며, 그분을 높이고 영광과 경배를 돌리게 하셨습니다.

세상은 우리 마음에 헛된 욕망과 명예심을 넣어줍니다. 마치 온 천하를 보여 주며 자신에게 절하라고 유혹했던 사탄처럼, 세상은 끊임없이 우리를 유혹합니다. 마귀는 우리 마음속에 높아지려는 마음, 자기만을 위하는 이기적인 마음, 명예와 영광을 얻으려는 교만한 마음, 하나님을 거역하고 불순종하는 마음, 다른 사람을 판단하고 정죄하는 마음, 원망하고 불평하는 마음, 섭섭함과 분노의 마음을 끊임없이 부추깁니다. 그러므로 우리는 이 모든 유혹을 물리치고, 예수님의 마음을 품어야 합니다. 예수님의 마음을 가질 때, 우리는 주님처럼 살아갈 수 있으며, 우리의 삶에서 그리스도의 향기가 자연스럽게 흘러나올 것입니다.

결론적으로, 공동체 안에서 성도들은 아름다운 덕목으로 서로를 섬겨야 합니다. 그렇게 할 때, 복음에 합당한 시민으로 살아갈 수 있고, 믿지 않는 사람들에게도 교회 공동체의 아름다운 덕목을 드러냄으로 선한 영향력을 끼칠 수 있습니다. 그렇게 하려면 우리의 마음을 예수님의 마음으로 바꾸어야 합니다. 주님처럼 겸손과 온유로 모든 것을 비울 때, 공동체는 하나가 되고 다른 사람들을 살리는 생명체가 될 것입니다. 예수님은 자기를 비우셨습니다케노시스, κένωσις. 종

둘로스, δοῦλος의 형체를 입으시고 철저히 섬기셨습니다. 겸손히 자기를 낮추시고 십자가에서 인류를 위한 대속의 죽음을 기꺼이 감당하셨습니다. 교회가 올바른 인간관계를 맺고 하나 되어 균형 잡힌 건강한 교회를 이루기 위해서는, 예수님의 희생 정신을 본받아야 합니다. 단순히 본받는 것을 넘어, 그 희생을 실천하는 데 최선을 다해야 합니다. 그렇다면, 어떻게 해야 할까요? 해바라기처럼 '주바라기'가 되어야 합니다. 그것을 '바라봄의 원리'라고 합니다. 히브리서 기자는 12:2에서 **"믿음의 주요 또 온전하게 하시는 이인 예수님을 바라보자"**라고 권면합니다. 예수님을 바라볼 때, 우리는 믿음의 길을 걸어 갈 수 있기 때문입니다. 해바라기는 해를 바라보며 그 알이 영글어 갑니다. 예수님의 마음을 본받아 살기위해 주바라기가 되어 믿음으로 전진할 수 있기를 주님의 이름으로 축복합니다.

Chapter. 7

예수님의 마음을 품으라(3)
Let the Mind of Jesus be in You

빌립보서 2:5-11

5 너희 안에 이 마음을 품으라 곧 그리스도 예수의 마음이니 **6** 그는 근본 하나님의 본체시나 하나님과 동등됨을 취할 것으로 여기지 아니하시고 **7** 오히려 자기를 비워 종의 형체를 가지사 사람들과 같이 되셨고 **8** 사람의 모양으로 나타나사 자기를 낮추시고 죽기까지 복종하셨으니 곧 십자가에 죽으심이라 **9** 이러므로 하나님이 그를 지극히 높여 모든 이름 위에 뛰어난 이름을 주사 **10** 하늘에 있는 자들과 땅에 있는 자들과 땅 아래에 있는 자들로 모든 무릎을 예수의 이름에 꿇게 하시고 **11** 모든 입으로 예수 그리스도를 주라 시인하여 하나님 아버지께 영광을 돌리게 하셨느니라

현대 첨단 의학 기술의 발달로 장기를 이식하여 생명을 살리고 건강을 찾는 일을 흔히 볼 수 있습니다. 2022년 기준, 우리나라의 장기 이식 대기자는 약 5만 명을 바라보고 있지만, 뇌사 장기 기증자는 단 405명에 불과했다고 합니다. 장기 이식 대기자는 매년 약 2,000명씩 늘고 있지만, 기증자는 해마다 줄고 있어서 새 생명을 얻는 확률이 점점 낮아지고 있습니다. 우리나라의 장기 이식 기술은 세계 최고 수준이지만, 기증자가 부족하면 그 기술을 제대로 활용할 수 없습니다. 저는 간 이식을 통해 건강을 회복한 분을 알고 있으며, 제 친구 중에는 간 이식을 준비하다가 기능이 호전되어 결국 이식을 하지 않은 경우도 있었습니다. 일반적으로 형제나 자녀의 장기를 이식받을 경우 회복 가능성이 더 높다고 합니다. 우리 몸의 다양한 신체 부위는 이식을 통해 대체할 수 있지만, 아직 정신이나 뇌는 이식이 불가능한 상태입니다. 실제로 마음을 고치고 치유하는 것 자체가 매우 어려운 일이라고 합니다.

사도 바울은 빌립보 교회 공동체가 안고 있는 여러 문제, 즉 분쟁과 하나 되지 못함을 해결하는 방안으로 '예수님의 마음을 품는 것'을 권면하고 있습니다. 우리 신체의 장기나 모발은 망가지거나 빠지면 간혹 이식을 할 수 있을지 모르나, 마음과 뇌는 첨단 의학 기술이나 인간의 그 어떤 행위로는 불가능합니다. 그렇다면, 우리는 어떻게 해야 예수 그리스도의 마음을 품을 수 있을까요?

예수님의 마음을 두 단어로 표현하면, '온유'와 '겸손'입니다. 예수님께서는 마태복음 11:29-30에서 이렇게 말씀하셨습니다. "**나는 마음이 온유하고 겸손하니 나의 멍에를 메고 내게 배우라 그리하면 너희 마음이 쉼을 얻으리니 이는 내 멍에는 쉽고 내 짐은 가벼움이라 하시니라.**" 이는 더욱 구체적으로 '그분의 비움케노시스, 종의 형체를 가지심, 그의 낮아지심, 그리고 십자가에 죽으심복종'으로 나타납니다. 우리도 이러한 예수님의 마음을 품을 수 있을까요? 이 주제를 함께 생각하며 은혜를 나누고자 합니다.

예수님을 진실되게 믿음으로...

요한계시록 3:20절에서 예수님께서는 이렇게 말씀하십니다. "**볼지어다 내가 문밖에 서서 두드리노니 누구든지 내 음성을 듣고 문을 열면 내가 그에게로 들어가 그로 더불어 먹고 그는 나와 더불어 먹으리라.**" 이 말씀은 예수님을 우리의 구세주로, 삶의 주인으로 영접하는 것을 의미합니다. 죄로 타락한 자아에 예수님의 존재가 들어오는 것은 오직 믿음으로 가능합니다. 성경은 이것을 "영접"이라고 표현합니다. "**영접하는 자 곧 그 이름을 믿는 자들에게는 하나님의 자녀가 되는 권세를 주셨으니**"요 1:12. 따라서 우리는 마음의 빗장을 풀고 마음 밖에서 문을 노크하시며 들어오시기를 원하시는 예수님의 음성에 응답해야 합니다. 내 마음속에 인격적으로 그분을 주인으로 모셔야 합니다. 그렇게 영접한 사람을 예수님을 믿는 신자,

또는 성도라고 부릅니다. 예수님을 진심으로 영접한 사람 안에는 예수님께서 거하시며 함께하십니다. **"너희가 내 안에 거하고 내 말이 너희 안에 거하면 무엇이든지 원하는 대로 구하라 그리하면 이루리라"** 요 15:7. 그렇습니다. 예수님을 참으로 믿으면, 예수님은 우리 안에 들어오셔서 거하시며 점점 우리의 마음이 그분의 성품과 삶을 본받아 살아가게 됩니다. 세속적인 가치관에서 성경적인 가치관으로 변화되고, 예수님의 관점으로 바뀜으로 삶의 태도가 변화되어 예수님처럼 생각하고 살아가게 됩니다. 특히, 예수님 안에 거하며 말씀을 따라 살며, 예수님의 마음과 태도를 본받아 살아가는 성도를 우리는 '예수님의 제자'라고 합니다.

예수님을 믿고 그분의 본을 따라 산 대표인 사람이 바로 모세입니다. 모세는 예수님의 마음을 그대로 닮은 사람이었습니다. 히브리서 기자는 모세의 마음을 이렇게 기술하고 있습니다. **"믿음으로 모세는 장성하여 바로의 공주의 아들이라 칭함 받기를 거절하고 도리어 하나님의 백성과 함께 고난 받기를 잠시 죄악의 낙을 누리는 것보다 더 좋아하고 그리스도를 위하여 받는 수모를 애굽의 모든 보화보다 더 큰 재물로 여겼으니 이는 상 주심을 바라봄이라"** 히 11:24-26.

모세는 예수님의 마음을 품고 살았습니다. 비움, 종의 형체, 낮아지심, 죽음이라는 네 가지 요소가 히브리서 본문 속에 고스란히 녹아있습니다. 그것이 바로 모세가 지면의 어떤 사람보다 더 온유한 마음의 성품을 소유한 자임을 확증한 것입니다. 민수기 12:3은 이렇게 말씀합니다. **"이 사람 모세는 온유함이 지면의 모든 사람보다 더하더라."** 그러나 성경에서 말하는 온유함은 온화하고 부드럽다는 뜻이 아닙니다. 하나님 앞에서 철저히 낮아진 마음, 비참해진 마음, 가난해진 마음을 말합니다. 모세는 오랜 인고의 세월을 통해, 하나님을 떠난 인간이 얼마나 무지하고 무능하며, 어리석고 무력한 존재인지 깨달았습니다. 그 결과, 타고난 혈기와 기질에도 불구하고 누구보다 온유한 사람이 될 수 있었습니다. 인간은 절대자 하나님 앞에서 100% nothing'아무것도 아닌 존재'이며 하나님 안으로 들어가야 everything'모든 것을 가진 존재'이 될 수 있습니다.

모세는 왕이 될 수 있는 모든 조건을 갖추고 있었지만, 왕의 자리를 과감히 비웠습니다. 성경은 이렇게 기록합니다. **"바로의 공주의 아들이라 칭함 받기를 거절하고"** 히 11:24. 그는 종의 형체를 취하여, 하나님의 백성(노예)과 함께 고난받기를 자처했습니다. 왕으로 있으면 엄청난 부와 권세, 그리고 세상의 낙을 누릴 수 있었지만, 그 모든 신분과 특권을 포기했습니다. 그리고 낮아져서 그리스도께서 당하셨던 수모를 기꺼이 겪으면서, 애굽의 모든 보화와 재물을 헌신짝처럼 여겼습니다. 이는 쉽지 않은 결단이었으며, 어쩌면 죽는 것보다 더 어려운 결단이었을 것입니다.

모세가 그렇게 할 수 있었던 것은 하나님의 신실하심과 약속에 대한 확고한 믿음을 가지고 있었기 때문입니다. 그는 믿음의 삶을 사는 자에게 주어지는 하늘의 상급, 즉 하나님께서 높여 주시고 영광스럽게 하실 것을 확신했기 때문입니다. 이것이 바로 믿음을 통해 가질 수 있는 예수님의 마음입니다. 히브리서 11:6은 믿음에 대해 이렇게 말씀합니다. **"믿음이 없이는 하나님을 기쁘시게 하지 못하나니 하나님께 나아가는 자는 반드시 그가 계신 것과 또한 그가 자기를 찾는 자들에게 상 주시는 이심을 믿어야 할지니라."** 즉, 모세는 하나님께서 반드시 상 주시는 분이심을 믿었으며, 그분의 높여 주심과 영광을 확신했습니다. 그 결과, 누가복음 19장의 변화산 사건에서 모세는 엘리야와 함께 영광 중에 나타나 예수님과 함께 변모하는 모습을 보였습니다. 이렇게 믿음이 있어야 예수님의 마음을 품을 수 있으며, 결국 그분의 삶을 본받아 살아가게 됩니다. 그리고 우리도 예수님의 마음을 품게 될 때, 천국에서 하나님의 영광 가운데 거하게 될 것입니다.

예수님의 마음을 이해하고 깊이 알아가므로...

복음을 받아들이고 예수님을 믿어 신자가 되었다면, 날마다 더욱 예수님을 알아가야 합니다. 예수님과 기쁨으로 교제하며 그분을 더 깊이 알아갈수록, 우리 영혼에 은혜와 평강이 더욱 풍성하게 채워지고, 하늘로부터 임하는 신령한 지혜가 더욱 충만해질 것입니다. 사도 베드로는 이렇게 말씀합니다. **"하나님과 우리 주 예수를 앎으로 은혜와 평강이 너희에게 더욱 많을지어다"** 벧후 1:2. 하나님께서는 모든 성도가 신성한 성품에 참여하는 자가 되길 원하십니다. 따라서 우리는 끊임없이 예수님을 닮아가기 위해 애써야 합니다. 그것이 모든 성도가 이 땅에서 동일하게 추구해야 할 삶의 목적이요, 방법이라는 사실을 잊지 말아야 합니다. 예수님의 생각과 마음이 내 삶 속에서 어떻게 드러나고 있는지 돌아보아야 합니다. 또한, 내 입술의 말과 손과 발의 행동이 예수님을 닮았는지 생각해보아야 합니다.

몇 해 전, 미국에서 링컨 탄생 200주년을 기념하는 다양한 행사로 열기가 뜨거웠을 때, 미국 최초의 흑인 대통령이었던 버락 오바마$^{Barack\ Hussein\ Obama}$는 아브라함 링컨을 닮고 싶어했고, 심지어 링컨의 후계자임을 자랑스럽게 말했습니다. 사실, 링컨 대통령은 오바마뿐만 아니라, 모든 미국민이 존경하고 닮고 싶어하는 위대한 지도자였습니다. 그가 존경받는 여러 이유 중 가장 중요한 것은 노예해방과 이를 위한 남북전쟁에서의 승리라고 할 수 있습니다. 그 외에도 탁월한 리더십, 겸손과 관용을 본받을 만합니다. 그러나 무엇보다도, 링컨은 참된 신앙인이었습니다. 그의 어머니 낸시^{Nancy} 여사는 그가 11세 되던 해 세상을 떠나면서, 아들에게 유산으로 성경을 물려주었습니다. 그녀는 아들에게 이렇게 유언을 남겼습니다. '너에게 아무런 재산을 남겨주지 못하지만, 이 책^{성경}을 너를 위한 귀한 유산으로 남긴다. 늘 읽고, 그 교훈대로 살아가라.' 링컨은 어머니의 유언을 지키며 성경을 사랑하고 말씀대로 살아가려 힘썼습니다. 그의 신앙과 성경 중심의 삶이 미국을 강하게 세우고, 자유민주주의를 지켜내는 원동력이 되었습니다. 이는 우리나라에도 동일하게 적용되는 진리입니다. 예수님의 마음은 신약 성경에 분명하게 나타나 있으며, 구약에서도 그림자처럼 곳곳에 드리워져 있습니다. 그러므로 성경을 깊이 알아갈 때, 우리는 예수님의 마음을 품고, 그분을 본받아 실천할 수 있는 강한 그리스도인이 될 수 있습니다.

다시 말씀드리지만, '구원'은 오직 예수님을 믿음으로 받습니다. 이 진리는 변함이 없습니다. 믿고 난 다음에는 하나님과 예수님, 그리고 성령님을 차근차근 알아가야 합니다. 그 진가를 모르면 기복적인 신앙에 머물게 되고, 결국 예수님과 하나님과는 아무런 관계가 없는 종교적인 생활을 하면서 어쩌면 잘 믿는 사람처럼 착각하면서 불행의 늪에 빠지게 될 수 있습니다. 삼위 하나님을 아는 만큼 우리의 신앙은 더욱 성숙해지고, 하나님께서 기뻐하시는 삶을 살아갈 수 있습니다. 모르고 믿는 것은 맹신이며, 거짓된 것을 참된 신앙인 줄 알고 믿는 것은 미신입니다. 우리는 맹신자가 되어서도, 미신을 따르는 자가 되어서도 안 됩니다.

바울은 디모데에게 이렇게 권면합니다. "그러나 너는 배우고 확신한 일에 거하라 너는 내가 누구에게서 배운 것을 알며 또 어려서부터 성경을 알았나니 성경은 능히 너로 하여금 그리스도 예수 안에 있는 믿음으로 말미암아 구원에 이르는 지혜가 있게 하느니라. 모든 성경은 하나님의 감동으로 된 것으로 교훈과 책망과 바르게 함과 의로 교육하기에 유익하니 이는 하나님의 사람으로 온전하게 하며 모든 선한 일을 행할 능력을 갖추게 하려 함이라"딤후 3:14-17.

예수님께서는 마태복음 11:29에서 이렇게 말씀하셨습니다. "**나는 마음이 온유하고 겸손하니 나의 멍에를 메고 내게 배우라.**" 우리도 예수님을 더 깊이 알아가기 위해 배우고 확신하는 자리에 이르게 될 때, 예수님의 마음을 닮아 하나님의 사람으로 온전해지고, 선한 일을 행하는 데에도 온전한 그리스도인이 될 것입니다.

예수님을 항상 사모하며 바라봄으로...

히브리서 기자는 히브리서 12:2에서 이렇게 권면합니다. "**믿음의 주요 또 온전하게 하시는 이인 예수님을 바라보자.**" 해바라기는 가을 햇빛을 바라보며 자라고, 그 방향을 향하므로 열매가 단단하게 영글어 갑니다. 우리도 믿음의 주요 온전하게 하시는 예수님을 바라보며, 그분의 마음을 본받고, 그분처럼 살아가기를 소망합니다.

사람의 생각이 어떠하며 그가 무엇을 바라보는지를 알면, 그의 인격과 삶의 방향을 알 수 있습니다. 미국의 소설가 나다니엘 호손Nathaniel Hawthorne은 『큰 바위 얼굴』에서 어네스트라는 소년의 이야기를 전합니다. 어네스트가 사는 마을의 산기슭에는 사람 얼굴 모양의 큰 바위가 있었습니다. 이것은 미국의 사우스 타코다의 마운트 러시모어에 새겨진 죠지 워싱턴, 토마스 제퍼슨, 시어도어 루즈벨트, 아브라함 링컨 대통령의 얼굴을 연상시킵니다. 그 큰 바위 얼굴은 강인하고 친절하며 존경할 만한 것이었습니다. 그래서 어네스트는 늘 그 바위를 바라보며 동경했습니다. 그는 바위를 볼 때마다 늘 마음에 큰 감동을 느꼈습니다. 이 마을에는 언젠가 큰 바위 얼굴을 닮은 인물이 태어날 것이라는 전설이 있었습니다. 늘 큰 바위 얼굴을 바라보며 그와 같은 인물을 동경했던 어네스트가 어느덧 성인이 되었습니다. 그는 변함없이 그와 닮은 사람을 찾기 위해 열심히 찾아다녔습니다. 그러던 어느 날, 마을 사람들은 큰 바위 얼굴의 전설을 토론하고 있었습니다. 그때, 누군가 갑자기 외쳤습니다. "보라! 어네스트가 바로 큰 바위 얼굴을 닮았네!" 정말 그러했습니다. 큰 바위 얼굴을 늘 바라보던 어네스트는 결국 그와 같은 모습을 닮아가게 된 것입니다.

우리가 무엇을 바라보고 사모하고 닮고자 할 때, 결국 그 대상을 닮아가게 되며, 우리의 바람도 성취됩니다. 단순히 아는 것과, 사모하며 닮기 위해 노력하는 것은 다를 수 있습니다. 예수님을 사모하며 그분을 닮고자 노력할 때, 어느새 우리의 마음과 성품이 예수님을 닮아가고 예수님처럼 살아가게 됩니다.

부부는 서로 사랑하며 오랫동안 함께 살다 보면 마음과 외모까지 닮아간다고 합니다. 세상에서는 부부 관계를 '평생 원수'라고 표현하는 경우도 있지만, 성도는 그렇게 생각해서는 안 됩니다. 부부는 서로 닮아가는 '평생 동반자'가 되어야 합니다. 어떤 분은 봉숭아 물들이는 법칙으로 예수님을 닮아가는 것을 설명하기도 합니다. 저는 어린 시절 봉숭아 잎을 따서 짓이겨 손톱과 발톱에 바르면, 시간이 흐르면서 점점 분홍빛 물이 드는 것을 심심찮게 했던 기억이 떠오릅니다.

예수님의 마음을 품고, 그분의 삶을 따라 사는 것도 이와 같은 원리일 것입니다. 자신을 부인하고, 깎이고, 짓이겨지면서 예수님처럼 되고자 하는 마음을 품고자 노력할 때, 나 자신도 모르게 시간의 무게 가운데 예수님의 마음을 닮고 삶을 본받아 사는 멋쟁이 그리스도인이 될 것입니다. 예수님을 사모하며, 늘 그분을 바라보는 '주바라기'가 되길 주님의 이름으로 축복합니다.

찬송가 463장 4절을 함께 불러 봅시다.

예수 닮기 원합니다 진심으로 진심으로
예수 닮기 원합니다 진심으로
진심으로 진심으로
예수 닮기 원합니다 진심으로

결론적으로, 성도는 예수 그리스도의 마음을 품어야 그분이 사셨던 삶을 본받고, 예수님처럼 살 수 있습니다. 특히, 예수님의 마음을 품은 성도들이 함께하는 교회 공동체는 한마음으로 같은 방향과 목적을 향하여 나아갈 수 있습니다. 그리고 성도들이 아름다운 성품으로 서로를 섬기며 하나님께 영광을 돌리는 신앙생활을 할 수 있습니다. 이를 위해서는, 예수님을 나의 구세주로 영접하고, 삶의 모델로 삼아야 합니다. 매일 예수님을 더욱 깊이 알아가기 위해 배우고 확신하며, 더욱이 예수님을 생각하고 사모하며 바라보는 '주바라기'가 되어야 합니다. 해바라기가 해를 바라봄으로 그 속이 알알이 영글어 가듯이, 우리 모두 주바라기가 될 때 성숙한 신앙인이 됩니다. 그러한 성도가 모인 교회는 그리스도의 한 몸된 공동체로서 하나님께 영광을 돌리는 삶을 살아갈 것입니다.

Chapter. 8

너희 자신의 구원을 이루라
Work Out Your Own Salvation

빌립보서 2:12-18

12 그러므로 나의 사랑하는 자들아 너희가 나 있을 때뿐 아니라 더욱 지금 나 없을 때에도 항상 복종하여 두렵고 떨림으로 너희 구원을 이루라 **13** 너희 안에서 행하시는 이는 하나님이시니 자기의 기쁘신 뜻을 위하여 너희에게 소원을 두고 행하게 하시나니 **14** 모든 일을 원망과 시비가 없이 하라 **15** 이는 너희가 흠이 없고 순전하여 어그러지고 거스르는 세대 가운데서 하나님의 흠 없는 자녀로 세상에서 그들 가운데 빛들로 나타내며 **16** 생명의 말씀을 밝혀 나의 달음질이 헛되지 아니하고 수고도 헛되지 아니함으로 그리스도의 날에 내가 자랑할 것이 있게 하려 함이라 **17** 만일 너희 믿음의 제물과 섬김 위에 내가 나를 전제로 드릴지라도 나는 기뻐하고 너희 무리와 함께 기뻐하리니 **18** 이와 같이 너희도 기뻐하고 나와 함께 기뻐하라

본문은 '그러므로'라는 접속사로 시작하기 때문에, 본문을 올바로 이해하려면 이전에 언급된 내용을 살펴보아야 합니다. 앞에서, 사도 바울이 빌립보 교인들에게 '그리스도 예수의 마음을 품으라'고 권면한 내용을 나누었습니다. 바울은 예수 그리스도가 어떤 분인지, 그리고 어떻게 하면 우리가 그 마음을 품을 수 있는지 말씀드렸습니다. 신앙생활은 예수 그리스도를 아는 것으로부터 시작됩니다.

즉, '예수님이 하나님의 본체로 인류의 구원을 위하여 이 세상에 오셨다. 예수 그리스도는 완전한 하나님이시며, 완전한 사람이시다. 예수 그리스도는 흠도 없고 점도 없는 분이시지만, 하나님의 구원 계획을 이루시기 위해 십자가에서 대속의 죽음을 감당하셨다. 예수 그리스도는 죽으신지 사흘 만에 부활하셨다. 예수 그리스도는 하늘에 있는 자들과 땅에 있는 자들과 땅 아래에 있는 자들이 무릎을 꿇어야 할 위대하신 분이시다. 그래서 우리는 예수 그리스도를 주로 시인하여 하나님 아버지께 영광을 돌린다.'

진정한 신앙생활은 예수님을 더 깊이 알아가는 가운데 친밀한 관계에서 그분을 전적으로 믿고 순종하며 따르는 것입니다. 그러한 성도를 믿음이 좋다고 말합니다.

본문이 '그러므로'라는 접속사로 시작하는 것은, '너희가 예수 그리스도가 어떤 분인지 알고, 예수 그리스도를 주로 믿으라'는 의미입니다. 따라서 본문은 예수 그리스도를 알고 믿어 구원받은 사람들이 어떻게 살아야 하는지를 교훈하고 있습니다. 사도 바울은 자신이 먼저 그렇게 실천하면서 빌립보 교회 성도들도 실천하기를 간절하게 바라고 있습니다. 이것은 어려운 문제가 아닙니다. '별을 잡으라'는 것처럼 불가능한 요구가 아닙니다. 그 이유는 우리 안에서 이 일을 이루시는 분이 바로 하나님이시기 때문입니다. 빌립보서 2:13은 이렇게 말씀합니다. **"너희 안에서 행하시는 이는 하나님이시라."** 얼마나 든든한 말씀입니까? 이 일은 우리가 모방해서 되는 것이 아니라 성육신함으로 가능합니다. 갈라디아서 2:20은 이렇게 말씀합니다. **"내 안에 그리스도께서 사신 것이라."**

항상 복종하며 두렵고 떨림으로...

본문 12절에서도 사도 바울은 이렇게 권면합니다. **"그러므로 나의 사랑하는 자들아 너희가 나 있을 때뿐 아니라 더욱 지금 나 없을 때에도 항상 복종하여 두렵고 떨림으로 너희 구원을 이루라."**

빌립보 교인들은 이미 예수님을 믿음으로 말미암아 구원을 받았습니다. 그런데도 바울은 **"너희 구원을 이루라"**고 말합니다. 여기에서 '이루라'에 해당하는 동사 'work out'은 '완수하도록 일하다'는 뜻을 가집니다. 따라서 이 말씀은, 이미 구원해 주신 하나님의 일을 완수하도록 권면하는 말씀으로 이해해야 합니다. 그것은 그리스도를 닮는 것, 즉 그 아들의 형상을 본받게 하는 위대한 사역입니다.

'구원'이란 우리가 흔히 아는, 예수님을 믿음으로 얻는 하나님의 선물로서의 구원을 말하는 것이 아닙니다. 이 구원은 구원받은 이후, 우리가 더욱 성숙해진 모습으로 살아가야 할 구원을 의미합니다. 성경은 두 가지 구원의 개념을 말씀하고 있습니다. 하나는 예수 그리스도를 인격적으로 나의 구세주로, 삶의 주인으로 모심으로 얻는 1) **'신분적인 구원'** 과 그 다음으로 구원받은 이후, 하나님의 자녀로서 합당한 삶을 살아내는 과정으로서의 2) **'수준적인 구원'** 입니다. 신학적으로 말하면 성화를 의미합니다. 늘 거룩한 삶을 살면서 하나님 자녀로서 품위를 지켜야 한다는 말씀입니다. 그러므로 오늘 본문에서 말하는 '구원'은 후자의 의미입니다. '이루라'라는 말은 이미 받은 구원을 계속 이루어가라는 말입니다.

사도 베드로는 베드로전서 2:2에서 다음과 같이 확증합니다. **"갓난 아기들 같이 순전하고 신령한 젖을 사모하라 이는 그로 말미암아 너희로 구원에 이르도록 자라게 하려 함이라."** 이 말씀은 바울 사도가 본문에서 말씀하신 의미와 비슷하게, **"너희 구원에 이르도록 자라가라"** 는 권면과 같습니다. 여기서 '갓난아기'는 하나님의 자녀로 거듭난 사람을 의미하며, 그들은 이미 '신분적 구원'을 받은 사람입니다. 하지만 신령한 젖을 사모해야 합니다. 왜냐하면 '수준적 구원'에 이르도록 자라야하기 때문입니다. 이미 구원받았기 때문에 성숙한 성화의 단계로 나아가야 한다는 것입니다.

바울은 빌립보 교인들에게 어떻게 구원을 이루어야 한다고 권면합니까**12절**? **"항상 복종하여 두렵고 떨림으로"**12-14절 이루어가야 합니다. 이 단어의 의미는 '어떤 사물이나 사람 앞에서 전율하는 두려움'입니다. 우리가 흔히 '다리가 후들거릴 정도로 떨렸다'라고 표현하는 것과 같은 의미입니다. 성도는 두렵고 떨림으로 '구원'쏘테리안, $\sigma\omega\tau\eta\rho\acute{\iota}\alpha\nu$을 이루어 가야 합니다. 그러나 이것은 자기 노력이 아니라 성도 안에서 행하게 하시는 하나님의 도움으로 가능합니다. 인생에는 수많은 문제가 있지만, 하나님께서 우리를 도와 그것을 이루게 하실 것입니다. 우리는 결코 싸구려 모조품이 되면 안 됩니다. 그리스도를 닮아서 하나님의 형상을 회복하여 거룩한 삶을 살아내야 합니다. 사도 바울은 담대하게 말합니다. **"내가 그리스도를 본 받는 자 된 것같이 너희는 나를 본받는 자 되라"**고전 11:1.

성경 속 신앙의 인물들은 하나님 앞에서 두려움경외심을 가지고 무릎을 꿇었습니다. 이것은 힘과 권력 앞에서 강압적으로 하는 것이 아니라, 하나님 앞에서 성도가 마음속에 가져야 할 자연스러운 반응이었습니다. 바울은 이어서 하나님께서 성도의 마음에 소망을 두시고, 그것을 이루어 가신다고 말합니다. 신실하신 하나님께서는 주 예수의 날까지 쉬지 않고 성도를 돌보실 것입니다. "너희 안에서 착한 일을 시작하신 이가 그리스도 예수의 날까지 이루실 줄을 우리는 확신하노라"1:6. 그것은 성령님에 의해서 이루어 가십니다. 우리는 연약하지만, 성령께서 순종할 힘과 능력을 주시는 것입니다. 그러므로 성도는 이 사실을 믿음으로 끝까지 순종해야 합니다.

예레미야 17:13은 이렇게 말씀합니다. **"이스라엘의 소망이신 여호와여 무릇 주를 버리는 자는 다 수치를 당할 것이라 무릇 여호와를 떠나는 자는 흙에 기록이 되오리니 이는 생수의 근원이신 여호와를 버림이니이다."** 이 구절에는 여호와를 버리는 자와 여호와를 떠나는 자가 나옵니다. 그들은 생수의 근원이신 여호와를 버린 자들이며, 생수의 근원에서 끊어진 자들입니다. 그들은 스스로 구원의 주를 버린 자들입니다. 그러므로 우리는 세상을 사랑하고 세상을 쫓아가다가 신앙에서 멀어지면서 하나님을 버리는 일이 없도록 두렵고 떨림으로 살아야 합니다.

바울 역시 구원에서 멀어질까 두려워하는 마음을 가지고 있었습니다. 고린도전서 9:27에서 그는 이렇게 말합니다. **"내가 내 몸을 쳐 복종하게 함은 내가 남에게 전파한 후에 자신이 도리어 버림을 당할까 두려워함이로다."** 바울은 자신의 몸을 쳐서 복종시키는 절제의 삶을 살았습니다. 그 이유는 육신이 원하는 대로 살다가는 버림받을 수 있다는 두려움 때문이었습니다. 바울은 지금은 열심히 복음을 전하며 살고 있지만, 몸을 쳐서 복종시키며 경건함을 지키지 않고 육신대로 살면 하나님께 버림받을 수 있다고 믿었던 것입니다.

모든 일에 원망과 시비가 없이...

본문 빌립보서 2:14에서 바울은 이렇게 권면합니다. "**모든 일을 원망과 시비가 없이 하라.**" 원망^{murmurings,} 궁시렁 궁시렁하는 것은 '불평을 품고 투덜대는 것'을 의미합니다. 시비^{Disputings}는 '악한 의도로 다툼을 일으키는 것'을 뜻합니다. 이 말씀으로 보아 당시 빌립보 교회 안에는 공동체를 분열시키는 원망과 시비가 일어났던 것으로 추측할 수 있습니다.

목회학 책에는 이런 말이 있습니다. '교회는 큰 일로 망하는 것이 아니라 '그렇다더라'는 가십^{gossip}으로 망한다.' 교회는 쓸데없는 부정적인 사소한 말들로 무너집니다. 그렇기에 교회를 사랑하는 성도들은 교회 일이나 목회자 그리고 성도 개인에 대한 부정적인 말이나 추측성 발언들을 삼가야 합니다. 사람들이 많이 모이는 곳에서는 항상 추측성 가십거리들이 떠돌기 마련입니다. 혹시라도 자신에 대한 잘못된 소문이 돌고 돌아 귀에 들어오게 될 때, 우리는 모세와 같은 자세를 취해야 합니다. 모세는 백성들이 원망하고 반역할 때에도 그들을 대적하지 않았습니다. 그는 언제나 하나님께 아뢰고 하나님의 은혜를 구했습니다. 원망과 시비는 공동체를 힘들게 합니다. 이스라엘 백성들이 광야 생활을 하면서 가장 문제가 되었던 것도 원망과 시비였습니다. 오늘날의 교회 안에서도 원망과 시비가 있을 수 있습니다. 바울은 고린도 교회에서의 원망과 시비에 대해 광야에서의 교훈을 언급하며 이렇게 말합니다. "그들 가운데 어떤 사람들이 원망하다가 멸망시키는 자에게 멸망하였나니 너희는 그들과 같이 원망하지 말라 그들에게 일어난 이런 일은 본보기가 되고 또한 말세를 만난 우리를 깨우치기 위하여 기록되었느니라"고전10:10, 11.

교회도 사람이 모이는 곳이고, 다양한 사역이 이루어지는 곳이기에 당연히 원망과 시비가 생길 수 있습니다. 하지만 우리가 항상 모든 일에 원망과 시비 없이 행할 때, 더욱 좋은 결과를 얻을 수 있습니다.

세상에서 빛으로 나타남으로...

빌립보서 2:15에서 바울은 이렇게 말씀합니다. "**이는 너희가 흠이 없고 순전하여 어그러지고 거스르는 세대 가운데서 하나님의 흠 없는 자녀로 세상에서 그들 가운데 빛들로 나타내며.**" 이 세상은 어그러지고 거스르는 세대이기 때문에, 세상에 빛들로 나타나야 함을 말합니다. 예수님께서도 우리를 향해 "너희는 세상의 빛이다"라고 말씀하셨습니다마 5:14. 그리고 제자들에게 빛이란 무엇인지를 이렇게 설명하셨습니다. "**이와 같이 너희 빛을 사람들에게 비춰라. 그래서 사람들이 너희의 선한 행동을 보고 하늘에 계신 너희 아버지께 영광을 돌리게 하여라**"쉬운성경 마 5:16. 그리스도인은 세상의 빛입니다. 그렇기에 우리의 존재 자체가 세상을 더욱 밝게 만드는 것입니다. 우리는 더 나은 세상으로 변화시켜야 할 책임이 있습니다. 만약 우리가 아무리 힘들고 기분이 나쁘고 불편해도 원망과 시비를 그친다면, 우리는 세상을 조금 더 나아지게 하는 빛으로 사는 것입니다. 빛된 삶은 바로 우리의 선한 행위입니다. 선한 행동, 즉 빛된 삶은 생명을 살려 풍성하게 만드는 능력이 있습니다. 우리의 선한 행위는 사람들에게 감동과 변화를 주며, 세상을 더욱 살맛나는 천국으로 만드는 것입니다.

우리는 개인적인 종말을 맞을 때에 주님 앞에 서서 영광의 면류관, 금 면류관을 받게 될 것입니다. 주님께서 우리에게 면류관을 주실 때, 그 판단 기준은 무엇일까요? 우리가 전한 복음으로 인하여 믿게된 사람들, 그리고 우리가 가르쳐서 성숙해진 그리스도인입니다. 그런 의미에서, 때를 얻든지 못 얻든지 복음을 전하여 교회로 인도하는 것이 중요합니다. 우리가 복음을 전한 사람들이 교회에 와서 구원의 은혜를 경험할 수 있도록 해야 합니다. 또한, 어린이들이 교회에 정착하도록 붙들어주고, 갈등하는 청소년들의 등을 두드려주고, 번민하고 회의하는 청년들의 손을 붙잡아 믿음으로 세워주는 교회학교 교사들의 사역도 보람이 있습니다. 왜냐하면 믿음으로 그들을 세우는 자들은 천국에서 면류관을 받고, 해 같이 빛나게 될 것이기 때문입니다.

함께 기뻐함으로...

바울은 빌립보서 2:17에서 이렇게 고백합니다. **"만일 너희 믿음의 제물과 섬김 위에 내가 나를 전제로 드릴지라도 나는 기뻐하고 너희 무리와 함께 기뻐하리라."** "전제로 드릴지라도"라는 표현은 희생과 헌신의 각오가 성도들의 삶에 무게 중심이 되어야 함을 강하게 도전하고 있습니다. 이러한 삶의 중심은 결국 성도 개인뿐만 아니라 공동체 전체가 함께 누리는 세상이 빼앗을 수 없는 참된 기쁨으로 이어집니다. 이 기쁨은 희생과 섬김, 그리고 헌신으로 샘솟듯 솟아나는 것입니다. 우리는 섬김을 받을 때 더 큰 기쁨을 누릴 것이라 생각하지만, 그것은 일시적이고 제한적인 기쁨일 뿐입니다. 그러나 바울처럼 자신의 삶을 전제로 드리는 삶은 세상이 주는 기쁨과 비교할 수 없는 저수지와 같이 계속 흘러 넘치는 환희입니다.

예수님의 순종뿐만 아니라, 바울의 순종 역시 빌립보 교인들에게 본보기가 되었으며, 기쁨의 원천이 되었습니다. 바울은 특별히 생명의 말씀을 전하고, 그 말씀을 굳게 붙잡으려고 합니다. 왜냐하면, 마지막 그리스도의 날에 자랑할 것이 있게 하기 위해서입니다. 그런데 그 일은 쉽지 않습니다. 바울이 힘쓰는 사역은 영광만 있지 않습니다. 그에 따르는 고난도 있습니다. 그는 이를 위해 자신의 모든 것을 제단에 드리는 전제처럼 드린다고 고백합니다. 앞서 빌립보 교인들에게 말한 순종의 의미와 맥락을 같이합니다. 놀랍게도,

바울은 그 고난이 따르는 순종 자체가 기쁨이라고 말합니다. 바울은 순종이 기쁨이 된다는 것을, 자신의 섬김과 제물로 드리는 그의 헌신으로, 또 빌립보 교인들과 기뻐한다고 강하게 강조합니다. 우리의 순종과 헌신은 혼자만의 수고와 노력이 아닙니다. 하나님 나라가 온전히 이 땅과 교회 가운데 이루어지는 일을 보는 것은 우리 모두의 기쁨입니다. 그래서 바울은 빌립보서 2:18에서 이렇게 권면합니다. **"이와 같이 너희도 기뻐하고 나와 함께 기뻐하라"** 휘메이스 카이 레테 카이 슁카이레테 모이, ὑμεῖς χαίρετε καὶ συγχαίρετέ μοι 고 말씀합니다.

결론적으로, 이미 복음으로 하나님의 자녀가 된 성도는 구원받은 이후에도 거룩과 성화로 나아가기 위해 구원을 이루어가야 하고 힘써야 합니다. 힘써 노력함으로 성화의 길을 걸으며 구원을 꾸준히 유지시켜 가야 합니다.

첫째, 개인적으로는 구원을 항상 복종하면서 두렵고 떨림으로 이루어가야 합니다. 둘째, 공동체적으로는 원망과 시비가 없도록 해야 합니다. 누구를 탓하거나 비방하거나 불평하면 성화로 나아가는 길에 큰 장애가 됩니다. 하나님의 자녀들은 늘 긍정적으로 감사하고, 칭찬하고, 위로하며, 배려하면서 기쁨과 즐거운 삶을 살아내야 합니다. 셋째, 세상에 대해서는 빛된 삶, 즉 선한 영향력을 끼치며 하나님께 영광을 돌려 드려야 합니다. 넷째, 그렇게 함으로써 기쁨이 충만한 가운데 그리스도를 닮아가는 거룩한 하나님의 백성으로 당당하게 살아가게 됩니다. 마지막으로, '신분적인 구원'은 우리의 미래를 든든히 붙잡아 주는 보증수표가 됩니다. '수준적인 구원'은 거룩한 백성으로 구별된 삶, 즉 성화를 이루어감으로 예수님을 닮은 삶을 살아가게 만듭니다.

Chapter. 9

복음의 신실한 동역자, 디모데(1)
Timothy, A Faithful Co-worker of the Gospel

빌립보서 2:19-24

19 내가 디모데를 속히 너희에게 보내기를 주 안에서 바람은 너희의 사정을 앎으로 안위를 받으려 함이니 **20** 이는 뜻을 같이하여 너희 사정을 진실히 생각할 자가 이밖에 내게 없음이라 **21** 그들이 다 자기의 일을 구하고 그리스도 예수의 일을 구하지 아니하되 **22** 디모데의 연단을 너희가 아나니 자식이 아버지에게 함 같이 나와 함께 복음을 위하여 수고하였느니라 **23** 그러므로 내가 내 일이 어떻게 될지를 보아서 곧 이 사람을 보내기를 바라고 **24** 나도 속히 가게 될 것을 주 안에서 확신하노라

다른 사람을 추천하는 일은 결코 쉽지 않습니다. 개인이나 회사에 누군가를 추천할 때, 그 사람이 좋은 인간관계를 이어가고 유능한 사람이 되면 추천한 사람이 부끄럽지 않지만, 반대로 기대에 미치지 못한다면 추천한 사람이 난처하게 됩니다. 바울 곁에는 참 좋은 일꾼과 신실한 동역자들이 많이 포진해 있었습니다. 그는 자신이 직접 할 수 없는 경우가 생기면, 믿을 만한 동역자들이 그 일을 잘 처리해 주었기에 사역에 큰 어려움이 없었습니다. 오늘 본문에서는 바울이 디모데를 빌립보 교회에 천거하는 내용이 나옵니다. 바울은 디모데와의 관계, 그의 성품과 신앙, 그리고 사역에서의 어려움과 역할에 대해 자세히 설명하고 있습니다. 우리가 다른 사람을 추천할 때 그 사람을 잘 알아야 합니다. 바울 역시 디모데에 대해 누구보다 잘 알고 있었음을 본문을 통해 알 수 있습니다.

디모데의 이력서 *His resume*

1) 바울과 디모데의 만남과 관계

사도 바울은 실라와 함께 2차 선교여행을 시작했습니다. 사도행전 16:1은 다음과 같이 기록합니다. **"바울이 더베와 루스드라에도 이르매 거기 디모데라 하는 제자가 있으니 그 어머니는 믿는 유대 여자요 아버지는 헬라인이라."** 바울이 2차 선교여행을 시작하면서 처음으로 찾아간 지역이 더베와 루스드라였습니다.

(자세한 내용은 성경 지도를 참고하시기 바랍니다.)

　　루스드라에서 바울은 디모데를 처음 만나, 선교여행에 동참시켰습니다. 그런데 이 만남은 단순히 스치듯 지나가는 만남이 아니라, 바울의 생애에서 매우 중요한 의미를 가진 만남이었습니다. 이 만남을 시작으로, 바울과 디모데는 평생을 함께하는 동역자가 되었고, 이때부터 디모데는 바울의 거의 모든 사역에 빠짐없이 동참했습니다. 3차 선교여행을 마치고 바울이 예루살렘에서 체포될 때까지, 디모데는 계속해서 바울과 함께하며 그의 사역을 도왔습니다.

　　교회 사역을 하다 보면 잠시 스쳐 지나가는 사람이 있고, 새롭게 합류하는 사람들도 있습니다. 그리고 처음부터 끝까지 변함없이 사역의 동역자가 되는 분들이 있습니다. 바울의 경우에도 중간에 떠난 사람들이 많았습니다. 대표적인 사람이 마가였습니다. 마가는 바나바의 친척으로, 한때 바울의 사역에서 이탈했지만 행 13:13, 훗날 다시 합류하여 끝까지 바울과 함께하며, 그의 순교의 순간까지 동역했던 신실한 동역자가 되었습니다 딤후 4:11.

이렇게 시작된 바울과 디모데의 관계는 점점 깊어져, 마침내 아버지와 아들의 관계로 발전했습니다. 바울은 디모데를 '아들'이라 불렀고, 디모데도 바울을 아버지로 믿고 따랐습니다. 물론 육적인 아버지와 아들의 관계는 아니었지만, 디모데는 바울에게 있어 믿음으로 낳은 영적인 아들이었습니다. 바울은 여러 서신에서 디모데를 아들로 언급하며 그에 대한 특별한 애정을 나타냅니다.
"이로 말미암아 내가 주 안에서 내 사랑하고 신실한 아들 디모데를 너희에게 보냈었으니" 고전 4:17. **"믿음 안에서 참 아들 된 디모데에게 편지하노니"** 딤전 1:2. **"사랑하는 아들 디모데에게 편지하노니"** 딤후 1:2. 이처럼 바울과 디모데는 동역자 그 이상의 관계인 아버지와 아들의 관계였습니다.

2) 디모데의 가족 배경과 신앙유산
사도행전 16:1에서 누가는 디모데의 가족을 **"그 어머니는 믿는 유대 여자"** 라고 소개합니다. '믿는 유대 여자'라는 표현은 단순히 유대교 신자라는 의미는 아닙니다. '유대교인이었으나 예수 그리스도를 믿고 기독교인이 된 유대인 여자'를 뜻합니다.

사도행전 16:1에서 누가는 디모데의 출신 배경을 소개하며 이렇게 기록합니다. **"아버지는 헬라인이라."** 디모데는 유대인 어머니와 헬라인 아버지 사이에서 태어난 혼혈아$^{Mixed\,blood}$였습니다. 오늘날로 치면 다문화 가정의 자녀라는 얘기입니다. 그런데 디모데의 아버지는 일찍 세상을 떠난 것으로 보입니다. 그 증거가 사도행전 16:3에 나타납니다. **"그의 아버지는 헬라인인 줄 다 앎이러라."** 우리말 성경에서는 이 부분이 쉽게 와닿지 않지만, 헬라어 원문에서는 **"헬라인 이었는줄을 앎이러라"**^{과거시제}로 기록되어 있습니다. 또한, 흠정역^{KJV}에서는 **"They knew all that his father was a Greek"**라고 번역되어, 현재 그의 아버지가 없다는 사실을 더욱 분명하게 보여줍니다. 즉, 디모데의 아버지는 이미 세상을 떠났으며, 그가 언제 돌아가셨는지는 알 수 없지만, 아마도 디모데가 어릴 때였을 가능성이 큽니다. 그래서 디모데는 지금은 어머니와 함께 살고 있었습니다. 바울은 디모데를 만나기를 간절히 원했습니다. 특히, 디모데가 가졌던 '거짓 없는 믿음'$^{딤후\,1:5}$ 때문이었습니다. 디모데의 믿음은 대단히 신실한 것으로 알려져 있었습니다. 사도행전 16:2에서 이렇게 기록합니다. **"디모데는 루스드라와 이고니온에 있는 형제들에게 칭찬 받는 자니."** 즉, 그의 믿음은 고향인 루스드라뿐만 아니라, 약 30km 떨어진 이고니온 지역까지도 널리 알려졌을 정도였습니다. 그만큼 디모데는 신실한 믿음을 가진 젊은 지도자로 인정받고 있었습니다.

디모데는 바울의 1차 선교여행 때 예수님을 믿게 되었을 것으로 추정됩니다. 사도 바울은 1차 선교여행 때 루스드라를 방문했으며, 그곳에서 디모데의 가정이 살고 있었습니다. 당시 디모데의 가정은, 바울이 전하는 복음을 들었을 것입니다. 그 전까지만 해도 디모데의 가족은 유대교 신자였습니다. 유대교 신자이기 때문에, 그들은 구약 성경을 잘 알았을 것입니다. 그러나 구약 성경이 말하는 오실 메시아가 예수님인 줄은 몰랐습니다. 그런데 바울이 전하는 복음을 듣고 알게 되었습니다. '구약이 말하는 오실 메시아가 예수님이셨구나!' 이때부터 디모데의 가족은 예수님을 믿게 되었습니다. 학자들은 디모데가 이 시기에 청소년이었을 것으로 추정합니다.

사도행전에서 디모데를 만난 것은 2차 선교여행 때였으므로, 그로부터 약 2~3년의 시간이 흘렀습니다. 그 사이에, 디모데의 믿음은 빠르게 성장했습니다. 먼 지역까지 많은 사람에게 귀감이 될 만한 훌륭한 믿음의 사람으로 성장해 있었습니다. 얼마나 귀한 일입니까? 20-30년 믿어도 신앙이 자라지 않고 오히려 퇴보하기도 합니다. 그러나 디모데는 짧은 기간동안 반듯하고 빠르게 성장했던 것입니다.

그렇다면 이런 질문이 생길 수 있습니다. "디모데의 믿음이 이렇게 빠르게 성장할 수 있었던 이유는 무엇일까요?" "바울을 만나 그의 제자가 된 지 고작 2~3년밖에 되지 않았는데, 어떻게 디모데의 믿음은 이토록 신실하게 자라나고 성숙할 수 있었을까요?"

그 해답은 디모데후서 1:5에서 찾을 수 있습니다. "**이는 네 속**

에 거짓이 없는 믿음을 생각함이라 이 믿음은 먼저 네 외조모 로이스와 네 어머니 유니게 속에 있더니 네 속에도 있는 줄을 확신하노라." 바울이 디모데의 믿음을 '거짓이 없는 믿음'이라고 확신하는 이유는 어머니 유니게와 외조모 로이스도 같은 신실한 믿음을 가졌기 때문입니다. 그들은 바울이 가졌던 예수 그리스도의 마음을 품었기 때문입니다. 바울이 가졌던 그 마음을 제자인 디모데도 가졌던 것입니다. 신앙과 성품은 그리스도 예수님의 마음을 품을 때 좋은 인격자로 자리매김하는 것입니다.

우리의 시선을 이것에 주목할 필요가 있는데, 디모데의 가정은 믿음의 가정이었다는 것입니다. 거짓이 없는 순전한 믿음의 가정이었다는 것입니다. 물론, 바울에게 복음을 듣기 전까지는 철저한 유대교 가정이었지만, 복음을 받아들인 후에는 거짓 없는 순전한 그리스도인들이 되었습니다. 이렇게 바른 복음을 받아야 순수하고 진실한 그리스도인이 되고 신앙의 명가를 이루게 됩니다. 디모데는 이런 신앙의 환경 속에서 자라났습니다. 그래서 디모데후서 3:15에서 바울은 이렇게 말합니다. **"디모데는 어렸을 때부터 성경을 알았다."** 0세부터 유대인들이 가르치듯, 갓난아기 때부터 성경 교육을 받았다는 뜻입니다. 할머니 로이스와 어머니 유니게는 디모데에게 부지런히 성경을 가르쳤습니다. 이것이 바로 유대인들의 전통적인 '쉐마 교육'입니다.

1차 전도여행과 2차 전도여행 사이의 2~3년 동안, 디모데는 성경을 통해 예수님이 누구신지, 구원이 무엇인지, 그리고 그리스도인으로서 어떻게 살아야 하는지를 깊이 배웠습니다. 그는 거짓 없는 믿음으로 무장되었고, 신앙의 기초를 굳건히 다졌습니다. 이렇게 자녀의 신앙 교육의 책임은 학교나 교회에 있는 것이 아니라 부모에게 있습니다. 1차적인 신앙의 책임은 교회가 아니라 언제나 부모가정에게 있습니다. 그것을 성경은 늘 일관되게 우리에게 가르칩니다.

우리 어머니, 아버지들이, 자녀의 신앙을 어떻게 교육하느냐에 따라 그 자녀들의 믿음이 달라집니다. 하나님은 교회가 아니라 부모들에게 자녀들의 신앙을 맡기셨기 때문입니다. 창조 때부터 출발한 것은 교회가 아니라 한 가정이었습니다. 하나님이 남자와 여자를 만드시고, 가정이 시작되었습니다. 그리고 가정에서 아버지는, 하나님이 주신 권위를 가지고 자녀들에게 하나님의 말씀을 가르쳤습니다. 예배를 가르치고, 구원이 무엇인지 가르치고, 하나님이 누구신지 가르치고, 죄로 인해 타락한 이후에도, 계속해서 하나님은 부모를 통해서 믿음의 유산이 이어져가도록 했습니다.

디모데 역시 외조모 로이스와 어머니 유니게의 신앙적 영향을 깊이 받았습니다. 그래서 부모님의 믿음의 기준이 정말 중요합니다. 그렇다면 우리 부모님들은 어떻습니까? 우리가 부모로서 우리의 자녀들에게 믿음의 유산을 물려주고 있습니까?

구약성경에서부터 계시록까지, 성경 전체를 보면, 한 세대가 몰락하는 주요 원인은 자녀들의 신앙 교육이 제대로 이루어지지 않았기 때문입니다. 그 대표적인 사례가 사사 시대입니다. 성경은 이 시기를 가리켜 '다른 세대'라고 꼬집고 있습니다. 사사기 2:10에서 **"그 후에 일어난 다른 세대는 여호와를 알지 못하며"** 라고 지적하고 있습니다. 그 근본 원인은 부모 세대가 자녀들에게 신앙을 제대로 전수하지 않았기 때문입니다.

우리가 이미 알고도 똑같은 시행착오를 반복하는 것은 어리석고 미련한 일 아닙니까? 우리 자녀들이 단순히 교회에 출석하는 것에 그치는 것이 아니라, 디모데처럼 신실한 믿음의 사람으로 성장하길 원하는 마음이 우리 모두에게 있습니다. 그런 마음이 없다면, 진정한 신앙인이라 할 수 없을 것입니다. 저는 평소에 디모데와 같은 믿음의 자녀가 우리 교회에서도 많이 나오길 하나님께 기도하고 있고, 우리 교회를 이끌어갈 믿음의 사람이 우리 교회 밖이 아니라 우리 교회 안에서 나오기를 하나님께 기도합니다. 더 나아가 한국교회가 디모데와 같은 차세대를 많이 길러 세대가 차단되지 않도록 기도하고 있습니다. 중소 도시나 농어촌 못자리와 같은 작은 교회에서 아이들을 키워서 도심지로 보내면 도시의 대형교회들은 대부분 그들을 쉽게 받아들여 대형화되었습니다. 지금은 다음 세대가 거의 끊어지고 기성세대, 연세가 많은 분들만 교회를 유지하고 있는 안타까운 현실입니다. 이일을 어찌해야 하겠습니까? 그러면 기성세대 혹은 부모세대가 구체적으로 어떻게 해야 할까요?

첫째, 자녀들과 미래 세대를 위해 계속해서 기도해야 합니다.
우리는 정답을 알고 있지만, 실제로 자녀들을 위해 기도하는 일에는 소홀할 때가 많습니다. 단순히 '우리 아이들을 잘 지켜주십시오'라는 기도에 머물러서는 안 됩니다. 다음과 같이 구체적인 기도를 해야 합니다. "내 자녀들이 예수님을 믿고, 그분을 위해 살아가는 믿음의 자녀가 되게 하소서." "아이들의 성적이나 성공이 아니라, 그들의 영혼이 예수님을 진정으로 만나 회심하도록 인도하소서." "우리 자녀들의 가치관과 삶의 기준이 성경적으로 변화되도록 이끌어 주소서." 내 자녀들이 몇 살이든 상관없습니다. 평생 우리가 부모로서 주님 앞에 설 그날까지, 자녀들과 미래 세대를 위해 계속해서 기도해야 합니다.

둘째, 쉐마 교육의 철학대로 말씀으로 자녀를 양육하고 가르쳐야 합니다.
자녀 교육은 우리의 성격이나 기준, 혹은 세상의 방식이 아니라 하나님의 말씀을 중심으로 이루어져야 합니다. 우리는 담대하게 하나님의 말씀으로 자녀들을 철저하고 부지런히 교육해야 합니다.

셋째, 역할 모델이 되어 신앙의 모범을 삶으로 보여주어야 합니다.

'기도하라'는 말만 아니라, 기도를 실제로 행동으로 옮기십시오. '성경이 중요하다'고 말만 하지 말고, 성경을 중요하게 여기며 읽고 순종하는 삶을 살아야 합니다. 부모가 저녁 내내 드라마를 보면서 자녀에게 "성경을 읽으라"고 한다면, 그것은 효과적인 교육이 될 수 없습니다. 아이들은 부모를 보면서 따라 배웁니다. 이런 점에서 신앙을 '보배'라고 정의할 수 있습니다. 신앙은 '보고 배우는' 겁니다. 보는 대로 따라 합니다. 저희 집 막내 손녀 노을이는 제가 전기로 마사지를 하는 모습을 반복적으로 보면서, 어느 날 스스로 그것을 조작하여 저를 도와주려 했습니다. 이것을 보면서 '보배'가 얼마나 중요한지를 새삼 깨닫게 되었습니다. 그러니 우리 부모님들은, 하나님을 예배하는 자세부터 똑바로 보여주어야 합니다. 주일은 하나님을 예배하는 날이라는 것을, 여러분의 삶으로 보여 주십시오. 여러분들이 먼저 주일을 하나님을 예배하는 날로 목숨을 걸고 자녀들 앞에서 지켜주십시오. 그래야 아이들이 온전한 주일성수를 배울 수가 있습니다. 그리고 하나님을 경외하는 마음으로 예배를 드리십시오. 자녀들에게 예배를 잘 드리라고 해놓고 자신은 소홀하게 예배를 드리고 있다면, 아이들은 무의식중에 부모의 태도를 그대로 배워갑니다.

부모가 말씀을 들으면서 졸거나, 찬양을 건성으로 드린다면, 우리 아이들도 예배를 가볍게 여기게 될 것입니다. 예배뿐만이 아니라, 예배를 받으시는 하나님을 그렇게 가볍게 여길 것입니다. 여러분! 너무나 두려운 얘기 아닙니까? 우리가 그렇게 예배를 드린다면, 우리 자녀들에게 전혀 도움이 되지 않습니다. 우리 부모들이 자녀들과 같이 예배를 드리고 있습니다.

우리가 함께 드리는 예배가 아이들에게 예배를 가르치는 너무나 소중한 시간입니다. 어린이들이 어떻게 부모로부터 예배를 배우겠습니까? 바로 이러한 시간이 아니면, 올바른 예배를 배울 기회가 없습니다. 그런데 우리가 예배를 제대로 드리지 않는다면, 오히려 아이들의 믿음에 손해가 될 수 있습니다. 그래서 우리 교회는 삼대가 함께하는 통합 예배를 10년이 넘게 드리고 있으며 이제는 잘 정착이 되었습니다. 처음 시작할 때는 많은 반대가 있었지만, 하나님께서 기뻐하시는 예배이기에 잘 정착된 것 같습니다. 통합예배를 시작하면서, '온 세대'가 함께 예배드리는 데 있어서 가장 큰 장애물은 떠들거나 조는 아이들이 아니라, 오히려 부모 세대일 수 있습니다. 아이들은 부모의 모습을 보면서 예배를 배우기 때문입니다.

우리가 온 세대 통합예배를 드린 지도 어느덧 10여 년이 훌쩍 지났습니다. 우리의 아이들이 부모님들로부터 예배를 잘 배우고 있다고 생각하십니까? 아이들은 어른들이 예배드리는 모습을 그대로 보고 배웁니다. 그들은 예배를 무의식적으로 관찰하며, 어른들의 태도를 답습하게 됩니다. 아이들에게 잔소리하기보다 기성세대가 먼저 정성을 다해 예배를 드려야 합니다. 아이들이 졸거나 장난을 치더라도 그냥 놔두십시오. 때로는 속이 터질 수도 있겠지만, 그들을 하나님께 맡기고 기다리는 것이 최고의 사랑이며, 최고의 배려입니다. 하나님께서 그들을 변화시켜 주실 것을 믿고, 부모님들은 오직 하나님께 집중하여 온전히 예배하는 모습을 유지해야 합니다. 내가 예배할 시간만큼은, 다른 어떤 곳에도 한눈팔지 말고 하나님께만 시선을 고정하십시오. 여러분 그것이 진짜 신앙 교육입니다.

넷째, 가정예배입니다.

여러분의 가정에서 예배를 드리십시오. 가정에서부터 예배를 드려야, 아이들이 교회에서도 예배를 드릴 수 있습니다. 여러분 우리가 가정 예배를 시작한 지 오래되었는데 여러분의 가정은 어떻습니까?

오래전에 어느 목사님이 겪은 일화입니다. 교회에서 지나가다가 한 초등학생을 만났습니다. 목사님이 아이에게 물었습니다. "너는 예수님을 아니? 예수님을 믿니?" 아이의 대답은 "네, 믿어요." 목사님이 다시 물었습니다. "어떻게 예수님을 믿게 되었니?" 그때 아이가 한 대답이 목사님께 큰 충격을 주었다고 합니다. "집에서 예배를 드리면서 믿게 되었어요. 엄마, 아빠가 가정예배 때 예수님에 대해 알려주셨는데, 그날 믿게 되었어요!" 이 이야기를 듣고 목사님은 너무나 놀라셨다고 합니다.

사실, 이것이 성경이 말하는 거룩한 신앙 가정의 원래 모습입니다. 그러므로 여러분, 자녀들을 다시 가정예배로 데려오시기 바랍니다. 하나님은 여러분의 자녀를, 부모인 여러분들에게 맡기셨습니다. 그러니 먼저 우리 부모님들이 하나님의 말씀으로 서십시오. 여러분들이 먼저 하나님을 예배하는 온전한 예배자로 서십시오. 그리고 세상에 빼앗겼던 여러분의 자녀들을 오늘부터 다시 가정으로 데려오십시오.

디모데와 같은 믿음의 자녀가 되기를 소망하고, 유니게와 로이스와 같은 믿음의 부모가 되기를 바랍니다. 그리하여 거짓 없는 믿음의 사람이 되어야 합니다. 만일 여러분들이 자녀의 신앙을 놓쳐버리면 아무리 세상적으로 자녀들이 성공해도 그것은 아무런 의미가 없습니다. 그러므로 우리의 무너진 가정예배를 다시 세우는 은혜가 있기를 바랍니다. 가정에서부터 신앙이 회복될 때, 우리의 다음 세대도 하나님 앞에서 바르게 자라날 것입니다.

오늘날처럼 가정이 무너지고 있는 시대는 없었습니다. 이혼을 해도 만족을 얻지 못하고, 함께 살아도 어쩔 수 없이 살아가는 부부가 너무나 많습니다. 많은 사람들이 헤어진 후의 결과를 깊이 고민하지 않은 채, 자신의 욕심과 감정에 따라 쉽게 이혼을 결정합니다. 믿음의 가정이라 할지라도 사실 세상의 가정과 구분이 안 될 만큼 그 가치관과 기준이 무너진 시대입니다. 그러나 여러분의 가정만큼은 믿음의 가정으로 구별되는 은혜가 있기를 바랍니다. 여기 모인 우리 교회의 한 가정, 한 가정은 디모데의 가정처럼 '거짓 없는 믿음'의 가정으로 세워지는 은혜가 있기를 바랍니다.

제임스 보이스는 빌립보서를 강해하면서 가정에서의 자녀 교육에 대해 강조하며 다음과 같이 말했습니다.

여러분은 자녀들을 양육할 가치가 있습니다. 여러분은 그들이 예수 그리스도의 신실한 제자가 되도록 이끌어야 합니다. 여러분은 그들이 예수님을 따르고 복음의 진리를 배우고, 그리스도의 특성을 닮아가도록 격려해야 합니다.

결론적으로, 그리스도 안에서 맺어진 만남은 소중하고 의미 있는 것이어야 합니다. 자신의 기분에 따라 신앙생활을 하는 성도는 자녀들에게 신앙의 유산을 온전히 물려줄 수 없습니다. 디모데처럼 그리스도인은 거짓 없는 믿음을 소유한 자들이 되어야 합니다. 같은 믿음의 고백 안에 거할 때 그 만남은 참으로 아름답고 서로를 복되게 합니다. 그런데 디모데가 이러한 믿음의 소유자가 된 것은 자신의 노력만이 아니라 그 기초가 바로 어머니와 외할머니가 힘써 어릴 때부터 바른 신앙 교육을 하였기 때문입니다. 이렇듯 우리 자녀들에게 어릴 때부터 바른 믿음의 교육을 하는 것은 그의 평생을 좌우하는 아주 중요한 영적 유산임을 깨닫고 어리다고 믿음에 소홀하게 행하는 어리석음을 범하지 말아야 할 것입니다.

Chapter. 10

복음의 신실한 동역자, 디모데(2)
Timothy, A Faithful Co-worker of the Gospel

빌립보서 2:19-24

19 내가 디모데를 속히 너희에게 보내기를 주 안에서 바람은 너희의 사정을 앎으로 안위를 받으려 함이니 **20** 이는 뜻을 같이하여 너희 사정을 진실히 생각할 자가 이밖에 내게 없음이라 **21** 그들이 다 자기의 일을 구하고 그리스도 예수의 일을 구하지 아니하되 **22** 디모데의 연단을 너희가 아나니 자식이 아버지에게 함 같이 나와 함께 복음을 위하여 수고하였느니라 **23** 그러므로 내가 내 일이 어떻게 될지를 보아서 곧 이 사람을 보내기를 바라고 **24** 나도 속히 가게 될 것을 주 안에서 확신하노라

주변 사람들로부터 인정과 칭찬을 받는 것은 참으로 감격스러운 일입니다. 특히 같은 회사나 공동체에서 상사나 동료 직원으로부터 인정을 받는 일은 신바람 나게 하는 원동력이 됩니다. '고래도 칭찬하면 춤을 춘다'는 말이 있듯이 사람들의 사역과 성품을 인정하고 칭찬하는 것은 사역을 즐겁게 하도록 할뿐 아니라 깊은 감동을 줍니다. 그렇지만 공동체 안에서 타인을 칭찬하는 일과 인정과 칭찬을 받는 일은 그렇게 쉽지 않습니다. 대부분 사람은 칭찬하는 일에 참 인색합니다. 오히려 시기하고 질투하는 일이 더 흔하게 나타납니다.

오늘 본문에서 사도 바울은 자신의 신실한 심복이자 동역자인 디모데를 인정하며, 아낌없는 칭찬과 함께 빌립보 교회 성도들에게 그를 구체적으로 소개하고 있습니다.

파송의 이유와 목적 *Some reasons and purposes*

본문 19-20절에서 사도 바울은 이렇게 말씀합니다. **"내가 디모데를 속히 너희에게 보내기를 주 안에서 바람은 너희의 사정을 앎으로 안위를 받으려 함이니 이는 뜻을 같이하여 너희 사정을 진실히 생각할 자가 이밖에 내게 없음이라."**

디모데를 빌립보 교회로 파송하는 목적은 교회와 성도들의 형편을 정확히 알아서, 개척자요 목회자인 사도 바울이 위로를 받기 위함이었습니다. 왜냐하면, 같은 마음과 한뜻으로 빌립교 교회의 사정을 진실하게 헤아릴 수 있는 유일한 사람이었기 때문입니다.

유진 피터슨은 이 구절을 쉽게 번역하여 이렇게 표현했습니다. **"나는 예수님의 계획을 따라 조만간 디모데를 여러분에게 보내오, 할 수 있는 한 여러분의 소식을 모아서 돌아오게 하려고 합니다. 그러면 내 마음은 실로 큰 기쁨을 얻을 것입니다. 내게는 디모데만한 사람이 없습니다."** 참 이해하기가 쉽습니다.

감옥에 갇혀 있으면서 빌립보 교회가 내홍을 앓고 있다는 소식을 듣고 조금이나마 해결책을 모색하기 위해서 디모데를 보내어 자기의 뜻을 전달하고 풍랑을 잠재우려고 했습니다. 이 문제의 핵심을 요약하면 다음과 같습니다. 첫째, 성도들이 기쁨을 잊어버린 것입니다. 그래서 계속해서 주안에서 기쁨을 회복하고 기뻐하라고 권합니다. 둘째, 다툼과 허영으로 갈등을 빚고 있던 유오디아와 순두게를 언급하며 서로 하나가 되어 화합할 것을 권면합니다. 셋째, 교회 안에 들어와 율법과 전통을 강조하며 순수한 복음을 훼손하는 유대주의자들을 경계하라고 경고합니다. 넷째, 그의 사도권을 무시하던 이들에게 자신이 주님으로부터 부름을 받아 사도가 되었음을 강조하며 이를 받아들일 것을 권면합니다.

이러한 일련의 사건들로 인해 교회가 어려움을 겪고 있다는 소식을 들은 바울은, 디모데를 속히 보내어 자신의 진심과 뜻을 전하도록 했습니다.

어느 교회든 문제가 완전히 없는 곳은 없지만, 중요한 것은 그 문제를 원만하게 해결하여 더욱 성숙한 단계로 나아가는 것입니다. 그렇게 할 때 교회는 하나 되고 건강하게 성장할 수 있습니다. 그 해답은 바로 예수님의 마음을 품는 것입니다. 그래서 바울은 **"너희 안에 이 마음을 품으라 곧 그리스도 예수의 마음이니"**2:5라고 권면한 것입니다.

그의 섬김

바울의 전도 여행 중 가장 힘든 사역지 중 하나가 루스드라였습니다. 1차 선교여행 동안 바울은 루스드라에서 가장 큰 박해를 당했고, 사역이 실패한 것처럼 보이기도 했습니다. 그러나 하나님께서는 그곳에서의 사역을 결코 헛되게 하지 않으셨습니다. 바로 그 루스드라에서, 장차 교회를 이끌어갈 지도자인 디모데라는 귀한 열매를 허락하셨습니다.

우리가 여기서 무엇을 배울 수 있겠습니까? 우리가 가장 어렵고 힘든 사역처럼 보이는 그곳에서 하나님은 우리에게 가장 선한 열매를 맺게 하신다는 것입니다. 아무런 열매가 보이지 않고, 오히려 핍박과 반대만 가득한 것처럼 느껴지는 상황에서도 하나님은 여전히 일하고 계십니다.

여러분의 삶에서도 마찬가지입니다. 인생에서 가장 큰 실패처럼 보이는 순간에도, 하나님은 여전히 일하고 계십니다. 아니, 오히려 여러분의 영혼을 위해 가장 귀한 열매를 맺어가고 계십니다. 여러분이 실패했다고 생각한 그곳에서, 하나님은 지금도 디모데를 준비시키고 계십니다. 바울이 가장 실패한 곳이라 여겼던 곳에서 디모데가 배출되었던 것처럼, 절망의 자리에서도 하나님은 선한 열매를 맺게 하십니다. 우리가 믿는 하나님에게는 실패가 있을 수 없습니다. 내가 '안 된다'고 생각하는 그 순간에도, 하나님께는 '안 된다'는 절망의 자리는 없습니다. 여러분의 인생이 실패라고 느끼는 그 순간이, 실패가 아니라는 사실을 하나님은 틀림없이 우리의 삶 가운데 보여 주실 것입니다.

바울의 이러한 수고로움과 희생이 디모데를 탄생시키고 디모데는 영적 아버지요 멘토인 바울의 희생과 헌신을 본받아 기꺼이 수고하는 종이 되기를 기쁘게 여겼습니다. 'Servantship'^{자신의 지위를 낮추고 하나님의 뜻에 따라 순종하며 섬기는 것}은 저절로 이루어지는 것이 아닙니다. 참된 섬김을 위해서는 어려움을 겪고 인내하는 과정이 필요합니다. 그런 면에서 디모데는 훌륭한 지도자였습니다. 종은 자신의 권리를 포기하고 전적으로 주인에게 순종합니다. 본문 21-22절에서 바울은 "그

들이 다 자기 일을 구하고 그리스도 예수의 일을 구하지 아니하되 디모데의 연단을 너희가 아나니 자식이 아버지에게 함같이 나와 함께 복음을 위하여 수고하였느니라"고 말하며, 디모데가 자신과 함께 복음을 위해 헌신하고 수고한 사실을 인정하며 빌립보 교회 성도들에게 소개하고 있습니다.

그 최고의 본보기는 바로 성육신하신 예수님이십니다. 예수님은 섬김을 받기 위해 오신 것이 아닙니다. 앞서 살펴본 것처럼, "**그는 근본 하나님의 본체시나 하나님과 동등됨을 취할 것으로 여기지 아니하시고 오히려 자기를 비워 종의 형체를 가지사 사람들과 같이 되셨다**" 빌 2:6-7고 말씀하고 있습니다. 참으로 섬김을 받고 높아지기 위해서는 먼저 낮아지는 종의 자세를 가져야 합니다. 으뜸이 되고하는 자는 종이 되라는 것이 예수님의 가르침과 모범이었습니다.

그 좋은 예가 바로 예수님께서 제자들의 발을 씻기신 사건입니다. 요한복음 13장 12절을 보면, 예수님께서 제자들의 발을 씻기신 후에 옷을 입고 자리에 앉으셨습니다. 그리고 "**내가 너희에게 행한 것을 너희가 아느냐?**"라고 물으시며, 발 씻기신 의미를 깨우쳐 주셨습니다. 이어서 13-15절에서, 예수님은 발을 씻기심으로써 섬김의 본을 보이셨습니다. 제자들이 예수님을 '선생'과 '주님'이라고 부르는 것은 옳다고 하셨습니다. 선생과 주님은 마땅히 높임을 받고, 섬김을 받으셔야 합니다. 그러나 예수님은 도리어 자기를 낮추시고, 허물이 컸던 제자들의 발을 씻기시며 섬기셨습니다. 그리고 말씀하시기를, "내가 주와 선생이 되어 너희 발을 씻었으니 너희도 서로 발을 씻어 주는 것이 옳다, 당연하다, 마땅하다"라고 하셨습니다. 예수님이 이렇게 하신 것은 제자들도 예수님처럼 행하게 하려고 본을 보이신 것입니다.

사실 종이 주인보다 크지 못하고, 보냄을 받은 자가 보낸 자보다 크지 못합니다. 이것을 알고 행하면 복이 있습니다. 섬기는 일은 종이나 노예의 전문영역입니다. 바울은 유대인들을 얻기 위해서, 심지어 이방인들을 얻기 위해 이방인들의 종이 되었습니다. 약한 자들을 얻기 위해서 자기는 평생 고기를 먹는 특권을 포기하겠다고 했습니다. 이처럼 그는 사랑으로 종노릇을 하였기 때문에 가는 곳마다 많은 영혼을 구원하여 제자로 삼을 수 있었습니다. 그리스도인들은 자유인들입니다. 아무것에도 매이지 않습니다. 양심에 따라 자유롭게 말할 수 있고, 자유롭게 행동할 수 있습니다. 그렇지만 **"그 자유로 육체의 기회를 삼지 말고 오직 사랑으로 서로 종 노릇"해야 합니다** 갈 5:13. 어느 곳에서나 이름 없이 빛도 없이 잘 섬기는 종의 역할 *Servantship* 을 실천하는 성도님들 되시기를 주님의 이름으로 축복합니다.

그의 증거-연단

본문 21-22절에서 바울은 "**그들이 다 자기 일을 구하고 그리스도 예수의 일을 구하지 아니하되 디모데의 연단을 너희가 아나니**"라고 말한 후, 23-24절에서 "**그러므로 내가 내 일이 어떻게 될지를 보아서 곧 이 사람을 보내기를 바라고 나도 속히 가게 될 것을 주 안에서 확신하노라**"고 하며, 가능하면 자신도 속히 빌립보 교회를 방문하고자 하는 간절한 마음을 표현하고 있습니다.

그렇다면 디모데가 겪은 연단은 무엇이었을까요? 본문에 구체적으로 언급되지는 않지만, 신실한 일꾼이 되기 위해서는 반드시 연단의 과정을 거쳐야 합니다.

그는 복음으로 개종하고 난 후 바로 바울을 통해 쓰임 받는 일꾼으로 부름 받은 것이 아니었습니다. 오히려 2-3년 동안 좋은 일꾼으로 준비되기 위해 각종 어려움과 고난의 과정을 몸소 겪어야 했고, 그 후에 비로소 바울과 함께 선교 여행에 동참할 수 있었습니다. 예수님을 믿고 금방 무엇인가를 하려고 하면 중도에 포기하는 경우가 많습니다. 왜냐하면, 아직 잘 아물지도 않았기 때문에 조그마한 시험이나 어려움이 오면 쉽게 포기하기 때문입니다. 큰 나무가 오랜 시간 비바람을 견디며 성장하여 좋은 재목이 되는 것과 같은 원리입니다.

사도 바울은 로마서 5장 3-4절에서 "**우리가 환난 중에도 즐거**

워하나니 이는 환난은 인내를, 인내는 연단을, 연단은 소망을 이루는 줄 앎이로다"**라고 말했습니다. 어려움과 고난을 당하면서 참고 기다리는 가운데 연단을 받음으로 우리의 내면은 더욱 단단해지고 성숙해집니다. 욥 역시 극심한 재난과 고통, 그리고 온갖 풍파를 다 겪은 후 다음과 같이 고백했습니다. **"그러나 내가 가는 길을 그가 아시나니 그가 나를 단련하신 후에는 내가 순금 같이 되어 나오리라"** 욥 23:10.

아브라함, 야곱, 모세, 여호수아, 욥 등 하나님께 크게 쓰임 받은 믿음의 사람들은 모두 공통점이 있습니다. 그것은 성숙하여 귀히 쓰임 받기 전에 반드시 연단의 과정을 거쳤다는 사실입니다. 겉으로 보기에는 이해하기 힘든 고난과 어려움일 수 있지만, 이 모든 것이 하나님의 크신 섭리 가운데 이루어지고 있음을 기억해야 합니다. 다른 사람들의 평가나 말에 흔들리지 않고 인내하며 연단의 과정을 잘 통과할 때, 우리는 마치 불순물이 제거된 순금과 같이 귀하게 쓰임 받게 됩니다. 마치 탄광에서 캐낸 원석을 용광로에 넣어 엄청난 열을 가할 때 순수한 철이나 금이 나오는 것과 같은 이치입니다. 잠언 17장 3절은 이렇게 말씀합니다. **"도가니는 은을, 풀무는 금을 연단하거니와 여호와는 마음을 연단하시느니라"** 고난이라는 용광로 속에 들어가 단련한 후에는 정금 같은 하나님의 사람, 신실한 일꾼이 되는 줄 믿으시기 바랍니다. 혹시 지금 디모데처럼 연단과 시련이라는 혹독한 눈보라 속에서 어려움을 겪고 있다면, 인내함으로써 마침내 승리하여 귀하게 쓰임 받는 성숙한 하나님의 자녀가 되시기를 주님의 이름으로 축복합니다.

그의 상급

유진 피터슨은 『메시지』에서 21-24절을 다음과 같이 의역하고 있습니다. "**이곳에 있는 대다수의 사람들이 예수의 일에는 별 관심이 없고 자기 일에만 관심이 있습니다. 그러나 여러분도 알다시피 디모데는 진국입니다. 우리가 메시지를 전하는 동안 그는 내게 충실한 아들이었습니다. 앞으로 이곳에서 내게 있을 일을 알게 되는 대로 그를 보내려고 합니다. 나도 곧 그의 뒤를 따라 가게 되기를 바라고 기도합니다.**" 여기서 디모데는 바울 사도에게 '충실한 아들'이었고 '진국'이라는 표현에서 그가 디모데를 얼마나 깊이 신뢰하고 인정했는지를 분명하게 알 수 있습니다.

디모데는 바울의 희생과 섬김의 의미를 잘 알고 있었습니다. 바울이 빌립보서 2장 17절에서, "**만일 너희 믿음의 제물과 섬김 위에 내가 나를 전제로 드릴지라도 나는 기뻐하고 너희 무리와 함께 기뻐하리라**"고 고백한 그 헌신을 디모데는 깊이 이해하고 있었습니다. 그는 바울이 몸소 보여준 희생적 헌신을 실천하며, 그 모습을 본받아 섬기기를 힘썼습니다. 그래서 하나님께서는 그의 신실함을 보시고 상급을 주셨습니다. 무엇보다 디모데는 남을 돕는 기쁨을 아는 사람이었습니다. 분명히 어렵고 힘든 일이 많았으나 승리와 복도 많았습니다. 그는 신실한 종이요, 작은 일에 충성했기 때문에 하나님은 큰 일을 그에게 상급으로 맡겨 주셨으며, 그는 순종하는 마음으로 기쁨을 누리게 되었습니다. 마음속에 샘솟듯 솟아나는 기쁨은 세상이 빼앗을 수 없는 기쁨이요, 얻고 성취하고 소유함으로 얻는 기쁨이 아니라 섬김과 희생, 그리고 헌신함으로 얻는 진정한 기쁨을 가지게 되었습니다. 이것은 돈이나 학문이나 경험으로 얻을 수 있는 것이 아닙니다.

그는 위대한 사도 바울과 함께 섬기고 바울의 가장 어려운 사역 일부를 지원하고 동역함으로 큰 기쁨을 누렸습니다. 바울의 편지 속에 디모데라는 이름이 적어도 24번이나 언급된 것을 보면 충분히 알 수 있습니다.

그러나 하나님께서 디모데에게 주신 가장 큰 상급은 바울이 하늘의 부름을 받은 뒤, 바울의 자리를 물려받도록 선택받은 사실입니다딤후 4:1-11. 바울은 자신이 빌립보에 가고자 했으나 그 대신 디모데를 보낼 수밖에 없었습니다. 그것은 놀라운 특권이요 명예이며, 큰 영광입니다. 그는 바울의 대리인이 되어 대사나 영사처럼 빌립보 교회에 파송 받게 된 것입니다. 오늘날 그리스도인들이 디모데라는 이름을 높이 평가하고 존경하게 된 것은, 그가 바쁘게 주님을 섬기던 당시에는 결코 상상하지 못했던 일입니다. 그렇습니다. 기쁨의 근원인 순종하는 마음은 한 시간 설교나, 일주일의 집회나, 일 년 동안의 섬김으로 이루어지는 것이 아닙니다. 그것은 디모데처럼 주님께 모든 것을 맡기고 다른 사람을 내 몸처럼 섬길 때 우리 안에 자라는 마음입니다. 그러한 상급이 여러분들에게도 동일하게 주어지기를 주님의 이름으로 축복합니다.

결론적으로, 지난 시간에는 디모데의 이력에 대해 말씀드렸고, 오늘은 그의 사역과 고난의 흔적을 함께 살펴보았습니다. 디모데는 신실한 섬김과 헌신 속에서도 기쁨을 잃지 않았던 사람이었으며, 종처럼 바울의 그림자가 되어 끝까지 함께한 신실한 동역자였습니다. 그 결과, 바울 사도에게 인정을 받았고, 하나님께 쓰임 받는 사역자가 되었습니다. 우리도 이 시대의 디모데^{하나님을 경외하는 자, 하나님의 명예를 드러내는 자}처럼 귀하게 쓰임 받고 하나님의 상급을 받아 누리는 복된 인생 되시기를 주님의 이름으로 축복합니다.

Chapter. 11

복음의 신실한 동역자, 에바브로디도
Epaphroditus, A Faithful Co-worker of the Gospel

빌립보서 2:25-30

25 그러나 에바브로디도를 너희에게 보내는 것이 필요한 줄로 생각하노니 그는 나의 형제요 함께 수고하고 함께 군사 된 자요 너희 사자로 내가 쓸 것을 돕는 자라 **26** 그가 너희 무리를 간절히 사모하고 자기가 병든 것을 너희가 들은 줄을 알고 심히 근심한지라 **27** 그가 병들어 죽게 되었으나 하나님이 그를 긍휼히 여기셨고 그뿐 아니라 또 나를 긍휼히 여기사 내 근심 위에 근심을 면하게 하셨느니라 **28** 그러므로 내가 더욱 급히 그를 보낸 것은 너희로 그를 다시 보고 기뻐하게 하며 내 근심도 덜려 함이니라 **29** 이러므로 너희가 주 안에서 모든 기쁨으로 그를 영접하고 또 이와 같은 자들을 존귀히 여기라 **30** 그가 그리스도의 일을 위하여 죽기에 이르러도 자기 목숨을 돌보지 아니한 것은 나를 섬기는 너희의 일에 부족함을 채우려 함이니라

사도 바울의 곁에는 신실한 사역자뿐만 아니라 평신도 지도자들도 함께 협력하여, 하나님의 나라와 복음을 위해 유용하게 쓰임 받은 것을 볼 수 있습니다. 앞에서 우리는 바울의 사랑하는 아들이요 동역자인 디모데에 대해서 살펴보았습니다. 이제 바울이 헌신적인 평신도 지도자였던 에바브로디도를 빌립보 교회에 급히 보내는 장면을 살펴보려고 합니다. 에바브라디도는 바울에게 어떤 인물이었을까요? 본문에서 바울은 에바브로디도를 빌립보 교회의 성도들에게 어떻게 소개하고 있습니까?

에바브로디도의 이력서

성경에 나오는 인물 중에 그렇게 유명하지 않으면서 많은 감동을 주는 사람이 에바브로디도입니다. '에바브로디도'라는 이름은 빌립보서에만 발견됩니다빌 2:25, 4:18. 그의 이름은 '매력적이다'라는 뜻으로, 당시 헬라 세계에서 자주 사용되던 흔한 이름입니다. 그는 빌립보 교회의 성도들이 옥에 갇힌 바울을 돕기 위해 보낸 인물입니다빌 4:18. 바울은 그에 관해 **"내게는 모든 것이 있고 또 풍부한지라 에바브로디도 편에 너희가 준 것을 받으므로 내가 풍족하니 이는 받으실 만한 향기로운 제물이요 하나님을 기쁘시게 한 것이라"** 빌 4:18라고 높이 평가했습니다. 이처럼 바울이 에바브로디도에 관하여 여러 차례 언급한 것은 그가 바울에게 깊고도 강한 인상을 주었음을 잘 보여줍니다.

빌립보서 2장 25절에서 바울은 에바브로디도를 "나의 형제"라고 소개합니다. 사실 두 사람은 혈연적인 형제가 아니었습니다. 오히려 스승과 제자의 관계였다고 볼 수 있습니다. 왜냐하면 바울이 그를 가르쳤기 때문입니다. 더 나아가 그들은 복음 안에서 영적 아버지와 아들 같은 관계였습니다. 바울이 그를 복음 안에서 낳고 길렀기 때문입니다. 바울은 에바브로디도를 제자나 자녀가 아니라 "나의 형제"라고 부릅니다. 왜일까요? 한 아버지를 섬기기 때문입니다. 우리가 교회에 들어와 예수를 믿기 시작하면 한 하나님을 아버지로 섬기게 됩니다. 하나님께서 우리를 지었기 때문에 우리는 그분의 자녀이며, 같은 아버지 아래 있는 우리는 서로 형제가 됩니다. 말라기 2장 10절에서도 이렇게 말씀합니다. **"우리는 한 아버지를 가지지 아니하였느냐 한 하나님께서 지으신 바가 아니냐?"** 예수님을 구세주로 믿을 때 달라지는 첫 번째는 하나님이 나의 아버지가 되시는 것입니다. 우리가 예수님을 믿으면 성품이 먼저 달라지는 것이 아니라 소속과 신분이 먼저 달라집니다. 하나님 아버지에게 소속되고 그분의 자녀가 됩니다.

아버지가 같으면 그 아버지에게서 태어난 사람들이 형제입니다. 따라서 예수님을 믿어 변화되는 두 번째 중요한 점은 교회 안에서 우리는 한 형제요 자매로 살아간다는 것입니다. 어떻습니까? 여러분은 한 하나님을 믿는 형제요 자매임을 믿습니까? 교회를 타락시키는 가장 큰 적은 개인주의와 무소속주의입니다. 많은 사람들이

'편하게 믿으면 되지'라고 생각하며 공동체에 소속되기를 원하지 않습니다. 그러나 그것은 아버지는 있는데 형제와 자매가 없는 사람과 같습니다. 교회와 세상이 가장 큰 차이도 바로 여기에 있습니다. 세상은 서열에 따라 사는 신분적 사회입니다. 능력 있는 사람이 우대받고, 서열이 높은 사람이 지배합니다. 그러나 교회는 세상에서 유일하게 신분이 철폐되고 서열과 능력을 뛰어넘는 공동체입니다. 교회 안에는 다양한 직분이 있지만, 그 직분은 신분이나 서열의 차이, 또는 능력의 차이를 의미하는 것이 아닙니다. 교회의 직분은 하나님을 섬기기 위해 있을 뿐 명예직도, 계급도, 신분적 차이도 아닙니다. 교회는 근본적으로 한 아버지를 섬기는 형제들의 공동체입니다. 그리스도 안에서 우리는 누구나 형제자매입니다. 그리스도를 영접한 모든 사람은 평등합니다. 부자든 가난한 자든, 학식이 많은 자든 배우지 못한 자든, 우리는 모두 주님 안에서 한 형제요 자매입니다. 성경은 유대인이나 헬라인이나 자유자나 종이나 다 주님 안에서 형제자매라고 말씀하고 있습니다 고전 12:13. 그러므로 우리는 예수님 안에서 형제자매 된 자를 귀하게 여기고 보배로 여겨 사랑하며 동고동락해야 합니다.

그의 섬김

첫째, 바울과 함께한 신실한 동역자입니다.

본문 25절에서 바울은 에바브로디도를 소개하며 **"함께 수고하고"**라고 표현합니다. 에바브로디도가 바울과 동고동락한 동역자 fellow worker 였음을 알 수 있습니다. 주 예수 그리스도를 위하여 함께 힘을 모은 동역자입니다. 같은 배를 타고 같은 방향을 향하여 힘껏 노를 젓는 머슴입니다. 무거운 짐을 함께 나누었음을 의미합니다. 에바르보디도는 바울과 함께 그리스도의 복음을 위하여 수고하는 데 전력하였습니다. 그는 다른 그리스도인들과 보조를 맞추어 기쁘게 동역했던 사람이었습니다. 이것은 결코 쉽지 않은 일이지만 복음 때문에 기꺼이 그렇게 했습니다. 에바브로디도는 바울과 함께 일하며, 바울의 부족함을 도와주었습니다. 우리도 함께 일하는 동역자가 되어야 합니다. 단순히 뒤에서 팔짱을 끼고 바라보는 방관자가 되어서는 안 됩니다. 함께할 때 복음이 전진하고, 하나님의 나라가 더욱 넓어집니다.

둘째, 함께 군사된 자입니다.

이어서 2장 25절에서 바울은 에바브로디도를 **"함께 군사된 자요"**라고 표현합니다. 군사는 싸움을 위해 존재하는 자입니다. 신앙생활은 영적 전투입니다. 그러기에 모든 그리스도인은 주 예수 그리스도의 군사입니다. 에바브로디도 역시 그리스도의 좋은 군사였습니다.

에바브로디도는 바울과 함께 기꺼이 영적 전쟁터를 누비며 싸운 용맹스러운 십자가의 군사였습니다. "군사 된 자"라는 표현은 영적인 싸움을 함께 싸우는 자라는 뜻입니다. 특히 전쟁에서 전우애로 만난 사람은 관계가 깊습니다. 함께 목숨을 내놓고 싸웠기 때문입니다.

사단과 영적 싸움을 할 때는 때때로 목숨의 위협을 받을 수도 있습니다. 에바브로디도는 이러한 상황 속에서도 바울과 함께하며 목숨을 내놓고 영적인 싸움을 싸웠습니다. 그래서 바울은 고난을 함께 감당한 에바브로디도를 더욱 사랑스럽게 여겼습니다. '함께 군사되었다'라는 말에는 자신의 목숨을 아까워하지 않고, 극히 담대함으로 주의 나라와 복음을 위하여 헌신하였음을 의미합니다.

셋째, 바울의 필요를 채워주는 자입니다.

사도 바울은 빌립보서 2장 25절에서 에바브로디도를 소개하며 "내가 쓸 것을 돕는 자라"라고 말합니다. 그는 어려움을 겪고 있는 바울을 힘껏 도왔습니다. '내가 쓸 것'이란 말에서 우리는 에바브로디도가 바울의 실제적인 필요들을 채워주었음을 알 수 있습니다. **'부족함을 채우려함'**30절은 그릇에 넘칠 정도로 가득 채우고 또 채우는 것을 의미합니다. 에바브로디도는 빌립보 교인들이 바울을 섬기는 데 있어서 부족한 부분을 채웠습니다. 빌립보 교회의 헌금이 이번에는 많이 부족했나 봅니다. 그 부족한 물질을 에바브라디도는 자신의 몸으로 채웠습니다. 채우되 가득 차서 넘칠 정도로 채웠으며, 이를 위해 자신의 생명까지도 아끼지 않았습니다. 그는 이웃 사랑을 실천한 사람이었습니다. 당시 바울은 감옥에서 쇠사슬에 매여 있습니다. 바울은 누군가의 섬김이 필요했습니다. 바울에게는 음식을 마련해 주고, 옷을 챙겨 줄 사람이 필요했으며, 다른 교회와의 연락을 도울 사람도 필요했습니다. 에바브로디도는 이러한 섬김의 역할을 기꺼이 감당했습니다.

병들었거나 감옥에 갇힌 한 사람을 섬기는 것은 결코 쉬운 일이 아닙니다. 많은 수고와 인내가 필요합니다. 하루 이틀도 아니고 1년 이상을 섬기는 것은, 더욱 어렵습니다. 그래서 "오랜 병과 잔병에 효자 없다"는 말도 있습니다. 그러나 에바브로디도는 이렇게 섬기는 일을 했습니다. 마치 예수님을 섬기듯이 바울을 섬겼습니다. 우리는 미우니 고우니 하여도 항상 함께하는 가족들과 오랫동안 함께 한 교회의 동역자들을 귀하게 여겨야 합니다. 에바브로디도는 교회에 꼭 필요한 사람입니다. 여러분이 그러한 사람이기를 바랍니다.

그의 연단과 상급

바울은 26-27절에서 이렇게 말씀합니다. **"그가 너희 무리를 간절히 사모하고 자기가 병든 것을 너희가 들은 줄을 알고 심히 근심한지라. 그가 병들어 죽게 되었으나 하나님이 그를 긍휼히 여기셨**

고 그뿐 아니라 또 나를 긍휼히 여기사 내 근심 위에 근심을 면하게 하셨느니라."** 에바브라디도는 로마에 바울을 돕고자 왔다가 중병에 걸리게 됩니다. 이 소식을 들은 빌립보 교회 성도들은 근심하고 있었는데, 하나님께서는 사도 바울의 기도를 들으시고 병들어 죽게 된 에바브라디도를 살려 주셨습니다. 마음이 너무도 무겁던 바울은 하나님께서 에바브로디도를 살려 주심으로 인해 **"내 근심 위에 근심을 면하게 되었다"**고 고백합니다.

바울은 이러한 이유로 에바브로디도를 빌립보로 보내려 한다고 다시 언급합니다. 그가 돌아가면 교회가 그를 다시 보고 기뻐할 것이고, 또한 교회와 에바브로디도로 인한 바울의 걱정도 해결될 것입니다. 빌립보로 다시 가는 것은 에바브로디도 자신에게도 큰 기쁨일 것입니다. 교회를 향한 그의 근심이 해결되는 것이기 때문입니다.

바울은 29-30절에서 이렇게 말씀합니다. **"이러므로 너희가 주 안에서 모든 기쁨으로 그를 영접하고 또 이와 같은 자들을 존귀히 여기라 그가 그리스도의 일을 위하여 죽기에 이르러도 자기 목숨을 돌보지 아니한 것은 나를 섬기는 너희의 일에 부족함을 채우려 함이니라."** 에바브로디도를 보내면서 빌립보 교인들에게 두 가지를 당부합니다. 하나는 주님 안에서 큰 기쁨으로 그를 잘 영접하라는 것이고, 다른 하나는 그와 같은 사람들을 존귀하게 여기라는 것입니다. 앞의 당부는 성도들이 자연스럽게 따르겠지만, 바울은 두 번째 당부에 더 비중을 두는 듯합니다. 그 이유는 30절에서 에바브로디도가 행한 일을 구체적으로 설명하기 때문입니다. 그는 빌립보 교인들이 바울의 복음 사역에 물리적으로 함께하지 못한 것을 채웠습니다. 사실 에바브로디도를 통해 바울이 필요로 하는 것을 보낸 것은 빌립보 교회이기에 빌립보 교회가 복음 사역에 참여한 것입니다. 하지만 목숨을 아끼지 않고 그 일을 수행한 것은 에바브로디도이기에 마땅히 칭찬받을 만한 훌륭한 것입니다.

성경은 에바브로디도가 병으로 죽음에 이르게 된 상황에서 그가 받은 구체적인 연단의 과정에 대해 명확히 밝히고 있지는 않습니다. 그러나 성숙하게 되는 과정에 필수적으로 겪어야 할 연단이었습니다. 그가 이 과정을 지나고 난 후, 하나님께서는 그를 고쳐 주시고 완전히 회복시키셨습니다. 이는 하나님께서 그의 마음을 아시고, 한 걸음 더 나아가 그를 치료해 주신 것입니다. 27절은 이렇게 말씀합니다. **"그가 병들어 죽게 되었으나 하나님이 그를 긍휼히 여기셨고 그뿐 아니라 또 나를 긍휼히 여기사."** 여기서 두 번 반복된 "긍휼히 여기다"에 해당하는 헬라어는 '엘레에센^{ἠλέησεν}'이며, 이는 구약에서 '헤세드^{חסד}'와 같은 의미를 가집니다. 이 말은 하나님의 사랑, 자비를 일컫는 단어입니다. '자비'란 뜻이 있는 헤세드는 상대방의 감정에 공감하여 상대방의 어려움을 극복하기 위하여 실제로 행동하여 구체적인 도움을 주는 것까지 포괄하는 개념입니다.

'헤세드'는 강한 자가 약한 자에게 그럴 의무가 없음에도 불구하고 자발적으로 보이는 충성을 의미합니다. 강자가 약자에게 충성하고, 가진 자가 없는 자에게 충성하는 것이 헤세드입니다. 이 단어는 이 세상이 말하는 사랑, 그 이상의 의미를 내포하고 있습니다. 이러한 하나님의 헤세드가 에바브라디도의 죽게 된 병을 고쳐 준 것입니다. 하나님의 자비와 긍휼은 그 어떤 병도 심지어 죽음에 이르게 된 병도 고치게 됩니다. 하나님의 긍휼은 그리스도께서 십자가를 지심으로 인하여 우리에게 주어진 특별한 은혜입니다. 왜냐하면, 예수님은 인류의 모든 질병을 다 걸머지신 분이십니다. 마태복음 8장 17절은 이사야 선지자의 예언을 인용하며 이렇게 기록합니다. **"이는 선지자 이사야를 통하여 하신 말씀에 우리의 연약한 것을 친히 담당하시고 병을 짊어지셨도다 함을 이루려 하심이더라."** 이것은 이사야 53장 3절, 4절, 10절에서 예언된 말씀이 성취되었음을 확증하는 것입니다.

주님은 오늘도 우리를 치유하시는 여호와 라파의 하나님이십니다. 호세아 6장 1절은 이렇게 말씀합니다. **"오라 우리가 여호와께로 돌아가자 여호와께서 우리를 찢으셨으나 도로 낫게 하실 것이요 우리를 치셨으나 싸매어 주실 것임이라."** 말라기 4장 2절에서도 이렇게 선언합니다. **"내 이름을 경외하는 너희에게는 공의로운 해가 떠올라서 치료하는 광선을 비추리니 너희가 나가서 외양간에서 나온 송아지 같이 뛰리라."** 또한, 예레미야 17장 14절은 이렇게 고백합니다. "여호와여 주는 나의 찬송이시오니 나를 고치소서 그리하시면 내가 낫겠나이다 나를 구원하소서 그리하시면 내가 구원을 얻으리이다." 예수님의 십자가의 죽음은 단순히 영혼 구원만을 위한 것이 아닙니다. 그것은 우리의 연약함과 질병을 치유하시고, 그 모든 고통에서 우리를 해방시키며, 참된 행복을 주시기 위한 것이었습니다. 예수님은 우리의 연약함을 친히 담당하시고, 우리의 질병을 짊어지셨습니다. 이 놀라운 은혜가 여러분에게 임하시기를 축복합니다. 에바브라디도는 후에 빌립보 교회 감독이 됩니다. 바울처럼 교회를 사랑하며 성도를 잘 목양하는 훌륭한 사역자가 되었습니다. 하나님께서 은혜로 보상해 주신 결과였습니다.

끝으로 요약하면, 에바브라디도는 복음 전파와 선교 사역을 위해 죽음에 이를지라도 자신의 목숨을 돌보지 않고 사도 바울을 섬긴 사람이었습니다. 그는 바울에게 평생 잊을 수 없는 형제와 같은 존재였으며, 함께 수고하며 복음을 위해 헌신한 충성된 군사였습니다.

우리도 복음을 위해 서로 신실한 동역자가 되어야 합니다. 동역하고 사역하기에 앞서, 우리가 그리스도의 십자가로 인해 한 형제자매가 되었음을 인식하고, 서로 사랑하는 가운데 섬김의 본을 보여야 합니다. 섬김은 개인적인 유익을 위한 것이 아니라, 더 높은 차원에서 하나님의 나라와 복음을 위한 것입니다. 이러한 섬김을 실천하는 사람은 이 땅에서는 많은 이들에게 기쁨이 되고, 하늘에서는 해같이 빛나는 복을 누리게 될 것입니다.

Chapter. 12

주님 안에서 기뻐하십시오
Rejoice in the Lord

빌립보서 3:1-3

1 끝으로 나의 형제들아 주 안에서 기뻐하라 너희에게 같은 말을 쓰는 것이 내게는 수고로움이 없고 너희에게는 안전하니라 **2** 개들을 삼가고 행악하는 자들을 삼가고 몸을 상해하는 일을 삼가라 **3** 하나님의 성령으로 봉사하며 그리스도 예수로 자랑하고 육체를 신뢰하지 아니하는 우리가 곧 할례파라

우리가 살아가는 환경, 겪는 문제와 사건, 그리고 사람들은 우리의 기쁨을 앗아 갈 수 있습니다. 재물도 마찬가지입니다. 남들보다 많은 것을 소유하고 있을 때는 든든한 버팀목이 되는 것 같지만, 그것을 잃어버리는 순간 기쁨은 한순간에 물거품처럼 사라져 버립니다. 그러나 빌립보서 3장 초두에서 바울이 명령하는 "주님 안에서 기뻐하라"는 말씀은, 어떤 외적 조건에 따라 기뻐하는 것이 아닙니다. 이는 예수님 안에서 얻고 누리는 참된 기쁨을 의미합니다. 예수님을 주인으로 모시고 살아가는 주님의 백성들에게는, 그 기쁨을 주님께서 늘 공급해 주십니다. 예수님의 탄생을 목자들에게 알린 천사는 이렇게 외쳤습니다. **"보라 내가 온 백성에게 미칠 큰 기쁨의 좋은 소식을 너희에게 전하노라 오늘 다윗의 동네에 너희를 위하여 구주가 나셨으니 곧 그리스도 주시니라"** 눅 2:10,11. 그리스도는 인간이 참된 기쁨을 얻게 하는 원천이십니다. 예수님께서는 제자들에게 **"내가 이것을 너희에게 이름은 내 기쁨이 너희 안에 있어 너희 기쁨을 충만하게 하려 함이라"** 요 15:11라고 말씀하셨습니다. 이것은 하나님의 계명을 지켜 그의 사랑 안에 거하는 것입니다. 또한, 예수님께서는 대제사장적 기도에서 하나님 아버지께 **"내가 세상에서 이 말을 하옵는 것은 그들로 내 기쁨을 그들 안에 충만히 가지게 하려함이니이다"** 요 17:13라고 기도했습니다. 바울은 빌립보 교회 성도들에게 예수님과 관련된, 즉 주 안에서의 기쁨이 충만하기를 바라고 있었습니다. 감옥에 갇혀 있는 바울이 오히려 자유로운 성도들에게 "기뻐하라"고 권면하는 것은 언뜻 보면 아이러니한 일처럼 보입니다. 그러나 이것이야말로 그리스도 안에서만 가능한 참된 기쁨입니다.

그런데 제임스 보이스$^{James\ M.\ Boice}$ 목사는 이 기쁨을 건전한 교리에 근거한 기쁨이라고 해석했습니다. 바울은 건전하지 않은 교리를 주장하는 사람들이 이 기쁨을 좀먹고 결국 빼앗아가는 도둑과 같다고 지적하고 있습니다.

메시지 성경은 빌립보서 3장 2절을 다음과 같이 의역하고 있습니다. "짖는 개들, 곧 참견하기 좋아하는 종교인들, 시끄럽기만 하고 실속은 없는 자들을 피하십시오, 그들이 관심갖는 것은 온통 겉모습뿐입니다. 나는 그들을, 수술하기 좋아하는 할례주의자라고 부릅니다."

그러면 어떻게 해야 우리의 기쁨을 빼앗기지 않고 지킬 수 있을까요? 바울은 3절에서 이렇게 말합니다. **"하나님의 성령으로 봉사하며, 그리스도 예수로 자랑하고, 육체를 신뢰하지 아니하는 우리가 곧 할례파라."**

기쁨을 빼앗아가는 도둑들

바울은 오늘 본문에서 **"끝으로 나의 형제들아, 주 안에서 기뻐하라"**라고 시작합니다. 여기서 '끝으로'에 해당하는 헬라어 '로이폰^{λοιπόν}'은 '마지막으로'라는 의미도 있지만, '더욱이', '그러므로'와 같이 강조의 의미로 사용되기도 합니다. 이 해석에 따르면, 바울은 이렇게 말하는 것입니다. **"그러므로 더욱 힘주어 말하노니 주 안에서 기쁨을 빼앗기지 마십시오."** 즉, "주 안에서 기쁨을 빼앗기지 말라"는 것을 강조하기 위해 바울이 '끝으로'라는 표현을 사용한 것입니다.

바울은 왜 이미 기쁨이 넘쳐나는 빌립보 교회 성도들에게 "기쁨을 빼앗기지 말라"고 강조한 것일까요? 신앙의 기쁨을 빼앗아가는 도둑이 있었기 때문입니다. 만일 사역의 기쁨이 사라졌다고 느낀다면 그 원인은 환경이 아니라 우리 안에 있던 기쁨을 도둑맞았기 때문입니다. 기쁨을 도둑맞고 나면 기계적으로 일은 하지만 신앙생활에 의미가 사라지게 됩니다. 그래서 바울은 **"주 안에서 기뻐하라"**고 절절하게 외치며 강조한 것입니다.

그러면 기쁨을 빼앗는 도둑은 누구일까요? 바울은 빌립보 교회에 들어온 두 가지의 기쁨의 도둑을 말합니다. 율법주의와 자유주의입니다. 오늘은 먼저 율법주의를 살펴보겠습니다. 바울은 교회에 들어온 율법주의자들에 대해 다음과 같이 강하게 경고합니다. **"개들을 삼가고, 행악하는 자들을 삼가고, 몸을 상해하는 일을 삼가라"** 빌 3:2

첫째, 율법주의자를 '개'라고 말합니다.

여기서 사용된 '개들'에 해당하는 헬라어 '퀴나스^{κύνας}'는 주인 없이 들이나 산을 떠돌며 죽은 짐승이나 더러운 것을 핥아 병을 옮기는 들개를 의미합니다. 우리말 성경에는 '**개들을 삼가고**'라고 번역되어 있지만, 원어 성경에서는 '**삼가라, 개들을**'이라는 어순으로 기록되어 있습니다. 이는 '개'라는 단어보다 '삼가라'라는 명령을 강조하는 것입니다. 바울은 율법주의자들이 신앙에 죄책감의 굴레를 씌워 우리의 기쁨을 빼앗으려 할 때, 그들에게 물리지 않도록 조심하고 경계하라고 강하게 경고하고 있습니다.

우리는 율법이 아니라, 예수 그리스도의 은혜로 구원받았습니다. 그러나 율법주의자들은 율법을 다 지키지도 않으면서 '어떻게 예수 그리스도를 믿는 것으로 구원을 받을 수 있느냐'며 예수님의 보혈을 무가치하게 여기고 신앙을 병들게 합니다.

율법주의자들은 스스로 율법을 지키는 척하면서 경건한 사람을 흉내냅니다. 경건의 모양은 그럴듯하지만, 경건의 능력을 상실한 자들입니다. 누가 기쁨으로 봉사하는지 가만히 보고 있다가 독 묻은 혀로 핥아서 그 기쁨을 빼앗아 버립니다. '이 율법은 지켰냐?, 저 율법은 지켰냐?' 끊임없이 캐물으면서 신앙의 죄책감을 부추깁니다. 예수님이 우리를 죄와 사망의 법에서 해방시켜 주셨음에도 불구하고, 율법주의자들은 율법으로 굴레를 씌워 예수님의 보혈로부터 멀어지게 합니다. 주님을 섬기는 기쁨의 자리에서 우리를 멀어지게 만듭니다.

이들은 자신의 추한 것을 가리고 경건한 척하며 빌립보 교회 성도들에게 '율법은 지키고 그렇게 충성하는 것이냐?', '율법 중에 몇 가지나 지키고 있느냐?' 등의 질문을 던지며 교회 안에 들어와 기승을 부렸습니다. 바울이 이들을 심각한 전염병을 옮기는 야생 개, 들개에 비유한 이유가 바로 여기에 있습니다. 그들과 몇 마디 이야기를 주고받다 보면 율법주의에 빠져 기가 죽고, 복음의 기쁨은 잃어버립니다. 어느새 주님과 멀어진 사람이 되어 율법주의의 굴레에 놓이게 됩니다. 이러한 율법주의의 도둑들에게 기쁨을 빼앗기지 않도록 항상 주의해야 합니다.

둘째, 율법주의자를 "행악하는 자"라고 말합니다.

여기에서 '행악하는 자'란 '악한 일꾼 evil workers'을 의미합니다. 자기는 그렇게 살지 않으면서 다른 사람에게 선한 것처럼 보이는 자가 악한 지도자입니다. 성경에 가장 큰 악은 위선입니다. 율법주의자들은 위선자입니다. 율법은 그 누구도 지키지 못한다는 인간의 한계를 느끼게 해서 **"오호라, 나는 곤고한 자로다. 내가 아무리 열심히 살아도 이 율법을 지킬 수 있는 능력이 내게 없으니 나를 이 죄와 사망에서 건져줄 자가 누구냐?"** 라고 고백하게 합니다. 그래서 율법은 우리에게 그리스도가 필요한 것을 알려 줍니다.

율법주의자들은 마치 자신들이 율법을 완벽하게 지키는 것처럼 말하며, 그리스도가 필요 없다는 듯 행동합니다. 바울은 이러한 율법을 지킬 능력이 없으면서도 있는 것처럼 위선을 행하는 자들과 가까이하지 말라고 말합니다. 설불리 악한 자들과 동행하지 말 것을 강조하며, 그들을 변화시킬 수 있다고 생각하지 말라고 말합니다. 시편 1편의 말씀처럼, 그들과 함께 **"서지도, 앉지도, 먹지도 말라"**고 권면합니다. 이들은 주님 안에서 누리는 기쁨을 좀먹는 자들입니다.

셋째, 율법주의자를 "몸을 상해하는 자"라고 말합니다.

개역한글 성경은 이를 **"손 할례당을 삼가라**^{concision}**"**라고 표현합니다. "손 할례"란 아기가 태어난 지 8일 만에 부모가 순수하게 믿음을 가지고 할례를 행했던 전통을 말하는 것이 아닙니다. 몸을 상하게 할 정도로 할례를 받아 놓고 그 할례 자국을 사람들에게 자랑하는 행위를 말하는 것입니다. 그런 할례의 흔적을 보여 주면 사람들은 **"내 믿음은 저 사람의 헌신의 흔적과 상처에 비교하면 정말 아무것도 아니구나"**라고 생각하게 됩니다. 바울은 이러한 방식으로 손할례를 자랑의 도구로 삼으며 군림하려는 자들을 경계하라고 강하게 경고합니다.

율법주의의 가장 위험한 점은 겉으로는 거룩하게 보인다는 것입니다. 자유주의는 오히려 분별하기가 쉽습니다. 교회에서 누군가가 "집사님, 뭘 그렇게 신앙생활 힘들게 해요. 담배도 좀 피우고 술도 마시며 살아요"라고 말한다면 '아, 저 사람은 믿음이 약한 사람이구나"라고 생각하지 그 사람을 존경하지는 않습니다. 그러나 율법주의자는 다릅니다. 그들은 자기 자신을 거룩한 척하는 모습으로 숨기고 행동하기 때문에, 쉽게 교회의 중직자가 되기도 하고 존경을 받기도 합니다. 그래서 이들을 분별하기가 쉽지 않습니다. 율법주의가 가장 위험한 점은 예수 그리스도의 속죄를 무효화시킨다는 점입니다. 율법주의자들은 예수님의 보혈의 공로를 무의미하게 만들고, 다시 우리를 구약의 속죄 제사로 데리고 갑니다. 그러나 구원은 율법이 아닌 예수 그리스도를 믿는 믿음으로 받는 것임을 성경은 분명하게 가르치고 있습니다.

갈라디아서 2장 16절은 이렇게 기록하고 있습니다. **"사람이 의롭게 되는 것은 율법의 행위로 말미암음이 아니요 오직 예수 그리스도를 믿음으로 말미암는 줄 알므로 우리도 그리스도 예수를 믿나니 이는 우리가 율법의 행위로써가 아니고 그리스도를 믿음으로써 의롭다 함을 얻으려 함이라 율법의 행위로써는 의롭다 함을 얻을 육체가 없느니라."** 율법을 지키면 지킬수록, 우리는 더욱 그리스도가 필요함을 깨닫게 됩니다. 구약의 율법은 우리에게 그리스도가 필요하다고 외치는 역할을 합니다. 우리를 그리스도께로 인도하는 초등교사의 역할을 하는 것입니다. 예수님이 오셔서 십자가에서 "다 이루었다"요 19:30고 선언하셨을 때, 그것은 율법의 완성이자 마침이 되셨음을 의미합니다. 예수님 안에서 모든 것이 이루어졌기에, 우리가 그를 영접하면 구약의 율법을 다 지키지 못했더라도, 예수님이 다 이루신 그것과 같은 효력이 일어납니다. 우리는 율법의 완성이시며, 율법의 마침이신 예수님만으로 충분합니다.

예수님은 "모든 율법과 선지자, 그리고 시편이 나를 가리킨다"라고 말씀하셨습니다. 누가복음 24장 44절에서 예수님은 이렇게 말씀하십니다. **"또 이르시되 내가 너희와 함께 있을 때에 너희에게 말한 바 곧 모세의 율법과 선지자의 글과 시편에 나를 가리켜 기록된 모든 것이 이루어져야 하리라 한 말이 이것이라."** 또한, 요한복음 1장 45절에서는 빌립이 나다나엘을 찾아 이렇게 증언합니다. **"모세가 율법에 기록하였고 여러 선지자가 기록한 그이를 우리가 만났으니 요셉의 아들 나사렛 예수니라."** 그렇습니다. 오직 예수님만이 우리의 신앙의 중심이 될 때, 그 어떤 도둑도 우리의 기쁨을 빼앗을 수 없습니다.

그렇다면 어떻게 살아야 믿음의 기쁨을 잃지 않고 유지할 수 있을까요? 빌립보서 3장 3절은 그 해답을 이렇게 말씀합니다. "하나님의 성령으로 봉사하며, 그리스도 예수로 자랑하고, 육체를 신뢰하지 아니하는 우리가 곧 참된 할례 받은 자니라."

주님 안에서 기뻐하는 삶

첫째, 성령으로 봉사하는 삶입니다.

"성령으로 봉사하는 것"은 영어로 "Worship God in the Spirit"이라고 번역됩니다. 최고의 봉사는 역동적이고 감동적으로 하나님을 예배하는 일이며, 그 은혜와 감격 속에서 봉사하는 것입니다. 기쁨과 열정으로 주의 일을 하다가 시간이 흐르면 기쁨은 사라지고 일만 남는 순간이 오기도 합니다. 이때 많은 사람은 '이제 내려놓을 때가 됐나 보다'라고 생각합니다. 그러나 바울은 이때가 '성령으로 봉사해야 할 때'라고 말합니다. 주의 일을 하다가 기쁨이 사라지면 내려놓을 때가 아니라 성령으로 기름 부음을 받아야 할 때입니다. 그래서 우리는 성령의 충만을 위해 기도하며 사모해야 하며, 성령께서 공급하시는 힘으로 봉사할 때 그 기쁨이 다시 충만해질 것을 믿습니다.

둘째, 오직 예수님만 자랑하는 삶입니다.

열심히 일했는데 자신의 이름이 인정받지 못할 때 기쁨을 잃어버리기 쉽습니다. 교회에서 수고했는데 주보에 내 이름이 안 보일 때 실족하기도 합니다. 그러나 주의 일은 내 이름을 드러내기 위해 하는 것이 아닙니다. 성경은 오직 **"예수로 자랑하고"**빌 3:3라고 말합니다. 내가 산을 옮길 만한 믿음을 가지고 대단한 일을 행했더라도, 우리는 오직 예수님만 자랑해야 합니다. 자기 이름으로 봉사한 사람은 누가 알아주지 않으면 이내 내려놓지만, 예수님만 자랑하는 사람은 누가 알아주지 않아도 기쁨을 빼앗기지도, 지치지도 않습니다.

셋째, 자기 육체를 신뢰하지 않는 삶입니다.

내 능력을 의지하지 말고, 오직 예수님의 능력에 기대어서 일해야 합니다. 예수님의 능력을 의지할 때, 그 능력은 나의 재주에서 나오는 것이 아니라 예수 그리스도의 능력의 이름에서 나옵니다. 자기의 경험이나 소유한 것에 기반하여 신앙생활을 하면 기쁨을 누릴 수 없습니다. 왜냐하면, 그것은 자신의 공로나 노력에 의한 것이기 때문에 가변적이며, 상당히 제한적이기 때문입니다.

학벌을 내세워서도 안 됩니다. 세상의 고위직이나 권력, 그리고 힘을 자랑해서도 안 됩니다. 자기의 소유로 자랑하는 삶이어서도 안 됩니다. 모든 것이 다 하나님의 은혜로 된 것임을 깨닫고 겸손할 때, 주님께서는 말할 수 없는 기쁨을 주시고, 그 기쁨을 누리며 살 수 있도록 하십니다. 상대방과 비교하는 순간 우리는 비참해집니다. 그 마음에는 주님이 주시는 기쁨이 자리 잡을 공간이 없어집니다.

결론적으로, 바울이 말하는 율법주의자는 바로 손할례당입니다. 그들은 '개'이며, '행악하는 자'이고, '몸을 상해하는 자', 즉 겉으로 드러나는 손 할례만을 강조하는 사람들입니다. 그러나 주 안에서 기쁨을 잃지 않고 유지하는 참 성도는 '성령으로 봉사하는 자'입니다. 오직 예수님만 자랑합니다. 그리고 자기의 육체를 신뢰하거나 자랑하지 않습니다.

    그러므로 성도는 늘 성령으로 봉사하고, 예수님만 자랑하고, 예수의 능력을 의지해서 전진하면 어떤 상황에서도 기쁨을 빼앗기지 않을 것입니다. 항상 기쁨을 유지하며 행복한 신앙생활 할 수 있을 것입니다.

Chapter. 13

믿음 안에서의 유익과 손해
Benefits and Loss in the Faith

빌립보서 3:4-9

4 그러나 나도 육체를 신뢰할 만하며 만일 누구든지 다른 이가 육체를 신뢰할 것이 있는 줄로 생각하면 나는 더욱 그러하리니 **5** 나는 팔일 만에 할례를 받고 이스라엘 족속이요 베냐민 지파요 히브리인 중의 히브리인이요 율법으로는 바리새인이요 **6** 열심으로는 교회를 박해하고 율법의 의로는 흠이 없는 자라 **7** 그러나 무엇이든지 내게 유익하던 것을 내가 그리스도를 위하여 다 해로 여길뿐더러 **8** 또한 모든 것을 해로 여김은 내 주 그리스도 예수를 아는 지식이 가장 고상하기 때문이라 내가 그를 위하여 모든 것을 잃어버리고 배설물로 여김은 그리스도를 얻고 **9** 그 안에서 발견되려 함이니 내가 가진 의는 율법에서 난 것이 아니요 오직 그리스도를 믿음으로 말미암은 것이니 곧 믿음으로 하나님께로부터 난 의라

한국 초대 교회사에서 유명한 김익두 목사님이 계십니다. 그분은 청년 시절, 유명한 깡패였습니다. 시장에서 김익두를 만나지 않게 해 달라고 물을 떠 놓고 비는 사람도 있을 정도였습니다. 김익두는 많은 사람에게 고통과 불안을 안겨 주었습니다. 그런데 이 깡패 청년 김익두가 예수님을 믿게 되었습니다. 그는 예수님을 믿고 회개한 후, 부고장을 돌렸습니다. 그 내용은 단 한 마디였습니다.

"김익두는 죽었다."

'깡패 김익두가 죽었다'는 소식을 듣고 사람들은 굉장히 좋아했습니다. 그런데 어느 날 죽었다던 김익두가 버젓이 시장에 나타났습니다. 손에는 시커먼 책 하나가 들려 있었습니다. 사람들은 깜짝 놀랐습니다. 하지만 곧 그가 예수를 믿고 변화되어 목사가 되었다는 사실을 알게 되었습니다. 어느 날, 한 사람이 김익두 목사를 시험해 보려 했습니다. 그가 길을 지나갈 때, 물통에 담긴 물을 김익두 목사에게 끼얹었습니다. 그러자 김익두 목사님은 아무렇지도 않은 듯 물을 툭툭 털고 그 사람을 바라보며 이렇게 말했습니다. "예수는 내가 믿고, 복은 네가 받았구나." 진정한 변화가 일어난 것입니다.

이처럼 한국교회 초기 성도들은 초대교회 성도들과 같은 모습을 보였습니다. 지저분한 삶이 깨끗한 삶으로, 손가락질받던 인생이 존경받고 대접받는 삶으로 변화되었습니다. 술주정뱅이가 금주하며 올바른 삶을 살게 되었고, 골초가 금연을 통해 거룩한 사람으로 변화되고 숨김이 없는 사람으로 변화되어 주위 사람들을 깜짝 놀라게 한 일들이 많았습니다. 지금 여러분의 삶은 어떻습니까?

사도 바울은 오늘 본문에서 과거의 삶과 새롭게 변화된 삶을 매우 자세하게 설명합니다. 과거와 미래의 삶의 전환점의 척도는 바로 예수 그리스도이십니다.

세상의 자랑거리

바울은 5-6절에서 이렇게 자랑합니다. **"나는 팔일 만에 할례를 받고 이스라엘 족속이요 베냐민 지파요 히브리인 중의 히브리인이요 율법으로는 바리새인이요 열심으로는 교회를 박해하고 율법의 의로는 흠이 없는 자라."**

한마디로, 바울은 성골^{聖骨} 히브리인이었습니다. 이러한 조건만으로도 그는 유대인 사회에서 존경받고 높임을 받을 수 있었습니다. **"팔일 만에 할례를 받았다"**는 것은 태어날 때부터 정통 유대인이었음을 의미합니다. 당시에는 유대인이 아닌 사람이 나중에 유대교로 개종하여 할례를 받는 경우도 있었습니다. 약속의 자손이 아닌 이스마엘은 13세에 할례를 받았으며, 그의 후손들도 열세 살에 할례를 받는 전통을 따랐습니다. 태어난지 팔 일 만에 할례를 받지 않았다는 것은 이스라엘의 정통이 아니라 짝퉁이라는 뜻입니다. 그러나 바울은 태어난 지 팔 일 만에 할례를 받았기에, 자신이 정통 이스라엘 출신임을 강한 자부심으로 여겼으며, 이는 그에게 중요한 자랑거리였음이 분명합니다.

바울은 **"이스라엘 족속"**이었습니다. "이스라엘 족속"이라는 표현은 하나님의 백성임을 확증하는 언약적 이름입니다. 이는 바울이 하나님께서 아브라함, 이삭, 야곱과 맺으신 언약의 백성 가운데 한 사람임을 강조하는 표현입니다. 하나님께서는 종종 자신을 이스라엘의 하나님이라고 말씀하셨습니다. 언약의 울타리 안에서 충분히 보호받고 특권을 누리는 하나님의 백성이라는 의미입니다.

바울은 자신이 **"베냐민 지파"** 출신임을 강조합니다. 베냐민 지파라는 것이 왜 자랑거리가 됩니까? 그것은 아마 야곱이 가장 사랑한 아들이 베냐민이었기 때문입니다. 또한, 솔로몬이 죽은 후, 이스라엘이 남쪽 유다와 북쪽 이스라엘로 분열되었을 때, 북이스라엘은 하나님의 제사 규례를 어기고 다른 곳에 제단을 세웠습니다. 그러나 베냐민 지파는 이를 거부하고, 남유다와 함께하며 하나님의 언약의 가문인 다윗 왕조에 충성했습니다.

"히브리인 중의 히브리인이요"라는 표현은 바울이 이방인의 피가 전혀 섞이지 않은 순수한 유대인임을 의미합니다. 그는 유대 전통과 율법을 철저히 지키며 살아왔고, 이로 인해 존경받는 유대인이었다는 강한 자부심을 가지고 있었습니다.

그는 **"율법으로는 바리새인"**이었습니다. 바리새인은 율법을 가장 철저하게 지키는 사람들이었습니다. 이것은 바울 자신이 율법에 대해서는 흠이 없는 자임을 말하는 것입니다. 바울의 율법에 대한 열심은 율법에 대한 그의 생각과 어긋나는 자들을 죽이기까지 한 것으로 드러납니다.

6절에서 바울은 "열심으로는 교회를 박해하고, 율법의 의로는 흠이 없는 자라"고 말합니다. 그가 언급한 이 일곱 가지는 당시 이스라엘 사회에서 누구나 자랑스러워할 만한 조건이었으며, 바울 자신에게도 큰 자긍심이 되는 요소들이었습니다. 세상을 살아가는 데 있어 이보다 더 유리한 조건은 없었을 것입니다.

만약 신분이나 조건으로 구원을 받을 수 있다면, 바울은 누구에게도 뒤지지 않았을 것입니다. 그는 좋은 혈통을 가진 집안에서 태어났으며, 최고의 교육을 받았고, 부유한 가정 출신이었습니다. 세상의 기준으로 볼 때, 우리의 모든 욕구를 채워 줄 수 있을 만한 조건을 갖추고 살았던 사람이었습니다. 그러나 바울은 분명하게 선언합니다. **"너희는 그 은혜에 의하여 믿음으로 말미암아 구원을 받았으니 이것은 너희에게서 난 것이 아니요 하나님의 선물이라. 행위에서 난 것이 아니니 이는 누구든지 자랑하지 못하게 함이라"** 엡 2:8-9.

새로운 가치

빌립보서 3장 7-9절에서 바울은 이렇게 고백합니다. **"그러나 무엇이든지 내게 유익하던 것을 내가 그리스도를 위하여 다 해로 여길뿐더러 또한 모든 것을 해로 여김은 내 주 그리스도 예수를 아는 지식이 가장 고상하기 때문이라 내가 그를 위하여 모든 것을 잃어버리고 배설물로 여김은 그리스도를 얻고 그 안에서 발견되려 함이니**

내가 가진 의는 율법에서 난 것이 아니요 오직 그리스도를 믿음으로 말미암은 것이니 곧 믿음으로 하나님께로부터 난 의라."

그는 세상적으로 내세울 만한 유익한 조건들을 배설물로 여겼습니다. 그가 유익한 것을 다 버린 이유는 더 좋은 것, 더 값어치 있는 것이 나타나면 이전의 것은 구닥다리가 되기 때문입니다. 우리가 평생 가치 있다고 여겼던 것들도, 시간이 지나고 나이가 들면 결국 다 평균케 되는 것을 경험합니다.

전경일 씨가 쓴 『마흔으로 산다는 것』에서는 삶의 평균화에 대해 잘 표현하고 있습니다.

"40대는 '욕망의 평준화'가 일어납니다. 누구나 사회적 성공을 위해 발버둥 치며 달려갑니다. 처자식 먹여 살리기 위해, 다가오는 노년을 준비하기 위해 가장 왕성하게 뛰는 이 나이는 욕망과 책임의 평준화 연령입니다.
50대는 '지식의 평준화'가 일어납니다. 명문대를 졸업한 사람이나 초등학교밖에 다니지 못한 사람이나 아는 게 다 그게 그것입니다. 살면서 얻는 지식이란 것이 다 그렇고 그런 것 입니다.
60대는 '외모의 평준화'가 일어납니다. 미스코리아 출신이나 식당 아줌마나 그 얼굴이 그 얼굴입니다. 나이 들면 화장하고 분 발라도 윤기가 흐르지 않는 건 마찬가지입니다.

70대는 '성의 평준화'가 일어납니다. 남편이 있으나 없으나, 아내가 있으나 없으나 성관계는 그리 중요한 문제가 아닙니다.

80대에는 '부의 평준화'입니다. 있는 자나 없는 자나 먹고 사는 게 별차이가 없습니다. 하루 세끼면 족합니다.

90대에는 '생사의 평준화'입니다. 죽은 자와 산 자의 경계가 모호해집니다. 살았다고 죽은 자보다 별로 나은 게 없으며 살아 있어도 죽은 것만 못합니다.

100세 이상이면 드디어 '자연속의 평준화'가 이루어집니다. 모두 죽으면 한 줌의 흙으로 변하며, 누구나 자연 그대로의 모습입니다.

그러므로 우리 신앙인은 어떤 것이든지 과거의 것을 자랑도 하지도 말고, 남과 비교하지도 말고, 비교당하지도 말고, 여러분의 영혼에 평화의 평준화가 일어나기를 바랍니다."

예수님을 만나기 이전의 사울로 살 때는 길리기야 다소 출신으로, 난지 8일 만에 할례를 받았고, 베냐민 지파요, 가말리엘 문하생으로 최고의 교육을 받았습니다. 또한, 히브리인 중의 히브리인이었고, 율법으로는 흠이 없는 바리새인이었습니다. 그러나 그리스도를 만남으로 인해 그의 인생에는 완전한 역전이 일어났습니다. 최고의 가치로 여겼던 것이 상대적으로 별것 아니었음을 깨닫게 된 것입니다. 바울은 **"이전에 내게 유익하던 것"**과 **"그리스도 예수님"**을 대조하고 있습니다. 이전에 내게 유익하던 것은 무엇입니까? 빌립보서 3장 4-6절에서 언급된 대로, 그가 자랑할 만한 육체적 조건들입니다. 할례자요, 베냐민 지파요, 히브리인 중에 히브리인이요, 바리새파 사람이며, 율법으로는 완벽한 자였습니다. 오늘날로 표현하자면, 세상 사람들이 부러워할 만한 사회적 지위와 지성, 그리고 집안 배경을 완벽하게 갖춘 사람이라는 것입니다. 그런데 바울은 예수 그리스도를 얻기 위해 이 모든 것을 배설물처럼 여기겠다고 선언합니다. 그것은 무슨 의미입니까? 예수 그리스도를 얻는데 이런 조건들이 방해가 된다는 의미입니다. 그래서 그는 과감하게 모든 것을 버렸습니다. 결코 쉽지 않은 결단이었을 것입니다.

크리소스톰chrysostom은 "태양이 빛을 발하는데 등불에 머무는 것은 바보이다"라고 말했습니다. 바울은 다메섹 도상에서 예수를 만난 후에는 이 모든 자랑할만한 것을 다 배설물처럼 여기고 던져 버렸습니다. 또한, **"모든 것을 해로 여김은"**에서 "해제미아, ζημία"는 '손실, 불이익, 손해'를 의미합니다. 그 어떤 손해와 불이익도 감수하겠다는 각오였습니다. 그 이유는 내 주 그리스도 예수를 아는 지식이 가장 고상하기 때문입니다. **"그리스도 예수를 아는 지식"**은 한 마디로 그리스도를 구주로 믿는 것이고, 그분을 최고의 가치로 여기는 것입니다. **"가장 고상함**휘페레콘, ὑπερέχον. 현재 분사 능동태**"**은 '뛰어난, 탁월한, 빼어난 가치가 있는'이란 의미로 가장 훌륭함을 뜻합니다. **"내가 그를 위하여 모든 것을 잃어버리고"**는 포기하다, 버린다는 뜻입니다. **"배설물로 여김은 그리스도를 얻고"**에서 '배설물스퀴발라, σκύβαλα'은 '폐

기물, 오물, 쓰레기'를 의미합니다. 배설물이란 똥이나 침이나 오줌을 가리킵니다. 이러한 것들은 흩어지면 거름이 되고, 모아두면 악취를 풍깁니다. 그러나 예수님은 그 무엇보다도 소중하며, 최고의 가치이십니다. 그분은 세상의 모든 것을 다 주고도 바꿀 수 없는 보화입니다.

> 더 귀한 보배 예수,
> 어둠 속에 빛난 진리의 보석,
> 세상의 모든 값진 것들이
> 그 앞에 무색해지는 놀라운 은혜.
>
> 험한 인생의 굽이마다
> 슬픔과 고통이 쌓여도,
> 내 마음 깊은 곳에 주신
> 그 사랑의 불빛은 변함없어라.
>
> 주님, 당신의 이름에 담긴
> 온 우주의 찬란한 기쁨이여,
> 눈물로 얼룩진 하루 속에도
> 희망과 평화로 내 영혼을 감싸주소서.
>
> 내 삶의 모든 순간마다

당신의 사랑이 가장 귀한 보배라,

이 땅 위에, 영혼 속에

오직 예수님만이 나의 전부되리라.

이 익명의 시를 읽으면서 큰 감동으로 다가와 찬송가 94장을 불러봅니다. 찬송의 가사를 생각하며 함께 부르시면 좋겠습니다.

(1) 주 예수보다 더 귀한 것은 없네
　　이 세상 부귀와 바꿀 수 없네
　　영 죽을 내대신 돌아가신
　　그 놀라운 사랑 잊지 못해

　　후렴:세상 즐거움 다 버리고
　　세상 자랑 다 버렸네
　　주 예수보다 더 귀한 것은 없네
　　예수밖에는 없네

(2) 주 예수보다 더 귀한 것은 없네
　　이 세상 명예와 바꿀 수 없네
　　이 전에 즐기던 세상일도
　　주 사랑하는 맘 뺏지 못해

(3) 주 예수보다 더 귀한 것은 없네
　　이 세상 행복과 바꿀 수 없네
　　유혹과 핍박이 몰려와도
　　주 섬기는 내 맘 변치 않아

　이것이 그리스도를 알게 된 바울에게 나타난 육신적 조건에 대한 가치관의 변화입니다. 그리고 이러한 변화는 그가 실제로 그리스도를 만났음을 드러내는 증거이기도 합니다. 세상을 살아가는 데 있어 세상이 크게 여기는 것들을 소유하는 것이 분명 큰 재산일 수 있습니다. 어느 대학을 졸업했는지, 어떤 전공을 했는지, 직장이 어디인지, 또는 여자라면 남편이 어떤 일을 하는지 등은 하나하나가 세상이 무시할 수 없는 조건이 될 수 있고 자랑할 만한 조건들이 될 수 있습니다. 그래서 사람들은 그러한 조건들을 갖춘다는 것을 곧 성공으로 받아들이고, 이를 이루기 위해 노력하며 자신에게 유익한 것이라 여깁니다.

　그리스도를 만난 바울은 그리스도의 '의' 앞에서 자신의 의는 악한 것에 지나지 않음을 깨닫게 되어 회개하면서 모든 세상적 가치를 보잘것없는 배설물로 버렸습니다. 천국의 관점에서 볼 때, 자신이 쌓은 육신의 의는 아무짝에도 쓸모없는 것이었습니다. 오히려, 그는 그런 육신의 조건에 매여서 하나님의 뜻이 그리스도에게 있음을 보지 못했고, 스스로 교만했음을 깨달았습니다. 바울은 이러한 것들이 오히려 해가 될 뿐임을 고백합니다.

칭의의 선물

바울은 이렇게 고백합니다. "**그 안에서 발견되려 함이니 내가 가진 의는 율법에서 난 것이 아니요 오직 그리스도를 믿음으로 말미암은 것이니 곧 믿음으로 하나님께로부터 난 의라**"빌 3:9. 바울이 중요하게 여겼던 그 어떤 신분과 자격과 율법 그 어느 것 하나 그리스도를 위해 유익이 되지 않았습니다. 오직 그리스도만이 바울에게 생명이고, 의의 유익이 됩니다. 그리스도로 모든 필요한 것들이 채워졌습니다. 그렇기에 바울에게 육신의 조건—그것이 상속받은 것이든(생득적 요인), 노력하여 얻은 것이든(획득적 요인)이든—은 절대 유익이 될 수 없었으며, 삶의 필요조건도 될 수 없었습니다.

로마서 3장 21-22절에서 바울은 하나님의 의에 대해 이렇게 설명합니다. "**이제는 율법 외에 하나님의 한 의가 나타났으니 율법과 선지자들에게 증거를 받은 것이라 곧 예수 그리스도를 믿음으로 말미암아 모든 믿는 자에게 미치는 하나님의 의니 차별이 없느니라.**" 이 말씀은 율법을 통해서는 완전한 순종을 이루지 못한다는 사실을 강조합니다. 그러나 우리에게 새로운 의가 나타났습니다. 이 의는 율법과 선지자들이 증거한 것이며, "**곧 그리스도 예수를 믿음으로 말미암아 주어지는 하나님의 의**"입니다. 그리고 하나님께서는 우리를 용서하실 때에도 자신의 의와 정의를 나타내십니다. 그리고 하나님께서는 우리를 용서하실 때에도 자신의 의와 정의를 나타내십니다. 하나님께서 법을 집행하는 의로우신 분임을 설명하는 내용은 로마서 3장 25-26절에서 나타납니다. **"이 예수를 하나님이 그의 피로써 믿음으로 말미암는 화목제물로 세우셨으니 이는 하나님께서 길이 참으시는 중에 전에 지은 죄를 간과하심으로 자기의 의로우심을 나타내려 하심이니 곧 이 때에 자기의 의로우심을 나타내사 자기도 의로우시며 또한 예수 믿는 자를 의롭다 하려 하심이라"**

여기서 의는 정의正義를 가리킵니다. 하나님께서 의로우심을 나타내신다는 것은, 하나님이 정의正義롭게 이루시는 것입니다. 예수 그리스도께서 십자가에서 죽으심으로 하나님은 공의롭게 죄를 사하실 수 있게 되셨습니다.

1) 첫째, 의義는 하나님의 의입니다. 바울은 빌립보서 3장 9절에서 이렇게 말합니다. **"곧 믿음으로 하나님께로부터 난 의라."** 하나님이 의의 문제를 해결하신 것을 볼 때, 바울이 말하는 '나타내신 의'는 하나님의 의입니다. 즉, 이 말은 하나님께서 우리에게 의를 요구하시는 것이 아니라, 우리에게 의를 거저 주신다는 말입니다. 인간들은 하나님께 죄를 지어놓고 자기의 의를 내세워 하나님을 기쁘시게 하려 하지만, 그렇게 할 수가 없습니다. 우리의 전적인 무능함 때문입니다. 그러한 우리에게 하나님께서 의義를 거저 주시겠다고

말씀하시는 것입니다.

2) 둘째, 하나님께서 주시는 의義는 그리스도 안에서 우리에게 거저 주시는 최고의 선물입니다. **"그 안에서 발견되려 함이니... 오직 그리스도를 믿음을 말미암은 것이니"** 빌 3:9. 즉, 그리스도 안에서 이루어진 일을 믿음으로 받아들일 때, 우리는 의롭다 함을 입게 됩니다. 우리가 믿음으로 그리스도 안에서 발견되고 그리스도를 믿음으로 그분의 일부가 되었습니다. 믿음으로 그분 안에 거하게 되었습니다. 우리는 결국 그분께 속하게 되었습니다. 그분과 신비로운 연합을 이루어서 그분의 모든 것을 나의 것으로 받아 누리게 됩니다. 고린도전서 1장 30절은 이를 다음과 같이 설명합니다. **"예수는 하나님으로부터 나와서 우리에게 지혜와 의로움과 거룩함과 구원함이 되셨으니"** 그리스도 안에 모든 것이 다 있습니다. 이것이 하나님의 구원하시는 방법입니다.

이것은 인간의 편에서 믿음이 있어야 주어지는 하나님의 선물입니다. 칭의론에 있어서 **"믿음으로 말미암아 우리가 의롭다 칭함을 받았다"**는 교리는 우리의 믿음이 일부라도 의義에 이바지했다는 뜻이 아닙니다. 의義는 전적으로 그리스도 안에 있는 것으로 율법을 만족시키기 위해 우리가 할 수 있는 일은 하나도 없습니다. 죗값을 치를 수도 없고, 율법의 요구를 완전히 충족시킬 수도 없습니다. 의義는 오직 그리스도 안에만 있습니다. 우리의 믿음은 나를 의롭게 하지 못합니다. 믿음은 단지 하나님께서 의(義)를 받도록 하시는 '도구'일 뿐입니다. 의(義)롭게 되는 것은 그리스도를 믿음으로 말미암아 그리스도와 연합할 때 이루어지는 열매입니다. 이것은 그 어떤 가치와 비교될 수 없는 하나님의 은혜요 복입니다.

결론적으로, 바울은 손 할례당이 주장하는 세상적 유익과 특권에 대해서 말하면, 그 누구도 자기와 비교할 사람이 없다고 했습니다. 그러나 그가 예수 그리스도를 만난 후, 그 모든 것이 배설물처럼 여겨졌습니다. 가치가 있다고 생각하고, 자기 삶에서 유익한 것이라고 애지중지했던 것이 결국에는 아무런 소용이 없음을 깨닫게 된 것입니다. 더 큰 가치인 예수님을 만나고 난 후에는 복음을 통해서 얻은 구원의 의가 삶을 이끄는 큰 수레였음을 깨닫게 되었습니다. 그러므로 세상에서 유익하다고 생각하는 가치에서는 손해를 보면서도 예수 그리스도가 최고라는 믿음의 유익을 가지고 사는 복된 성도님들 되시길 주의 이름으로 축복합니다.

Chapter. 14

푯대를 향한 삶
Life Toward the Goal

빌립보서 3:10-16

10 내가 그리스도와 그 부활의 권능과 그 고난에 참여함을 알고자 하여 그의 죽으심을 본받아 **11** 어떻게 해서든지 죽은 자 가운데서 부활에 이르려 하노니 **12** 내가 이미 얻었다 함도 아니요 온전히 이루었다 함도 아니라 오직 내가 그리스도 예수께 잡힌 바 된 그것을 잡으려고 달려가노라 **13** 형제들아 나는 아직 내가 잡은 줄로 여기지 아니하고 오직 한 일 즉 뒤에 있는 것은 잊어버리고 앞에 있는 것을 잡으려고 **14** 푯대를 향하여 그리스도 예수 안에서 하나님이 위에서 부르신 부름의 상을 위하여 달려가노라 **15** 그러므로 누구든지 우리 온전히 이룬 자들은 이렇게 생각할지니 만일 어떤 일에 너희가 달리 생각하면 하나님이 이것도 너희에게 나타내시리라 **16** 오직 우리가 어디까지 이르렀든지 그대로 행할 것이라

올림픽의 꽃이라 불리는 마라톤 경기에서 선수들은 42.195㎞를 쉬지 않고 결승점을 향하여 달립니다. 이 코스의 길이는 엄청난 체력뿐만 아니라 강한 정신력과 결단력을 요구합니다. 우리의 신앙 여정 또한 단거리 경주가 아니라 마라톤과 같습니다. 성경은 **"인내로써 우리 앞에 당한 경주를 하며"**히 12:1라고 말합니다. 신앙생활에서도 많은 어려움과 유혹을 만납니다. 때로는 포기하고 싶은 순간도 옵니다. 하지만 마라톤 선수들처럼 끝까지 인내하며 달려가야 합니다. 목표가 정해져 있으면 그 그곳을 향하여 힘을 안배하면서 달려가야 최종 목적지에 도달할 수 있습니다. 그리고 그렇게 인내하며 완주하면, 성경은 약속합니다. **"생명의 면류관을 얻을 것이기 때문이라"**약 1:12. 우리가 어려움 속에서도 믿음을 지키고 인내해야 할 이유는 바로 최종 판단자이신 하나님으로부터 생명의 면류관을 얻게 될 것이기 때문입니다.

본문은 그 상을 바라보면서 열심히 달려간 한 사람을 소개합니다. 그가 바로 사도 바울입니다. 그는 경주와 같은 달려갈 길을 힘차게 달려가면서 어떻게 하면 그 목적지에 잘 이르게 되는지를 말씀하고 있습니다.

과거에 얽매이지 않는 삶

본문 13절에서 바울은 이렇게 말합니다. **"형제들아 나는 아직 내가 잡은 줄로 여기지 아니하고 오직 한 일 즉 뒤에 있는 것은 잊어**

버리고 앞에 있는 것을 잡으려고."

'뒤에 있는 것'의 일차적 의미는, 바울이 앞에서 언급한 세상적으로 자랑할 만한 7가지를 의미합니다. 그러나 우리의 현실적인 의미로 본다면, 과거에 내가 살던 모습들, 세상 명예와 권력과 즐거움과 자랑 속에 살던 인생, 자신의 의지와 능력과 지식과 이성과 생각을 믿고 살던 모습, 옛 세상에서 즐거웠던 일들을 말합니다. 그러나 이러한 삶은 진정한 기쁨과 가치 있는 삶을 주지 못합니다. 이는 참된 생명의 은총을 누리지 못했던 삶이며, 실상은 죄와 무지 속에서 죽음을 향해 치닫던 무가치한 삶이었습니다.

그렇습니다. 인간은 과거를 바탕으로 현재를 살고, 현재를 토대로 미래를 구성해갑니다. 인간의 삶에서 어제와 오늘과 내일은 그렇게 서로 밀접하게 연결되어 있다고 할 수 있습니다. 과거가 건실하지 못하면 현재가 부실하게 되고 결국에는 미래가 보장될 수 없습니다. 그래서 최소한 미래가 과거와 현재보다 낫기를 바란다면 과거를 잊어버리고, 지금부터라도 건강한 삶을 영위해 가야 합니다. 그래야만 좋은 내일을 꿈꿀 수 있고 보장받을 수 있습니다.

과거의 삶이 아무리 화려해도 세월이 지나고 난 후 그것이 별 의미가 없음을 깨닫게 된다면, 그것을 현재의 자랑거리로 삼아서는 안 되며, 미래를 열어가는 자산으로 여겨서도 안 됩니다.

그러므로 우리가 잊어야 하는 것은 두 가지입니다.

첫째, 내가 잘한 일, 보람되고, 뿌듯하게 여기는 것을 잊어야 합니다. 물론, 이러한 경험을 기억하는 것은 중요합니다. 어려울 때 힘이 되고, 간증이 되어 다른 사람들에게 영향을 미칠 수도 있으며, 전도할 때도 실제적인 도움이 될 수 있습니다. 그러나 그 기억만 남기고 내 마음에서는 내려놓는 것이 필요합니다.

둘째, 잊어야 하는 것은 나의 실수들, 나의 허물들입니다. 과거에 지은 죄도 마찬가지입니다. 우리는 철저한 회개를 통해 마음에서 죄를 씻어내고, 다시는 같은 죄를 짓지 않도록 결단해야 합니다. 그런데 그것도 잊어야 하는 이유는 죄책감이 우리를 주춤하게 만들고, 열정적인 삶을 살지 못하게 하기 때문입니다. 잘못에 대한 심한 죄책감은 우리의 미래를 움츠러들게 하고, 주저하게 만듭니다. 과거의 나의 허물과 죄, 실수가 떠오를 때 이미 회개한 일이라면 다시는 그런 일을 하지 않겠다고 하나님께 자복하고 돌아서야 합니다. 하나님의 용서를 확신했다면, 그 죄를 잊어야 합니다. 고백을 통해 용서받았음을 확신했다면 그 일을 잊어야 합니다. 하나님께서도 우리의 죄를 잊어버리겠다고 약속하셨기 때문입니다. 하나님은 이렇게 약속하셨습니다. **"내가 그들의 불의를 긍휼히 여기고 그들의 죄를 다시 기억하지 아니하리라 하셨느니라"** 히 8:12

사도 바울은 예수님을 만나고 난 후, 과거의 삶이 더 이상 의미와 가치가 없음을 깨닫고, 모든 것을 해로 여기며 배설물처럼 과감히 버렸습니다. 미래의 삶은 그리스도 안에 있는 것을 붙잡고 앞을 향하여 질주했습니다. 정말 멋있는 삶입니다. 대부분 사람은 현재가 화려하거나 내세울 것이 없으면 과거의 것을 자꾸만 자랑거리로 내세우는 경향이 있습니다. 과거에 얽매이는 삶은 허무할 뿐이며, 남은 생애를 멋지게 살 수 없게 만듭니다. 어떤 이가 이렇게 말했습니다. '미래를 연구하는 사람들은 희망을 연료로 삼아 전진한다.' 그렇습니다. 현재에 충실하면서, 내일의 꿈을 품고, 푯대$^{목적, 비전}$를 향하여 힘있게 전진하는 성도님들 되시길 주님의 이름으로 축복합니다.

목표를 세우고 최선을 다하는 삶

올림픽 선수들은 명확한 목표를 가지고 있습니다. 그들은 메달을 따기 위해, 그리고 자신의 최고 기록을 경신하기 위해 끊임없이 노력합니다. 이러한 뚜렷한 목표 의식이 있기에, 그들은 힘든 훈련도 견뎌낼 수 있습니다. 마찬가지로, 우리도 하나님 나라를 향해 마라톤 주자로 달려가고 있습니다. 성도에게는 달려갈 분명한 방향과 목적지가 있습니다. 그래서 사도 바울은 이렇게 고백합니다. **"푯대를 향하여... 달려가노라"**$_{빌\ 3:14.}$

'푯대'는 무엇을 의미할까요? 헬라어 스코폰^{σκοπὸν}은 '목표'를 뜻하며, 이는 결승 지점에 꽂혀 있는 깃발을 가리킵니다. 우리의 목표 지점은 물론 천국이요, 예수 그리스도이십니다. 즉, 우리가 가야 할 최종 푯대는 천국이며, 우리 안에 이루어야 할 천국, 즉 영적, 정신적, 물질적, 육체적 천국과 같은 삶의 목적은 바로 예수 그리스도이십니다. 그 푯대만이 진정한 푯대, 유일한 푯대입니다. 그 어떤 것도 온전한 푯대는 없습니다. 사람도, 지식도, 과학도, 그리고 문화도 그 어떤 것도 우리의 온전한 푯대가 될 수 없습니다. 우리에게 온전한 생명의 은총을 주지 못하고 올바른 목표가 될 수 없습니다. 오직 예수님만이, 오직 천국만이 완전한 푯대이며 영원한 푯대입니다.

성도는 신앙적으로 성장하기 위해 앞으로 계속 달려가야 합니다. 시편 119:32에서 시편 기자는 이렇게 고백합니다. **"주께서 내 마음을 넓히시면 내가 주의 계명들의 길로 달려가리이다."** 그 길로 달려가겠다고 선포합니다. 또한, 잠언 18:10에서는 이렇게 확신합니다. **"여호와의 이름은 견고한 망대라 의인은 그리로 달려가서 안전함을 얻느니라."** 이것이 성도의 삶이며 신앙을 유지하는 길입니다. 그래서 사도 바울도, 그토록 열심히 노력하고 선교 사역을 충성스럽게 감당했음에도 불구하고, 다음과 같이 고백합니다. **"나는 내가 이미 얻었다 함도 아니요 온전히 이루었다 함도 아니라 오직 내가 그리스도 예수께 잡힌 바 된 그것을 잡으려고 달려가노라"** 빌 3:12. 바울은 신앙이 균형을 갖추고 계속 성장하기 위해, 끝까지 달려가야 한다는 사실을 분명히 하고 있습니다.

그러므로 과거를 잊고, 현재에 매이지 말며, 자랑거리도, 부족한 점도, 어리석음도, 세상에서 즐기던 것들도 모두 내려놓고 주님을 향해 달려가십시오. 주님을 푯대 삼고 천국을 향해 달려갈 때, 우리는 이 땅에서 나그네처럼 살아가며, 구원의 은혜에 감격하며 살다가 마침내 영원한 천국의 안식을 누리게 될 것입니다. 그러므로 우리의 목표는 하나님과 더 깊은 관계를 맺고, 그리스도를 닮아가며, 하나님 나라를 위해 살아가는 것입니다. 이 목표를 항상 마음에 새기고 살아갈 때, 일상의 유혹과 어려움을 이겨낼 수 있습니다. 또한, 우리는 이 세상의 삶이 영원한 것이 아님을 기억해야 합니다. 고린도후서 4장 18절은 이렇게 말씀합니다. **"보이는 것은 잠깐이요 보이지 않는 것은 영원함이라."** 그러므로 잠시 있다가 사라지는 안개와 같은 유한한 삶을 위해 시간과 재물을 낭비하지 말고, 오직 영원한 삶으로 보상 받는 가치를 붙잡고 달려가는 지혜로운 성도가 되어야 할 것입니다.

영원한 소망되신 예수님

바울은 이렇게 고백합니다. **"오직 우리가 어디까지 이르렀든지 그대로 행할 것이라"** 빌 3:16. 그럼 무엇을 향해 우리가 그렇게 달려가야 합니까? 그렇다면 우리는 무엇을 향해 달려가야 합니까? 그 푯대는 앞서 말한 것처럼 예수 그리스도이십니다. 예수님을 알아가고, 닮아가며, 그분의 뜻을 행하는 것을 의미합니다. 오늘 본문 10-12절에서도 바울은 이렇게 기록합니다. "**내가 그리스도와 그 부활의 권능과 그 고난에 참여함을 알고자 하여 그의 죽으심을 본받아 어떻게 해서든지 죽은 자 가운데서 부활에 이르려 하노니 내가 이미 얻었다 함도 아니요 온전히 이루었다 함도 아니라 오직 내가 그리스도 예수께 잡힌 바 된 그것을 잡으려고 달려가노라.**" 그렇다면, 우리는 무엇을 위해 달려가야 합니까? 우리는 예수 그리스도의 부활의 능력을 깨닫고, 그것이 지금 우리에게 어떤 의미가 있는지 깊이 이해해야 합니다. 그리고 그분의 고난에 동참하며, 그의 죽으심을 본받기 위해 노력해야 합니다. 그렇게 해서 어떻게든 죽은 자 가운데서 부활에 이르고 싶다는 열망을 가져야 합니다. "**그것을 내가 이미 얻었다 함도 아니요 온전히 이루었다 함도 아니라 오직 내가 그리스도 예수께 잡힌 바 된 그것을 잡으려고 달려가노라**"빌 3:12. 쉽게 말하면, 우리는 예수님을 더 깊이 알아가며 성숙해지고, 그분의 발자취를 따라가는 삶을 살아야 한다는 것입니다. 오직 우리가 어디까지 이르렀든지 그 길을 계속 따라갑시다. 그러니 우리도 결승점까지 포기하지 말고 달려갑시다. 이 경주는 내가 숨을 거두는 그 순간까지 지속해야 할, 매우 중요한 발걸음입니다.

아기들은 첫걸음마에 성공할 때까지 대략 3,000번을 실패한다고 합니다. 만약 성인들이 무언가를 이루기 위해 3,000번 실패해야 한다면, 그 도전에 나설 사람이 거의 없을 것입니다. 그런데 아기들은 합니다. 아기들은 두 가지 공통적인 특징 덕분에 계속 도전합니다. 첫째, 아기들은 실패라고 생각하지 않습니다. 아기들에게 넘어지는 것은 걷기를 위한 노력입니다. 아기들에겐 실패라는 생각도 개념도 존재하지 않습니다 그래서 간절히 원하는 걸음마를 위해 아기들은 계속해서 노력할 뿐입니다. 그래서 다시 도전합니다.

둘째, 아기들은 고통을 두려워하지 않습니다. 걸음마에 3,000번 실패한다는 것은, 곧 3,000번 넘어지는 것을 의미합니다. 그래서 때로는 무릎이 까지고 머리도 부딪히지만, 그 고통이 두려워 걸음마를 포기하는 아기는 없습니다. 실패가 뭔지 모르기 때문에 포기할 이유도 없는 것입니다. 지금의 우리가 여기 있는 것도 그런 수천, 수만 번의 실패에도 두려워 않고 다시 도전했기 때문입니다.

그 아기가 바로 우리였습니다. 그렇게 끊임없이 도전하는 사람이 성장하며, 지금도 주님을 닮아 가고 있습니다. 예수님의 사랑이 얼마나 크신지, 그 사랑이 내게 어떻게 베풀어졌는지, 지금도 그 사랑이 내 삶 속에서 어떻게 역사하고 있는지, 그 부활의 능력이 무엇인지 더욱 깊이 깨달아야 합니다. 그리고 그리스도를 닮아가는 삶을 목표 삼아, 그리스도 예수 안에서 하나님이 위에서 부르신 그 부르심의 상을 향해 달려가는 성도가 되어야 합니다.

그러므로 오직 예수님 한 분만으로 만족하고, 기뻐하고, 그분의 품 안에서 거룩한 꿈을 꾸며, 영적인 삶에 무게를 두고 힘차게 달려가는 성도님들 되시기를 주님의 이름으로 축복합니다.

요약하면, 성도는 과거에 얽매이는 사람이 되어서는 안 됩니다. 자신의 과거를 자랑하거나, 반대로 과거의 잘못을 계속 기억하며 걸림돌로 삼아, 전진을 주저하거나 멈춰서는 안 됩니다. 과거를 과감히 내려놓고, 푯대를 향해 질주하는 마라톤 선수처럼 나아가야 합니다. 인내하면서 때로는 힘을 안배하면서 끝까지 완주해야 할 것입니다. 그렇게 할 수 있도록 예수 그리스도께서 미리 모범을 보여주셨습니다. 주님을 아는 일에 더욱 힘쓰며, 그 발자취를 따라가기 위해 최선을 다해야 합니다. 성도는 미래를 향해 나아가는 사람들, 소망이 있는 자들입니다. 앞을 향해 나에게 주어진 목표와 목적을 바라보며, 힘있게 달려가는 성숙한 믿음의 경주자가 되시기를 주님의 이름으로 축복합니다.

Chapter. 15

하늘에 있는 우리의 시민권
Our Citizenship in Heaven

빌립보서 3:17-21

17 형제들아 너희는 함께 나를 본받으라 그리고 너희가 우리를 본받은 것처럼 그와 같이 행하는 자들을 눈여겨보라 **18** 내가 여러 번 너희에게 말하였거니와 이제도 눈물을 흘리며 말하노니 여러 사람들이 그리스도의 십자가의 원수로 행하느니라 **19** 그들의 마침은 멸망이요 그들의 신은 배요 그 영광은 그들의 부끄러움에 있고 땅의 일을 생각하는 자라 **20** 그러나 우리의 시민권은 하늘에 있는지라 거기로부터 구원하는 자 곧 주 예수 그리스도를 기다리노니 **21** 그는 만물을 자기에게 복종하게 하실 수 있는 자의 역사로 우리의 낮은 몸을 자기 영광의 몸의 형체와 같이 변하게 하시리라

우리가 세상을 살아갈 때 국적은 매우 중요합니다. 국적에 따라 권리와 예우가 달라지기 때문입니다. '시민권^{citizenship}'이란 국민으로서 누릴 수 있는 최상의 특권으로, 시민권을 가진다는 것은 그 나라의 확실한 국민임을 증명하는 증명서와 같습니다. 어느 나라에서든 자유를 누리고 모든 권리를 온전히 보장받으려면, 그 나라의 시민권이 반드시 필요합니다. 신약 시대에는 사람들이 로마 시민권을 얻기 위해 노력했고, 오늘날에는 많은 사람이 미국 시민권을 얻기 위해 백방으로 노력합니다. 한때 일부 산모들이 무거운 몸을 이끌고 미국으로 건너가 원정 출산을 한 이유도 바로 이것 때문입니다. 그러나 하늘나라의 시민권은 이 세상의 어떤 시민권과도 비교할 수 없을 정도로 중요합니다. 왜냐하면, 천국 시민권이 있어야만 천국에 입국할 수 있기 때문입니다. 천국 출입국 관리소에 다다랐을 때 천국 백성임을 증명하는 것이 '천국 여권'입니다. 성도의 특권인 시민권은 천국의 입국 심사에 필수적인 것입니다.

이 세상에는 두 가지 국적에 속한 사람들이 있습니다. 하나는 세상에만 적을 두고 살아가는 자들이고, 다른 하나는 천국이 있음을 믿고 신앙을 따라 사는 자들입니다. 세상만 바라보며 살다가 죽는 사람은 자신들의 본향인 지옥에 갑니다. 그러나 천국을 믿고 믿음으로 사는 자는 죽음 이후 하나님께서 다스리는 영원한 본향에 입성하여 영생 복락을 누리며 살게 됩니다. 바울은 지옥과 천국, 이 두 국적에 대해 분명한 확신을 가지고 있었습니다. 그는 자신과 믿음의 성도들이 천국 시민권을 가진 자임을 확신하며 선포합니다. 함께 읽은 본문은 이 두 종류의 시민권을 가진 자들이 어떻게 살아가는지를 설명하고 있습니다. 즉, 하나는 하늘 시민권을 가진 자들이고, 다른 하나는 십자가의 원수로 살아가는 자들입니다.

나를 본받는 자

먼저, 바울은 본문 17절에서 뜬금없이 **"형제들아 너희는 함께 나를 본받으라 그리고 너희가 우리를 본받은 것처럼 그와 같이 행하는 자들을 눈여겨 보라"**라고 말합니다. 바울은 빌립보 교회 성도들에게 단순히 자신만이 아니라, 디모데와 에바브로디도 또한 신앙의 본보기로 삼으라고 권면합니다. 이것은 사도 바울의 교만한 자세에서 나오는 말이 아닙니다. 그 당시는 이단이 성행하였습니다. 율법주의자들의 유혹도 아주 강했습니다. 당시 빌립보에는 거짓 선지자들이 많았습니다. 이로 인해 빌립보 교회 성도들이 혼란스러워하며 많이 흔들렸습니다. 그때, 사도 바울은 나처럼 예수님의 순수한 복음을 귀하게 여기며 확신 가운데 살아가는 자신을 본받으라고 강조했습니다. 신앙적인 초보 단계를 극복하고 영적으로 성숙한 신자가 될 것을 권면하고 있습니다. 율법주의자들의 강한 유혹에도 흔들리지 말고, 세상의 기준에 휩쓸려 인간적인 조건을 자랑하는 풍조에 빠지지 말 것을 당부합니다. 그러면서 **"너희는 나를 본받는 자가 되라"**고 강하게 권면한 것입니다. 이처럼, 바울과 같은 신앙의 롤모델

*Roll Model*을 가질 수 있다는 것이 얼마나 큰 복인지 모릅니다.

사도 바울은 예수님으로 사는 인생이 가장 고상하고 귀하기에, 자신처럼 살자고 권면한 것입니다. 바울은 개종 전에 유익하고 귀하게 여겼던 모든 것을 그리스도를 위해 해로 여겼을 뿐 아니라 그리스도를 아는 지식이 가장 고상하므로 그 모든 것을 배설물로 여기고 그리스도를 얻었던 것입니다. 예수님을 믿고 사는 것이 가장 가치 있는 삶이었습니다.

그러나 바울은 경계해야 할 것이 있음을 강조합니다. 그는 자신의 가치관과 삶과는 완전히 다른 사람들에 대해 **"그와 같이 행하는 자들을 눈여겨 보라"**며 주의를 당부합니다. 이들은 빌립보서 3장 2절에서 언급된 자들입니다. **"개들을 삼가고 행악하는 자들을 삼가고 몸을 상해하는 일을 삼가라."** '개, 행악하는자 그리고 할례당'은 삼중적으로 유대주의자들에 대한 부정적 이미지를 부각한 별칭입니다. 바울은 **"삼가고, 삼가고, 삼가라"**는 강한 어조로 극도의 경계심을 가지고 그들을 조심할 것을 강하게 권면합니다. 그 이유는 바울이 전했던 예수 그리스도의 순수한 복음을 변질시켜 율법과 형식을 지켜야 구원받을 수 있다는 유대주의자들의 잘못된 교리는 허구였기 때문입니다. 그들은 순수한 복음으로만 구원받을 수 있는 것이 아니라 복음과 율법을 함께 지켜야 구원을 얻을 수 있다는 잘못된 거짓 선동을 일삼고 있었습니다. 유대교에서 개종했거나, 이방인으로 있다가 복음으로 변화되어 구원 얻는 빌립보 교인들이 이러한 잘못된 주장에 많이 흔들리고 있었습니다. 그러나 우리가 아는 바와 같이, 율법과 의식은 구원의 조건이 아니라, 이미 구원받은 자들이 지켜야 할 중요한 규례와 삶의 지침일 뿐입니다.

그러므로 순수한 복음으로 구원받고 율법을 삶의 길라잡이로 삼아 잘못된 교리를 주장하는 이단이나 율법주의자들의 주장에 흔들리거나 현혹되어서는 안 될 것입니다. 또한, 믿음의 좋은 본을 따라 살며, 자녀와 후손들, 그리고 다음 세대에게 신앙의 바른 본을 남길 수 있기를 간절히 소망합니다.

십자가의 원수로 행하는 자

바울은 이렇게 말합니다. "내가 여러 번 너희에게 말하였거니와 이제도 눈물을 흘리며 말하노니 여러사람들이 그리스도의 십자가의 원수로 행하느니라 그들의 마침은 멸망이요 그들의 신은 배요 그 영광은 그들의 부끄러움에 있고 땅의 일을 생각하는 자라" 빌 3:18-19

사도 바울은 이 땅의 것에만 집착하며 허무한 인생을 살아갈 뿐만 아니라, 다른 사람들에게까지 악영향을 미치는 자들을 떠올리며, 빌립보 교회 성도들에게 눈물로 호소하고 있습니다. 그들은 십자가와 아무런 관계가 없을 뿐만 아니라, 오히려 십자가의 원수로 살아가는 자들이었습니다. 이들의 모습은 이사야 선지자 시대의 사람들과도 매우 흡사합니다. 이사야 5:20-23에서 이렇게 경고합니다. "악을 선하다 하며 선을 악하다 하며 흑암으로 광명을 삼으며 광명으로 흑암을 삼으며 쓴 것으로 단 것을 삼으며 단 것으로 쓴 것을 삼는 자들은 화 있을진저 스스로 지혜롭다 하며 스스로 명철하다 하는 자들은 화 있을진저 포도주를 마시기에 용감하며 독주를 잘 빚는 자들은 화 있을진저 그들은 뇌물로 말미암아 악인을 의롭다 하고 의인에게서 그 공의를 빼앗는도다"

사도 바울은 십자가의 원수들이 가진 몇 가지 특징을 구체적으로 설명하고 있습니다.

첫째, **"그들의 마침은 멸망이요** Whose end is destruction**."** 그들은 악한 행위의 열매로 멸망하게 되고 하나님의 심판을 받게 된다는 것입니다.

둘째, **"그들의 신은 배요** God is their belly**."** 이들에 대한 표현 중 아주 독특한 것입니다. 배는 육체적인 배를 의미합니다. 즉 내가 먹고 싶고, 바라고, 가지고 싶어 하는 탐욕을 표현한 말입니다. '돈만 벌게 해 준다면 거짓말도 할 수 있다.' '높은 자리에 오를 수만 있다면 불법도 마다하지 않는다.' '자존심을 세워줄 수만 있다면 무엇이든 할 수 있다.' 이런 식입니다. 그들에게는 그것이 곧 하나님이 된 것입니다.

이들은 예수님의 진리의 길, 선한 길을 부정하고 자신이 만들고 싶은 신앙생활, 자신이 규정짓는 하나님과의 관계로 예수님을 변질시키는 자들입니다. 그들은 자신들의 행위가 얼마나 부끄러운지조차 깨닫지 못한 채, 오히려 그것을 자랑스럽게 여깁니다. 땅의 욕망에만 사로잡혀 하늘을 바라보지 못하며, 육체적 욕망을 신처럼 숭배하며 살아가는 자들입니다. 그들은 자신의 몸이 하나님의 성전인 줄 전혀 모르고 자신들의 육욕을 신처럼 숭배하는 자들이란 말입니다.

　　셋째, **"그 영광은 그들의 부끄러움에 있고**_whose glory is in their shame_**."** 그들은 마땅히 부끄러워해야 할 일을 오히려 영광스럽게 여기며 자랑합니다. 탐욕에 따라 방종하는 자들로서 그 영광이 저희의 부끄러움에 있습니다. 그들은 마땅히 부끄러워해야 할 일에 대해서도 오히려 영광스럽게 생각하고 자랑한다는 뜻입니다.

　　마지막으로 **"땅의 일을 생각하는 자라**_who mind earthly things_**."** 그들은 육체의 일과 탐욕에 사로잡혀 세상의 일에만 몰두합니다. 더구나 그들의 생각은 땅에 있습니다. 그래서 바울은 그들을 "땅의 일을 생각하는 자들"이라고 말합니다. 그들은 하늘의 가치가 아닌, 오직 땅의 가치관대로 살아가는 사람들입니다.

　　성경은 두 가지 생각에 대해 말씀하고 있습니다. **"위의 것을 생각하라, 그리고 땅의 것을 생각하지 말라"** 고 권면하고 있습니다. 위의 것에 속하는 생각과 땅의 것에 속하는 생각이 있습니다. 믿는 사람들은 위의 것을 생각하고, 땅의 것을 생각하지 말라고 권면을 받았습니다. 오늘의 말씀에서도 땅의 것을 생각하지 말라고 경고하고 있습니다. **"그러므로 너희가 그리스도와 함께 다시 살리심을 받았**

으면 위의 것을 찾으라 거기는 그리스도께서 하나님 우편에 앉아 계시느니라 위의 것을 생각하고 땅의 것을 생각하지 말라 이는 너희가 죽었고 너희 생명이 그리스도와 함께 하나님 안에 감추어졌음이라"골 3:1-3.

하나님을 섬긴다고 하면서도 성경 중심의 삶을 사느냐 아니면 자기 소욕을 따라 사느냐에 삶의 방향과 목적이 완전히 달라지고 생애의 결과도 완전히 다르게 나타납니다. 하나님 중심, 말씀 중심으로 살아야 하며, 탐욕과 자기 중심의 삶을 살면 모든 것이 허사로 끝나고 맙니다. 교회, 믿음, 하나님을 말하면서도 자아 중심의 종교 생활에서 머무르면 안 됩니다. 하나님 중심, 성경 중심, 그리고 교회 중심의 삶을 살아야만 진정 가치 있는 인생을 살 수 있음을 믿으시기 바랍니다. 세상의 것에 집착하는 불행한 인생이 아니라, 성경적 가치관에 따라 묵묵히 살아가는 믿음의 사람들 되시기를 주님의 이름으로 축복합니다.

하늘에 있는 시민권

본문 20절에 바울은 **"그러나 우리의 시민권은 하늘에 있는지라 거기로부터 구원하는 자 곧 주 예수 그리스도를 기다리노니"**라고 확신에 찬 말씀을 전하고 있습니다.

오직 우리의 '시민권폴리테우마. πολίτευμα'은 하늘에 있습니다빌 2:20. 바울과 성도들은 시민권이 하늘에 있다는 확신을 가지고 이 말씀을 전합니다. 바울은 소아시아, 현재의 튀르키예에 있는 길리기아 다소에서 태어나 자랐습니다. 그러면서도 로마 시민권을 가지고 있었습니다. 바울은 유대인으로서 이스라엘 백성의 일원이었지만, 아버지 덕분에 로마 시민권을 획득했습니다. 이 시민권 덕분에 바울은 로마 제국의 재판을 받을 때 로마 황제에게 권한을 요청할 수 있었습니다. 그 특권 때문에 바울은 유대인들의 강압을 피해서 안전하게 로마에 도착할 수 있었습니다.

바울은 이러한 시민권의 혜택과 유익을 빌립보 교인들에게 말해주고 있습니다. 이 말에는 어떤 깊은 의미가 담겨 있을까요?

첫째, 그들은 자신의 시민권이나 본국이 하늘이라는 사실을 깨달아야 했습니다. 그들을 태어나게 한 것은 위로부터였습니다. 그들은 위에서 난 자들이기 때문입니다. 또한, 그들의 이름은 하늘의 호적, 곧 생명책에 기록되어 있습니다.

둘째, 그들의 생활은 하늘과 하늘의 기준에 의해서 지배를 받습니다. 하나님의 통치를 받고 살아야 합니다. 그들의 권리는 하늘에 보장되어 있으며, 그들은 천국에 관심을 두고 살아야 합니다. 하늘의 일을 생각하며, 하늘을 향해 기도하고, 하늘에 소망을 두어야 합니다. 그들과 교제를 나누었던 친구들은 지금 하늘에 있으며 하늘의 시민권을 가진 그들 자신도 현재는 지상에 머물고 있지만, 곧 머지않아 앞서간 성도들의 뒤를 따라 하늘 본국에 갈 것입니다.

셋째, 이 땅은 잠시 머물다 갈 곳이기에 성도는 거류민^{resident}입니다. 히브리서 기자는 천국이 더 나은 본향이라고 말하면서, 성도는 이 땅 위에서의 삶이 외국인, 나그네, 행인과 같다고 표현했습니다 히 11:13-16; 벧전 2:11.

"이 사람들은 다 믿음을 따라 죽었으며 약속을 받지 못하였으되 그것들은 멀리서 보고 환영하며 또 땅에서는 외국인과 나그네임을 증언하였으니 그들이 이같이 말하는 것은 자기들이 본향 찾는 자임을 나타냄이라 그들이 나온 바 본향을 생각하였더라면 돌아갈 기회가 있었으려니와 그들이 이제는 더 나은 본향을 사모하니 곧 하늘에 있는 것이라 이러므로 하나님이 그들의 하나님이라 일컬음 받으심을 부끄러워하지 아니하시고 그들을 위하여 한 성을 예비하셨느니라" 히 11:13-16.

"사랑하는 자들아 거류민과 나그네 같은 너희를 권하노니 영혼을 거슬러 싸우는 육체의 정욕을 제어하라 너희가 이방인 중에서 행실을 선하게 가져 너희를 악행한다고 비방하는 자들로 하여금 너희 선한 일을 보고 오시는 날에 하나님께 영광을 돌리게 하려 함이라" 벧전 2:11-12.

넷째, 천국에는 성도들을 위한 상급과 유업이 기다리고 있습니다. 그들을 위하여 하늘 저택이 준비되어 있습니다. 다 준비되면 성도들을 데리러 하늘로부터 주님께서 오실 것입니다요 14:1-4. 스펄전 목사의 설교집에 등장하는 일화에 따르면, 한 목사님이 구제 기부금을 모으기 위해 부자 상인을 찾아갔습니다. 기부 목적과 금액을 이야기했는데, 상인은 선뜻 50파운드 수표를 주었습니다. 동시에 상인은 급한 편지를 받고 잠깐 기다리라고 하고는 편지를 열어 보니 자기가 소유한 배가 파손되어 수리비로 600파운드가 든다는 내용이었습니다. 자기가 금방 기부금으로 받은 수표를 회수하지 않을까 걱정하고 있는데 아나 다를까 그것을 달라고 해서 겁이 덜컥 났습니다. 수표를 주었더니 그 수표의 금액을 500파운드로 고쳐서 주면서 금액을 500파운드로 고쳐 주며 이렇게 말했습니다.

"내 재산이 빠르게 줄어들고 있으니, 하늘에 보화를 많이 쌓아야 한다."

우리의 시민권은 믿음으로 얻는 하나님의 선물인 보증수표입니다. 이 믿음을 통해 우리는 하늘 보좌에 계신 주님 앞에 설 때, 자신이 어떤 존재인지를 분명히 깨닫게 됩니다. 그러므로 우리는 하늘에 속한 자로 천국을 바라보며 살아야 합니다. 그곳으로부터 흘러나오는 하늘로부터 임하는 것들을 받아서 소망 가운데 살아가야 할 것입니다. 예수님을 기다리고 그 은혜를 기다리면서 말입니다. 성도는 천국을 소망만 하는 것이 아니라, 하나님 나라 시민권을 가진 자답게 당당하게 자부심을 품고 살아야 합니다.

하나님의 자녀로서의 자각이 있는 사람은 구원자이신 예수 그리스도를 기다리며 살 수 있습니다. 하지만 만약 이 자각이 없다면, 성도로서 올곧고 향기로운 삶을 살아갈 수 없습니다. 우리가 위를 바라보고 십자가의 은혜를 잊지 않고 살 때, 내가 천국 시민권을 가진 하나님의 자녀라는 자긍심을 가지고 담대하게 살아갈 수 있습니다.

본문 21절은 **"그는 만물을 자기에게 복종하게 하실 수 있는 자의 역사로 우리의 낮은 몸을 자기 영광의 몸의 형체와 같이 변하게 하시리라"**고 말씀하며, 예수님의 능력을 강조하고 있습니다. 하나님 나라에는 만물을 새 하늘, 새 땅, 새 사람으로 변화시킬 수 있는 성부 하나님과 예수 그리스도, 성령 하나님이 계십니다. 하나님께서는 우리의 연약하고 쉽게 부서지고 깨어지고 병들고 죽은 육체를 예수님의 부활 후 영광스러운 영체로 바꾸어 영원토록 살 수 있도록 해 주실 것입니다. 이것이 성도의 확고한 소망입니다. 사도 바울은 종말에 대해 이렇게 말합니다. **"우리 생명이신 그리스도께서 나타나실 그 때에 너희도 그와 함께 영광중에 나타나리라"** 골 3:4. 그리스도께서 재림하시는 날, 모든 그리스도인은 영광스럽게 변화될 것입니다. 죽은 자는 영화로운 몸으로 부활하고, 살아 있는 자는 영화로운 모습으로 변화됩니다. 고린도전서 15:51-53에 이렇게 기록되어 있습니다. "보라 내가 너희에게 비밀을 말하노니 우리가 다 잠잘 것이 아니요 마지막 나팔에 순식간에 홀연히 다 변화되리니 나팔 소리가 나매 죽은 자들이 썩지 아니할 것으로 다시 살아나고 우리도 변화되리라 이 썩을 것이 반드시 썩지 아니할 것을 입겠고 이 죽을 것이 죽지 아니함을 입으리로다." 그동안 하나님 안에 감추어져 있던 우리의 생명이 그리스도의 영광과 함께 나타나게 되며, 모든 사람이 이 장엄한 광경을 목격하게 될 것입니다. 그리스도께서 재림하시는 날, 그리스도로 말미암아 생명을 얻은 자들에게는 영광의 날이 될 것입니다. 반면에, 세상 사는 동안 복음을 받아들이지 않고 그리스도를 거부한 자들에게는 심판의 날이 될 것입니다. 그러므로 우리의 낮은 몸이 영광의 몸으로 변화될 그 영광의 날을 바라보며, 그 날을 고대하며 오늘을 힘있게 살아갈 수 있기를 주님의 이름으로 축복합니다.

결론적으로, 우리는 믿음의 선진들을 본받아야 하며, 악인들을 부러워하거나 추종해서는 안 됩니다. 그들은 말이 아니라 행동을 통해 쉽게 알 수 있습니다. 악한 자들은 그리스도의 십자가의 원수로 행하는 자들입니다. 자기 욕심과 탐욕을 따라서 결국 자기 배를 신으로 삼는 어리석은 자들입니다. 예수님보다 자기의 유익을 더 챙기는 사람들을 주의 깊게 살펴야 합니다. 그것은 지혜와 분별력으로 가려내는 일입니다. 그리고 우리는 우리의 시민권이 하늘에 있다는 것을 늘 기억하며, 위의 것을 찾고 바라보며, 소망을 하나님께 두고 살아야 합니다. 그렇게 사는 사람에게는 이 세상에서 영광스러운 변화를 경험하며 살게 되고, 천국의 영원한 삶이 보장될 것입니다.

Chapter. 16

주 안에 서서 기뻐하라
Stand Fast and Rejoice in the Lord

빌립보서 4:1-5

1 그러므로 나의 사랑하고 사모하는 형제들, 나의 기쁨이요 면류관인 사랑하는 자들아 이와 같이 주 안에 서라 **2** 내가 유오디아를 권하고 순두게를 권하노니 주 안에서 같은 마음을 품으라 **3** 또 참으로 나와 멍에를 같이한 네게 구하노니 복음에 나와 함께 힘쓰던 저 여인들을 돕고 또한 글레멘드와 그 외에 나의 동역자들을 도우라 그 이름들이 생명책에 있느니라 **4** 주 안에서 항상 기뻐하라 내가 다시 말하노니 기뻐하라 **5** 너희 관용을 모든 사람에게 알게 하라 주께서 가까우시니라

교회 안에서 은혜가 메마르면 종종 시끄러운 잡음이 들리는 것을 경험할 수 있습니다. 이는 교회뿐만 아니라 가정이나 내가 속한 조직에서도 마찬가지입니다. 이러한 일이 발생하는 중심에는 사람들이 있으며, 서로의 의견 차이와 생각, 그리고 추구하는 방향이 달라서 불화가 생깁니다. 이러한 갈등과 불화를 잠재우고 화평과 기쁨의 공동체가 되기 위해서는 모든 사람이 본질, 즉 주님 안에서 말씀에 따라 사는 삶에 충실해야 합니다. 자기의 것을 내려놓고, 자기의 주장이나 아집을 고집하지 말고, 하나님께서 주신 본심, 즉 예수님의 마음을 가져야 합니다. 그 마음을 가지고 모든 생활에 임할 때, 의견 충돌 없이 기쁨이 충만한 공동체가 될 수 있습니다. 또한, 서로를 이해하고 배려하는 관용의 공동체가 될 것입니다.

오늘 본문에서 바울은 빌립보 교회 안에 존재했던 갈등과 불협화음에 대해 무엇이라고 말하며, 그에 대한 해답을 어떻게 제시하고 있는지 함께 살펴보고자 합니다.

목회자와 성도의 아름다운 관계 유지

사도 바울은 본문 1절에서 빌립보 성도들을 향한 깊은 애정을 표현하며, 그들을 **"나의 사랑하고 사모하는 형제들, 나의 기쁨이요 면류관인 사랑하는 자들"** 이라고 말하면서 주님 안에서 굳건히 설 것을 권면하고 있습니다.

"**나의 사랑하고 사모하는 형제자매들**"이라고 부른 것은 빌립보 성도들을 다시 만나기를 원하는 바울의 간절한 소망을 나타내는 애정 어린 호칭입니다.

"**나의 기쁨이요 면류관인 사랑하는 자들아**"라고 표현한 것은 빌립보 성도들을 향한 바울의 진심 어린 사랑을 나타내는 말씀입니다. 여기서 '면류관$^{스테파노스, στέφανος}$'은 당시 운동 경기에서 승리한 자의 머리에 씌워주던 것으로, 바울이 빌립보 교인들을 그의 면류관이라고 부른 것은, 장차 그리스도의 재림 날에 빌립보 교인들이 승리하여 받을 상급이 그의 복음 사역이 헛되지 않았음을 증명할 열매와 자랑이 될 것이라는 확신을 담고 있습니다$^{고전\ 9:2;\ 15:58;\ 살전\ 2:19,20;\ 3:9}$. 이는 지금도 그 영광에 가득 차 있음을 입증하는 말씀입니다.

"**이와 같이 주 안에 서라**$^{so\ stand\ fast\ in\ the\ Lord}$"는 성도들 간에 견고하게 하나가 되어야 한다는 권면의 표현입니다. 여기서 '이와 같이$^{후토스,\ οὕτως}$'는 빌립보 교인들이 지금까지 바울의 가르침을 따라 믿음이 흔들리지 않고 굳게 서 온 것을 의미합니다$^{Calvin,\ Bengel}$. '서라'에 해당하는 헬라어 '스테케테^{στήκετε}'는 '서다'라는 의미를 가진 '스테코^{στήκω}'의 현재 능동태 명령법으로, '굳게 서라'는 의미를 가집니다. 이는 병사들이 전쟁에 임하는 태도를 묘사할 때 사용된 표현입니다. 결국 바울은 빌립보 성도들이 교회 내에 침투한 거짓 교사들의 유혹에도 불구하고, 지금까지 살아계신 그리스도와의 연합된 삶과 말씀의 진리에 굳게 서 온 대로 계속해서 진리 위에 견고히 서기를 권면하고 있는 것입니다. 진리를 왜곡하거나 부정하며 변절하는 것은 자기 스스로 무덤을 파는 것과 같기 때문에, 지금까지 믿고 살아온 대로 성숙해 나가는 것이 성도의 마땅한 태도이자 믿음입니다. 그렇게 함으로 나중에 스테파노스를 받아 함께 영광을 누리고, 마지막 골인 지점에서 주님으로부터 칭찬받을 것입니다.

목회자와 성도의 아름다운 관계는 가르침을 받은 대로 굳게 서서 진리를 따라 살아가는 것인데 그렇게 할 때 하나님 앞에서 서로의 기쁨이요 사역자에게는 영광의 면류관이 되는 것입니다.

주 안에서 한마음

본문 2절에서 바울은 **"주 안에서 한 마음을 품으라"**고 말씀하고 있습니다. 2장을 강해할 때 말씀드린 것처럼, 우리는 마음을 같이 하여 같은 사랑을 가지고 뜻을 합하며 한 마음을 품어야 합니다. 바울은 2:2에서 **"마음을 같이하여 같은 사랑을 가지고 뜻을 합하며 한마음을 품어"**라고 하며, 하나 된 기쁨의 공동체가 되어야 할 것을 말씀하고 있습니다.

바울은 여기서 유오디아와 순두게의 이름을 직접 언급하며 구체적인 충고를 하고 있습니다2,3절. 이는 바울의 직설적이고 솔직한 성격을 보여주지만, 그들을 질책하려는 것이 아니라, 교회를 위한 그들의 과거 공헌을 인정하며 주 안에서 한마음을 품으라고 부드럽게 권면하는 것입니다. 바울의 이러한 접근 방식은 그들을 정죄하려는 것이 아니라, 오히려 복음을 위해 다시 화합하도록 이끄는 데 목적이 있음을 보여줍니다. 이처럼 교회 지도자들은 교회가 불완전한 존재들이 모인 공동체이니만큼 문제가 없을 수 없음을 직시하고, 문제가 발생했을 때는 정죄하기보다는 문제 해결을 통해 그것을 오히려 성도들이 성숙한 신앙으로 진일보할 수 있는 계기로 삼아야 합니다.

빌립보 교회 안에 두 여성은 분명 충성된 일꾼이었을 것입니다. 그러나 같은 공동체를 섬기면서 의견 충돌이 있었고, 그들의 다툼은 개인적인 갈등에 그치지 않고 교회 전체에 악영향을 미치며 분쟁의 원인이 되었습니다. 이는 단순히 개인의 문제가 아니라 공동체 전체의 기쁨을 빼앗아가는 요인이 되었습니다. 이 소식을 들은 사도 바울은 교회가 평안과 기쁨을 잃어버린 상황을 염려하며, 그들에게 **"주 안에서 같은 마음을 품으라"**고 권면합니다.

주 안에서 같은 마음, 한마음이 되지 않으면 의견 충돌로 인해 갈등이 생기고, 결국 교회 안에 서로 다른 파벌이 형성될 수 있습니다. 인간적인 뜻으로 같은 마음을 품으면 분명히 분쟁이 일어나고, 공동체는 큰 후유증으로 몸살을 앓게 됩니다. 바울은 빌립보 교회의 불화 원인이 된 두 여인에게 그리스도 안에서 주님의 낮아지심을 본받아 사랑과 겸손으로 하나 될 것을 권면합니다. 성도가 진정으로 하나 될 수 있는 길은 오직 주 안에 거하는 신앙뿐입니다빌 2:2-5. **"너희 안에 이 마음을 품으라 곧 그리스도 예수의 마음이니"**2:5. 그리스도의 마음이란 온유하고 겸손한 마음, 그리고 남을 나보다 낫게 여기는 성품입니다.

그러므로 교회는 주님의 마음을 품을 때 한뜻으로 하나 될 수 있습니다. 목회자의 생각도, 장로님과 집사님, 권사님의 생각도 주님의 뜻에 집중될 때, 한마음으로 교회를 평강으로 이끌고, 그 교회는 기쁨이 충만한 공동체가 될 것입니다. 믿음의 동역자를 힘껏 도우십시오. 본문 3절에서 바울은 이렇게 말합니다. **"또 참으로 나와 멍에를 같이한 네게 구하노니 복음에 나와 함께 힘쓰던 저 여인들을 돕고 또한 글레멘드와 그 외에 나의 동역자들을 도우라 그 이름들이 생명책에 있느니라."** 바울은 빌립보 교회의 한 지도자에게 두 여인이 화해할 수 있도록 돕기를 요청하고 있습니다.

복음 사역에 함께 힘썼던 부녀들은 유오디아와 순두게를 가리킵니다. 비록 현재는 불화로 인해 교회의 분열을 초래하고 있지만, 바울은 그들의 갈등의 구체적인 내용을 언급하지 않고 복음을 위해 다시 하나가 될 것을 암묵적으로 촉구하고 있습니다. 또한, 바울은 **"글레멘드와 그 외에 나의 동역자들을 도우라"**고 권면합니다. 여기서 '글레멘드클레멘스'가 누구인지 구체적으로 알 수는 없지만, 사도 바울과 긴밀한 관계를 맺고 복음 사역에 헌신했던 인물로 추측할 수 있습니다. 바울은 교회의 연합과 조화를 위해 서로를 돕고 격려할 것을 강조하고 있습니다.

"그 이름들이 생명책에 있느니라"라는 말씀은, 비록 서로 다툼과 어려움을 겪고 있는 성도들이지만 그들이 하나님 나라의 백성임을 증언하는 구절입니다. 이는 성도들 간의 하나될 것을 강조하는 의미를 담고 있습니다. 한편 '생명책비블로 조에스, βίβλῳ ζωῆς'이라는 표현은 요한계시록을 제외하고 신약에서 유일하게 등장하는 표현입니다. 생명책은 하나님께서 죄인들 가운데서 구원해 주시기로 예정하고 선택한 사람들의 이름을 기록한 책입니다.출 32:32; 삼상 25:29; 시 69:28; 139:15; 눅 10:20; 계 3:5; 21:27. 이는 성도들의 천국 시민으로서의 '구원호적서'와 같은 책입니다. 이 책에 기록된 자들만이 천국에 들어가 영생 복락을 누리게 될 것입니다.

주 안에서 항상 기뻐함

본문 4절에서 바울은 **"주 안에서 항상 기뻐하라 내가 다시 말하노니 기뻐하라"**고 명령하고 있습니다. 이 기쁨은 빌립보서의 주제입니다. 바울은 빌립보서 여러 곳에서 자신의 기쁨을 전하고 있습니다. "너희 무리를 위하여 기쁨으로 항상 간구함은"1:4, "이로써 나는 기뻐하고 또한 기뻐하리라"1:18, "나는 기뻐하고 너희 무리와 함께 기뻐하리니 이와 같이 너희도 기뻐하고 나와 함께 기뻐하라"2:17,18, "이러므로 너희가 주 안에서 모든 기쁨으로 그를 영접하고 또 이와 같은 자들을 존귀히 여기라"**2:29**, "끝으로 나의 형제들아 주 안에서 기뻐하라 너희에게 같은 말을 쓰는 것이 내게는 수고로움이 없고 너희에게는 안전하니라"**3:1**, "나의 기쁨이요 면류관인 사랑하는 자들아 이와 같이 주 안에 서라"**4:1**. 이러한 기쁨은 거룩한 기쁨이며, 구별된 기쁨입니다. 세상의 그 누구도 무엇도 줄 수 없는 기쁨입니다. 이 기쁨은 일시적인 감정이나 환경에 의해 좌우되는 것이 아닙니다. 오직 그리스도인의 기쁨이며 주 안에서의 기쁨입니다.

바울에게 그리스도는 삶의 모든 것이며 삶의 의미이고 목적이었기 때문에 그는 어떤 조건과 상황 속에서도 영혼에서부터, 마음 깊은 곳에서부터 터져 나오는 기쁨을 누릴 수 있었습니다. 환경은 때때로 심각한 고난과 시련을 가져다주기도 합니다. 바울의 마음은 이런 것들로부터 온전히 자유롭지는 못했습니다. 그렇다고 해서 환경이 바울의 심령을 지배하지 못했습니다. 어떤 상황에서도 바울 안에 계신 그리스도께서 그에게 기쁨을 주셨기 때문입니다. "근심하는 자 같으나 항상 기뻐하고"**고후 6:10**. 다윗도 같은 기쁨을 노래합니다. "주께서 내 마음에 두신 기쁨은 그들의 곡식과 새 포도주가 풍성할 때보다 더하니이다"**시 4:7**. 시편 4편은 다윗이 그 아들 압살롬을 피할 때에 지은 시입니다. 그 상황에서 다윗은 평안과 기쁨을 누리고 있습니다. 그 이유는 하나님께서 주시는 참된 기쁨이 그의 심령을 채우고 있었기 때문입니다.

이러한 기쁨은 저절로 나타나는 것이 아닙니다. 그리스도인이

"항상 기뻐하라"는 말씀대로 주 안에서 기뻐하기 위하여 적극적으로 순종하고자 할 때 누릴 수 있는 것입니다.

모든 성도는 항상 기뻐해야 하며, 또한 기뻐할 수 있습니다. 그 이유는 다음과 같습니다.

첫째, 모든 성도는 예수 그리스도의 대속 사역을 통해 구원을 받아, 과거의 죄로 인해 영원히 죽을 수밖에 없던 자리에서 영생의 자리로 옮겨진 자들입니다롬 6:23. 우리는 하나님의 구속救贖과 은혜로운 구원을 입었으며, 아무런 공로 없이도 영원한 새 생명을 얻었습니다. 그러므로 우리는 항상 기뻐할 이유가 있으며, 기뻐할 수 있습니다.

둘째, 우리의 죄를 대속하신 그리스도께서는 우리를 홀로 두지 않으시고, 보혜사保惠師 성령을 보내주셔서 세상 끝날까지 우리를 지키고 보호하시도록 하셨습니다요 14:16. 따라서 우리는 하나님께서 주신 구원이 확고하며 변함없음을 확신할 수 있습니다. 이 믿음 안에서, 어떠한 형편에서도 항상 기뻐할 수 있습니다.

셋째, 그리스도를 믿는다는 이유 하나만으로 성도들은 이 세상에서 핍박을 받을 수 있습니다요 15:18,19. 그러나 이러한 고난은 장차 하나님 나라에서 누리게 될 영광과 비교할 수 없는 것입니다롬 8:18. 따라서, 비록 우리가 어려운 상황에 처할지라도, 이 땅에서의 고난은 잠시일 뿐이며, 이후에는 하늘의 영광이 우리를 기다리고 있음을 기억해야 합니다. 이 확신 속에서 우리는 환난 중에도 인내하며,

소망 가운데 기뻐할 수 있습니다 롬 12:12.

　이처럼 모든 성도는 비록 이 땅에서의 삶이 힘들고 고통스러운 것일지라도 낙심하지 아니하고 항상 기뻐하며 살 수 있습니다. 성도는 환난 중에도 즐거워할 수 있습니다. **"이는 환난은 인내를, 인내는 연단을, 연단은 소망을 이루는 줄"** 알고 있기 때문입니다. 비록 큰 환난을 겪을지라도 하나님의 백성은 거룩한 기쁨을 가져야만 하는 것입니다. 삶의 소망과 목적을 육체에 두지 않고 그 나라와 의에 둔 사람이 갖게 되는 구별된 기쁨입니다. **"내 형제들아 너희가 여러 가지 시험을 만나거든 온전히 기쁘게 여기라"** 약 1:2. 주님 안에서 누리는 기쁨은 그 어떤 사람이나 환경이나 조건도 빼앗을 수 없기에 성경은 항상 기뻐하라고 말씀하시고 주안에서 기뻐하고 다시 기뻐하라고 명령하시는 것입니다.

　하박국 선지자의 고백을 들어 봅시다. **"비록 무화과나무가 무성하지 못하며 포도나무에 열매가 없으며 감람나무에 소출이 없으며 밭에 먹을 것이 없으며 우리에 양이 없으며 외양간에 소가 없을지라도 나는 여호와로 말미암아 즐거워하며 나의 구원의 하나님으로 말미암아 기뻐하리로다"** 합 3:17-18. 이 기쁨으로 모든 환경을 초월하고 그 어떤 일에도 기쁨을 잃지 않고 승리하는 주의 백성들 되시기를 간절히 축복합니다.

관용을 모든 사람에게 알게 함

본문 5절에서 바울은 **"너희 관용을 모든 사람에게 알게 하라. 주께서 가까우시니라"** 라고 말씀하고 있습니다. 여기에서 '관용'은 헬라어 에피에이케스^{ἐπιεικής}라는 단어로, 다양한 의미를 지닙니다. '양보하다, 점잖다, 합리적이다, 관대하다, 온건하다, 참을성이 있다' 등의 뜻을 내포하고 있습니다. 그것은 내 권리를 기꺼이 양보하면서 다른 사람에게 친절과 사랑을 베푸는 것을 의미합니다. 정당성, 마땅히 행할 것, 그것은 누구나 사회인으로 해야 할 일입니다. 그러나 복음적인 그리스도인들은 그 이상의 것을 실천해야 합니다. 그것이 '관용'입니다. 어떤 것이 사실^{fact}이지만 그 사실 너머에 있는 의도와 핵심을 파악하고 이해하고 행동하는 것이 바로 관용의 미덕입니다.

오늘날 우리 사회는 사소한 문제에도 지나치게 민감하게 반응하며, 시시비비를 가리고 격하게 분노하는 경향이 있습니다. 그러나 관용이란 단순히 옳고 그름을 따지는 것만이 아니라, 불필요한 갈등을 피하고 상대를 배려하는 태도를 의미합니다. 그리스도인이 지나치게 까칠하게 행동하면, 그로 인해 주님의 이름이 오히려 욕을 먹을 수 있으며, 복음 전파에도 걸림돌이 될 수 있습니다.

성도들은 각자의 생활환경, 직장, 소득, 가정, 그리고 가문의 배경이 모두 다릅니다. 같은 점보다 다른 점이 더 많습니다. 그런데도 사사건건 서로를 비교하고, 자신의 의견과 입장만을 고집한다면 어떻게 되겠습니까? 하루도 평안할 날이 없을 것입니다. 특히 교회를 세워가는 과정에서 모든 성도가 반드시 지녀야 할 중요한 덕목이 바로 '관용'입니다. 서로의 차이를 인정하고 배려하는 마음을 가질 때, 교회 공동체는 더욱 조화롭고 성숙한 공동체로 성장할 수 있습니다.

본문에서 사도 바울이 빌립보 교회 성도들에게 **"관용을 모든 사람에게 알게 하라"**고 권면한 것은, 앞서 언급한 유오디아와 순두게의 분열로 인해 발생한 갈등을 용서하고 화해하라는 뜻으로 볼 수 있습니다. 교회 안에서 분파를 조성하고 어려움을 일으킨 이들의 잘못을 용서함으로써, 주님께서 교회 공동체 안에 살아 계심을 다시금 기억하게 하려는 것입니다. 예수님께서 우리를 용서해 주신 것을 생각하면 형제가 아무리 큰 잘못을 해도 용서하지 못할 것이 없을 것입니다. 까칠함과 옹졸한 마음을 버리고, 관용으로 모든 사람을 품을 수 있는 성숙한 그리스도인 되시길 주님의 이름으로 축복합니다.

결론적으로, 사도 바울은 교회 내의 문제를 해결하기 위해 먼저 교회 구성원들이 얼마나 소중하고 귀한 존재인지 상기시키며 칭찬하는 모습을 보여줍니다. 우리는 이러한 바울의 접근 방식을 배워야 합니다. 그다음으로, 불화의 원인이 된 두 여성에게 예수님의 마음을 품고 한뜻으로 주 안에서 같은 마음을 품을 것을 권면합니다. 주님의 마음을 품지 않고는 같은 생각, 같은 마음, 같은 목적과 방향을 공유하며 나아갈 수 없습니다. 모든 조직과 공동체를 하나로 묶어

주는 가장 강력한 접착제는 예수 그리스도입니다. 우리가 예수님의 마음을 가질 때, 하나가 되어 연합할 수 있으며, 서로를 도울 수 있는 동역자가 될 수 있습니다. 그러한 가운데 진정한 기쁨을 누릴 수 있으며, 서로를 용서하는 아름다운 공동체를 세워갈 수 있습니다.

오늘 말씀의 핵심은, 어려운 상황 속에서도 마음이 갈라지지 않고 하나 되어 서로 돕고 협력해야 한다는 것입니다. 그렇게 할 때 기쁨이 넘치고, 서로를 용서하는 성숙한 신앙을 보여줄 수 있습니다.

Chapter. 17

기도와 간구로 하나님께 아뢰라
Let Your Prayer be Made Known unto God

빌립보서 4:6-7

6 아무것도 염려하지 말고 다만 모든 일에 기도와 간구로, 너희 구할 것을 감사함으로 하나님께 아뢰라 **7** 그리하면 모든 지각에 뛰어난 하나님의 평강이 그리스도 예수 안에서 너희 마음과 생각을 지키시리라

우리는 일상에서 기도하기보다 염려하고 걱정과 근심에 사로잡히기 쉽습니다. 기도의 중요성을 알면서도, 마음속에서 일어나는 불안과 걱정으로 인해 쉽게 흔들릴 때가 많습니다. 이러한 우리에게 하나님께서는 염려보다 기도에 힘쓸 것을 종용하고 있습니다. 쉬지 말고 기도해야 함을 알면서도, 현실의 문제 앞에서 염려하고 걱정에 사로잡히는 일이 많습니다. 그러나 기도는 우리의 마음속에 자리 잡은 염려와 근심을 사라지게 하는 최고의 처방전입니다.

그래서 사도 바울은 염려와 걱정, 근심과 불안을 떨쳐 버리고 평온한 마음을 가지고 살아가도록 하나님께 기도와 간구로 감사하면서 아뢸 때 우리의 마음과 생각을 평안으로 지켜주실 것이라는 권면의 말씀을 하고 있습니다.

아무것도 염려하지 말라

본문 6절 초반부에서 바울은 **"아무것도 염려하지 말라"**고 말씀합니다. 이는 우리가 얼마나 많은 염려 속에 살아가고 있는지를 보여줍니다. 사람들의 삶은 염려로 가득 차 있다고 해도 과언이 아닙니다.

여기서 '염려'라는 단어는 헬라어 '메림나테^{μεριμνᾶτε}'이며, 영어로는 anxious로 번역됩니다. 이 단어의 의미는 '여러 방향으로 끌려가다$^{\text{To be pulled in different directions}}$'입니다. 우리의 소망은 한 방향으로 이끌어

가지만, 두려움은 정반대 방향으로 끌어갑니다. 마치 목적지를 향해 순조롭게 나아가면 별다른 걱정 없이 도착할 수 있지만, 길이 헷갈리기 시작하면 불안과 초조함이 몰려오는 것과 같은 원리입니다.

또한, '염려'와 '걱정'의 영어 어원은 '목을 죄다'라는 의미를 담고 있습니다. 이는 염려와 걱정이 마치 사람의 숨통을 조이는 것과 같다는 점을 시사합니다. 염려는 단순한 정신적 부담을 넘어 걱정, 초조함, 불필요한 관심을 뜻하며, 이는 신체적인 증상까지 유발할 수 있습니다. 과도한 염려는 두통, 편도선염, 위궤양, 요통 등의 질환을 일으킬 수 있으며, 사고 기능을 방해하고 소화불량을 초래할 뿐만 아니라 근육 운동의 조정 기능에도 부정적인 영향을 미칩니다.

심지어 암을 비롯한 여러 질병이 마음의 근심과 염려로 인해 유발된다는 연구 결과도 있습니다. 미국 최고의 암 전문 병원 중 하나인 M. D. Anderson 암센터의 김의신 박사는 미국과 한국의 암 환자를 비교한 연구에서 흥미로운 차이를 발견했습니다. 한국 암 환자들은 치료를 견디는 힘이 약하고, 항암 치료를 시작한 지 한 달 만에 빈혈이 오거나 체력이 급격히 저하되는 경우가 많았습니다. 그 이유는 암 진단을 받은 후 지나친 걱정과 불안으로 인해 잠을 제대로 이루지 못하기 때문이라고 합니다.

우리 몸이 건강을 유지하려면 장이 원활하게 연동 운동을 해야 합니다. 그러나 '베이거스 신경 *Vagus nerve*'이 근심과 걱정으로 인해 제대로 작동하지 않으면, 장운동이 멈추고 소화 기능이 저하되며 건강이 악화됩니다. 장 속의 유익한 균들은 감소하고, 해로운 균들이 체내에서 증식하여 결국 폐렴이나 다른 합병증으로 이어질 수도 있습니다.

그러나 암과 같은 심각한 질병에 직면하더라도, 주님의 손을 의지하며 기도하는 사람들은 병을 극복하고 온전한 치유와 회복이 된다고 합니다. 이렇게 마음에 하는 근심과 염려는 우리의 육체와 영혼을 병들게 하고 절망의 나락으로 떨어지게 합니다.

사람들이 가지는 염려에 대한 예수님의 교훈을 한번 살펴봅시다. 산상수훈 중에 인간이 하지 말아야 할 염려에 대한 이런 말씀을 주고 계십니다. 마태복음 6:25을 쉽게 의역하면 **"그러므로 내가 너희에게 말한다. 목숨을 부지하려고 무엇을 먹을까 또는 무엇을 마실까 걱정하지 말고, 몸을 감싸려고 무엇을 입을까 걱정하지 말아라. 목숨이 음식보다 소중하지 아니하냐? 몸이 옷보다 소중하지 아니하냐?"** 라고 할 수 있습니다. 염려와 걱정이 대부분 의식주 문제로 인하여 기인한다는 것을 알 수 있습니다. 실제 인간은 자기 목숨을 해할 만큼 염려와 근심을 하면서 살아가고 있습니다. 염려하고 걱정하는 것이 사람에게 해가 되고 결국 죽음으로 몰고 간다는 것입니다. 예수님은 마태복음 6:26에서 **"공중의 새를 보라 심지도 않고 거두지도 않고 창고에 모아들이지도 아니하되 너희 하늘 아버지께서 기르시나니 너희는 이것들보다 귀하지 아니하냐"** 라고 반문하십니다. 염려는 우리의 키를 한자도 더 크게 할 수 없습니다. 새도 들

꽃도 먹이시고 입히시는 하나님께서 하나님의 자녀들의 의식주 문제를 책임지지 않겠느냐고 말씀하신 것입니다.

여러분, 왜 염려하고 걱정하며 근심하십니까? 그것은 하나님보다 세상의 것이 더 크게 보이기 때문입니다. 그러나 하나님은 하나님의 형상으로 지어진 우리를 무엇보다 귀하게 여기십니다. 예수님께서는 **"그러므로 내일 일을 위하여 염려하지 말라 내일 일은 내일이 염려할 것이요 한 날의 괴로움은 그 날로 족하니라"** 마 6:34라고 말씀하셨습니다. 내일 일은 하나님께 달렸습니다. 내일 일은 하나님께 맡기고 오늘 하나님을 신뢰하는 일에 집중해야 합니다. 성경은 하나님을 신뢰하는 자, 하나님을 의지하는 자를 결코 외면하지 않으신다고 약속하십니다. 우리의 염려를 하나님께 맡기고, 그분을 온전히 의지할 때 참된 평안을 누릴 수 있습니다.

찬송 382장을 함께 불러 봅시다.

너 근심 걱정 말아라 주 너를 지키리 주 날개 밑에 거하라 주 너를 지키리
어려워 낙심될 때에 주 너를 지키리 위험한 일을 당할 때 주 너를 지키리
너 쓸 것 미리 아시고 주 너를 지키리 구하는 것을 주시며 주 너를 지키리
어려운 시험 당해도 주 너를 지키리 구주의 품에 거하라 주 너를 지키리
후렴) 주 너를 지키리 아무 때나 어디서나 주 너를 지키리 늘 지켜주시리

그렇습니다. 주님을 의지하면 근심과 염려가 사라지고, 믿음으로 어떤 문제도 극복할 수 있습니다. 시편 기자는 **"네 짐을 여호와께 맡기라 그가 너를 붙드시고 의인의 요동함을 영원히 허락하지 아니하시리로다"** 시 55:22라고 말씀합니다. 이 사실을 믿으면 하나님의 능력이 우리의 삶을 붙드시지만, 믿지 못하면 염려 속에서 살아가게 됩니다. 염려는 우리의 일상에 느닷없이 찾아오고 이 세상을 살아가는 사람이라면 누구나 염려가 있기 마련입니다. 그러나 염려는 백해무익하며, 우리의 몸과 마음에 해를 끼칩니다. 마음의 근심은 뼈를 마르게까지 합니다.

리더십 연구 기관인 하가이연구소$^{Haggai\ Institute}$의 창립자 존 하가이$^{John\ Haggai}$ 목사는 "염려는 우리 인류의 첫 번째 적신호"라고 말했습니다.

기도와 간구로 하나님께 아뢰라

염려를 해결하는 방법은 바울이 제시한 본문 6절에서 찾을 수 있습니다. **"아무것도 염려하지 말고 다만 모든 일에 기도와 간구로, 너희 구할 것을 감사함으로 하나님께 아뢰라."** 바울은 기도가 유일한 해결책임을 분명히 강조하고 있습니다. 그는 빌립보 성도들에게 슬픔을 대신하여 내면적으로는 기쁨을 유지하고, 주변 사람들에게는 관용을 나타내며, 하나님께는 모든 것을 기도로 아뢰어야 함을 명령하고 있습니다.

여기서 "기도$^{προσευχή, 프로슈케}$"와 "간구$^{δεήσει, 데에세이}$"는 의미의 차이가 있습니다. 기도^{프로슈케}는 자신의 필요와 소원을 하나님께 아뢰는 것을 의미하며, 간구^{데에세이}는 다른 사람의 필요와 문제 해결을 위해 중보하는 것을 뜻합니다. 즉, 기도와 간구의 차이는 그 대상에 있습니다. 염려와 걱정은 우리 자신의 문제뿐만 아니라 다른 사람으로부터도 비롯될 수 있기 때문입니다. 따라서 우리는 자신을 위한 기도와 다른 사람을 위한 간구를 하나님께 올려야 합니다.

그렇다면 왜 우리는 기도하면서도 여전히 염려할까요? 그것은 하나님을 온전히 신뢰하지 못하기 때문입니다. 우리가 염려하는 것은, 하나님의 공급하심과 문제 해결을 통해 선한 결과를 이끌어 가실 것을 믿지 못하기 때문입니다. 그렇기 때문에 성도들은 어려운 상황 앞에서 걱정과 불안에 사로잡히는 것입니다. 바울은 빌립보 교회가 직면한 여러 문제를 해결하는 최선의 방법이 기도와 간구이기 때문에, 모든 문제를 하나님께 아뢰라고 권면하고 있습니다.

우리가 어떻게 염려를 극복할 수 있을까요? 예수님께서는 요한복음 14장 1절에서 근심하는 제자들에게 이렇게 말씀하셨습니다. **"너희는 마음에 근심하지 말라 하나님을 믿으니 또 나를 믿으라."** 제2차 세계대전 이후, 독일 쾰른의 한 수용소 벽에는 다음과 같은 문구가 적혀 있었다고 합니다.

나는 태양이 있음을 믿는다. 비록 그것이 빛나고 있지 않더라도.
나는 사랑이 있음을 믿는다. 비록 내가 그것을 느낄 수 없다 하더라도.
나는 하나님을 믿는다. 비록 그가 침묵하고 계실지라도.

하나님을 믿고 절대 주권을 믿는 성도는 염려에 함몰되지 않습니다. 모든 주권이 하나님께 있으며, 그분의 능력으로 모든 문제를 해결해 주실 것을 믿기 때문입니다.

염려 문제를 해결하기 위해 사도 바울은 한 가지 중요한 점을 강조합니다. **"너희 구할 것을 감사함으로 하나님께 아뢰라."** 즉, 우리의 기도에 감사가 있는지를 점검하라는 말씀입니다. 염려는 우리를 괴롭게 하고 상황의 노예로 만들지만, 감사는 우리를 하나님께로 이끕니다. 감사는 하나님께 속하는 삶으로 들어가는 통로이며, 크신 하나님 안으로 나아가게 하는 힘입니다. 감사함은 하나님께 속해지는 것입니다. 크신 하나님 속으로 들어가게 되는 것이 감사입니다. 우리 삶에 걱정과 근심이 찾아들 때 무엇을 감사할 수 있는지 찾아 기도의 자리로 나아가야 합니다. 그럴 때 하나님의 평강이 임합니다.

불평하거나 자신의 욕구를 채우기 위한 기도는 응답을 받을 수 없습니다. 이는 정욕으로 잘못 구하는 것이기 때문입니다. **"너희가 얻지 못함은 구하지 아니하기 때문이요, 구하여도 받지 못함은 정**

욕으로 쓰려고 잘못 구하기 때문이라"약 4:2-3. 기도할 때는 항상 감사함으로, 과거에 함께하신 하나님께 감사하고, 현재 나와 함께 하시며 나의 삶의 중심에 계시는 주님의 은혜에 감사하며, 미래에도 함께하시고 선하게 이끌어 주실 것을 소망하면서 감사해야 합니다.

1998년, 미국 듀크 대학병원에서 감사의 효과에 대한 특별한 연구 결과를 발표했습니다. 연구진은 매일 감사 일기를 쓰며 감사하는 삶을 실천한 사람들과 그렇지 않은 사람들을 비교하여 평균 수명을 조사했습니다. 그 결과, 감사하는 삶을 실천한 사람들이 평균 7년 더 오래 살았으며, 더욱 놀라운 점은 감사가 신체의 면역체계를 24시간 동안 강화한다는 것이었습니다. 반면, 단 1분간 화를 내면 면역체계가 무려 6시간 동안 약화된다는 사실이 밝혀졌습니다. 한마디로, 감사는 인간의 삶의 질을 높이고 건강을 증진시키는 강력한 힘이 있다는 데이터입니다.

이런 결과에 도전을 받은 미국의 저널리스트 미국의 저널리스트 제니스 캐플런$^{Janis\ Kaplan}$은 자신의 경험을 바탕으로 『감사하면 달라지는 것들』이라는 책을 저술했습니다. 책에서 저자는 바쁜 일상 속에서 삶이 엉망이 되어가는 과정을 솔직하게 고백합니다. 특히, 가장 심각한 문제는 부부 관계가 급격히 악화된 것이었습니다. 이에 1년 동안 감사 일기를 쓰며 변화된 경험과 깨달음을 기록했습니다. 그녀가 감사 일기를 통해 얻은 가장 중요한 두 가지 변화는 다음과 같습니다. 첫 번째는 남편과의 사랑의 관계가 회복되었고 또 한 가지는 돈을 대하는 태도가 단순히 실용적 가치로만 생각하게 되었다고 합니다. 감사를 표현하면서 이기적인 태도가 이타적으로 바뀌고, 삶의 긴장이 완화되고 몸과 삶의 모습이 변화하는 과정이 있었다고 합니다. 우리도 매주 감사하고 매일 감사의 일기를 쓰면서 기도한다면 삶에 놀라운 변화를 경험하게 될 것입니다.

우리의 삶에서 고난과 역경이 행복을 빼앗아가는 것이 아닙니다. 우리의 행복을 빼앗아가는 것은 고난과 역경을 대하는 우리의 태도입니다. 고난과 역경은 죄의 결과입니다. 그래서 하나님께서 우리에게 가르쳐주시려는 것은 우리에게 감사가 있을 때 삶의 곳곳에서 행복을 발견하고 기쁨을 누리며, 세상 사람들과는 다른 은혜로운 삶을 살 수 있다는 것입니다. 그러므로 성경은 말씀합니다. **"범사에 감사하라"** 살전 5:18. 감사는 성도의 능력입니다. 그 능력이 감사로부터 문을 열고 시작됩니다. 성도는 언제나 무엇으로 감사해야 할지를 의식적으로 생각하며 나아가야 합니다. 우리는 감사할 충분한 이유를 가진 사람들입니다. 죄된 존재였던 우리를 위해 하나님께서 사랑하는 아들 예수 그리스도를 내어주셨습니다. 우리에게 영원한 축복과 소망이 주어졌습니다. 삶의 윤활유는 바로 감사입니다. 감사는 힘든 오늘을 이겨낼 힘이 되며, 살아갈 용기를 주는 능력입니다. 감사의 삶을 통해 하나님의 은혜를 더욱 풍성히 누리는 성도가 됩시다.

그러므로 의지적으로 감사하는 것을 훈련하고 실천해야 합니다. 감사하는 습관을 기르고, 감사의 표현을 생활화할 때 우리의 삶이 변화되며, 우리의 주변 사람들도 행복해집니다. 가능하면 매주 감사의 제목을 찾아 감사하는 성도가 되기를 바랍니다. 하나님께서는 감사하는 자에게 더 큰 감사의 이유를 주시는 분이심을 믿습니다. 감사는 일회적인 행위가 아니라 지속적인 삶의 태도입니다. 오늘 하루 일어난 일에 대해 하나님께 구체적으로 감사드리고, 또한 기도로 간구해보십시오. 실제로 한 가정에서 아내가 가족의 건강과 행복을 위해 감사함으로 '일천 번제'를 드렸더니, 온 가족이 건강하고 기쁨과 평안이 넘치는 삶을 살게 되었다는 간증이 있습니다. 이처럼 감사는 삶을 변화시키는 강력한 힘입니다. 오늘부터 작은 것이라도 하나님께 감사하며 살아가는 복된 성도들이 되시길 바랍니다.

하나님의 평화가 마음과 생각을 지키시리라

본문 7절은 이렇게 말씀합니다. "그리하면 모든 지각에 뛰어난 하나님의 평강이 그리스도 예수 안에서 너희 마음과 생각을 지키시리라 *And the peace of God, which transcends all understanding, will guard your hearts and your minds in Christ Jesus*.**NIV**" 이 말씀은 기도와 간구를 감사함으로 하나님께 아뢸 때 주어지는 응답과 열매를 의미합니다.

여기서 '마음^{hearts}'에 해당하는 헬라어 '카르디아스^{καρδίας}'는 단순한 감정을 넘어 인간의 속사람 전체를 가리키는 표현입니다. 바울은 주님만이 사람의 내면을 다스리시며 중심을 바로 잡아 주신다는 사실을 강조합니다. '생각^{minds}'에 해당하는 헬라어 '노에마타^{νοήματα}'는 단순한 사고뿐만 아니라 이념, 사상, 그리고 지성적 기능까지 포함하는 단어입니다. 이는 우리의 가치관과 계획을 포함한 모든 지적인 활동을 의미하며, 바울은 하나님께서 우리의 지성적 활동에 진정한 안정감을 주신다고 말합니다. 그릇된 생각을 가지고 잘못된 것을 계획하지 않도록 하신다는 것입니다. 속 사람과 그릇된 생각과 지성을 가지고 하나님과 반하는 방향으로 가지 않도록 주님께서 지키신다는 뜻입니다.

염려하는 마음과 생각을 하나님의 평강으로 채울 때, 불안한 마음이 사라지고 평안함으로 모든 염려를 극복할 수 있습니다. 그렇습니다. 염려 대신 간구와 기도로 나아갈 때, 하나님의 평강이 우리를 지배하게 됩니다. 여기서 말하는 평강은 인간 스스로 만들어 내거나 누릴 수 있는 것이 아닌, 인간의 이해를 초월하는 하나님의 것입니다. 이러한 하나님의 평강은 우리의 마음과 생각을 지켜줄 것입니다. 예수님의 풍랑이 이는 물결을 잠잠하게 하신 그 능력이 지금 나의 몸과 마음을 덮는 것을 느낄 것입니다. 이것은 그리스도인 모두가 누릴 수 있는 큰 특권입니다. 큰 위로요. 내 마음의 커다란 원동력입니다. 마음과 생각은 우리의 가장 중심 부분입니다. 마음과 생각이 흔들리거나 중심을 잡지 못하면 우리의 손과 발로 움직

이는 모든 행동이 불안하고 안절부절함으로써 부화뇌동하게 됩니다. 우리가 기도할 때 나의 중심인 마음과 생각을 하나님께서 평강으로 지켜주십니다. 사실 기도함으로 주어지는 하나님의 평강은 우리의 힘과 노력으로 만들어지는 그런 평안함이 아닙니다. 인생들을 사랑하시며 긍휼히 여기시는 하나님의 은혜의 평안입니다. 우리의 염려와 걱정과 두려움을 하나님께 맡길 때 그분의 평안을 경험할 수 있습니다. 이 평안은 마음을 지키며 직면한 모든 상황에서 신뢰와 안정을 느끼게 합니다.

우리가 기도와 간구로 감사하며 하나님께 아뢰면 세상에서 얻을 수 없는 하나님의 평강을 얻게 됩니다. 그 평강은 삶의 모든 순간에서 안식과 쉼, 고요함과 깊은 내적 충만, 그리고 영적 풍요를 경험하게 합니다. 왜냐하면, 하나님의 평강은 영원하며 본질적이며 완전하기 때문입니다. 그러므로 우리의 마음과 생각을 지키시는 하나님께 모든 염려와 근심을 내려놓고 신뢰와 확신과 믿음으로 매 순간 모든 지각에 뛰어나신 하나님의 평강을 누리시길 소망합니다.

말씀을 요약하면, 하나님은 우리를 귀찮게 하려고 삶의 시간을 빼앗아 기도하라고 하신 것이 아닙니다. 우리의 삶에 늘 도사리고 있는 염려와 걱정을 물리치고 마음과 생각 속에 긍정적이고 평안함을 유지하게 하도록 기도하라고 하신 것입니다. 기도하지 않으면 염려할 수밖에 없는 것이 인생입니다. 그리고 대인 관계에서도 갈등과 근심을 피하고 원만한 관계를 유지하기 위해서 간구, 즉 중보 기도를 권면하신 것입니다.

 감사함으로 기도하며 하나님께 아뢰면, 지각에 뛰어나신 하나님께서 우리의 기도에 귀 기울이시고 그분께서 주시는 평강이 마음과 생각을 지켜 올바른 판단을 하고, 지혜롭게 이 세상을 기쁨으로 살도록 인도해 주실 것입니다. 그러므로 우리는 모든 염려를 내려놓고, 감사하는 마음으로 하나님께 나아가야 합니다. 그리하면 하나님의 약속대로 우리의 마음과 생각을 평강으로 지켜주실 것을 확신합니다. 삶의 무게가 무겁고 힘들고 때때로 낙심할 일이 많을지라도 기도와 간구라는 병기로 승리하는 주의 백성들 되시기를 주님의 이름으로 축복합니다.

Chapter. 18

믿음과 삶의 조화
The Harmony of Faith and Life

빌립보서 4:8-9

8 종말로 형제들아 무엇에든지 참되며 무엇에든지 경건하며 무엇에든지 옳으며 무엇에든지 정결하며 무엇에든지 사랑할 만하며 무엇에든지 칭찬할 만하며 무슨 덕이 있든지 무슨 기림이 있든지 이것들을 생각하라 **9** 너희는 내게 배우고 받고 듣고 본 바를 행하라 그리하면 평강의 하나님이 너희와 함께 계시리라

신앙과 삶이 일치되는 것은 참으로 어려운 것 같습니다. 그래서 성경은 거듭거듭 믿는 바를 실행에 옮길 것을 강조하고 있습니다. 특히 야고보 선생은 믿음이 있노라 하면서 행함이 없으면 그 믿음은 죽은 것이라고 말했습니다. 그 말은 믿으면서 행함이 뒤따르지 않는 것은 그 자체가 거짓과 위선이라는 말씀입니다.

오늘 본문에는 두 가지 중요한 단어가 나옵니다. '생각하라'와 '행하라'입니다. 신자들이 세상의 모범이 되는 윤리적이고 도덕적인 삶을 살기 위해서는 먼저 바른 생각, 믿는 바, 생각 속에 올바른 가치관을 가져야합니다. 그리고 가치관에 따른 행함이 있어야 합니다. 신행 일치와 조화는 자신의 성숙뿐 아니라 주변의 사람들에게 좋은 영향력을 끼칠 수 있습니다. 우리 삶에 가장 큰 영향을 미치는 것은 바로 올바른 믿는 바, 생각을 통한 가치관에 따라 사는 삶입니다. 생각이 바르고 건전하면 선한 행동은 자연스럽게 따라오게 마련입니다.

말씀 묵상과 믿음

바울은 8절에서 **"끝으로 형제들아 무엇에든지 참되며 무엇에든지 경건하며 무엇에든지 옳으며 무엇에든지 정결하며 무엇에든지 사랑 받을 만하며 무엇에든지 칭찬받을 만하며 무슨 덕이 있든지 무슨 기림이 있든지 이것들을 생각하라"**고 말씀합니다. 이 말씀은 우리의 삶이 어떠해야 하는지와 우리 속에 어떤 생각과 가치관을 가져야 하는지를 설명합니다. 우리의 삶이 담고 있어야 할 여덟 가지에 대한 것입니다. 풀어쓰면 이런 내용입니다. **"우리 안에 속사람이 든든하게 서야 하니 무엇을 하든지 참되게 하고, 경건하게 하고, 옳게 하고, 정결하게 하고, 사랑받을 일을 하고, 칭찬받을 일을 하고, 덕이 있는 일을 하고, 사람들이 기억하고 칭찬할 일을 하라."**

이것은 신앙생활에서 실천해야 할 여덟 가지 핵심 덕목입니다.

1) 참된 것을 생각해야 합니다. '참되며'는 헬라어로 알레데(ἀληθῆ)로, 진리를 의미합니다. 거짓이 만연한 세상에 참된 것을 생각하면서 행동해야 합니다. 진리를 따라 진실하게 사는 삶이어야 합니다.

2) 경건한 삶을 살아가야 합니다. 겉모양만 경건한 척하는 외식주의가 아니라 내면과 외면이 일치하는 경건하고 진실된 성도가 되어야 합니다. **"하나님 아버지 앞에서 정결하고 더러움이 없는 경건은 곧 고아와 과부를 그 환난중에 돌보고 또 자기를 지켜 세속에 물들지 아니하는 그것이니라"** 약 1:27. 그래야 사회적으로나 교회적으로 존경을 받게 됩니다. 참된 경건의 두 가지의 필수적인 조건은 고아와 과부를 그 환난 중에 돌아보고, 자기를 지켜 세속에 물들지 않는 것입니다.

일반적으로 우리는 경건에 대해 소극적인 요소인 '자기를 지켜 세속에 물들지 않는 것'에만 익숙합니다. 그러나 성경은 참된 경건이 단지 세속을 피하는 데 그치지 않고, 더 적극적이고 능동적인 경건을 요구한다고 가르칩니다. 이는 세상 속에서 그리스도의 빛과 소금으로서의 역할을 충실히 수행하는 것을 의미합니다.

3) 무엇에든지 옳아야 합니다. 그릇된 생각을 가져서는 안 됩니다. 여기서 '옳다'는 단어는 헬라어 '디카이아^{δίκαια}'로, 이는 정직하고 의로운 삶을 의미합니다.

4) 정결해야 합니다. '정결'은 헬라어로 '하그나^{ἁγνά}'로, 순결을 의미합니다. 즉, 깨끗하고 거룩한 삶을 살아야 한다는 뜻입니다. 하나님께서는 "내가 거룩하니 너희도 거룩하라"레 11:44; 벧전 1:16고 명령하셨습니다. 손을 자주 씻는 것처럼 깨끗하고 순결한 삶을 살아야 합니다. 처녀가 정조를 지키는 것처럼, 신앙의 정조도 지키는 것이 도덕적 순결입니다. 성도도 자신의 이름에 걸맞는 거룩한 삶이 무엇인지 항상 생각해야 합니다. 그렇게 살아야 세속에 물들지 않고, 하나님의 자녀답게 신앙의 정조를 지키며 순결하게 살아갈 수 있습니다.

5) 사랑스러운 삶을 생각해야 합니다. 이 말은 '아름다운, 매력적인' 삶을 의미합니다. 미움받는 일이나 인색한 삶, 욕심을 부리며 자기만 아는 삶을 살아가면 안 됩니다. 대신, 상대방을 배려하고 베풀며 나누는 삶, 즉 자기를 희생하는 삶을 살 때, 모든 이에게 매력

을 줄 수 있습니다. 그렇게 살면 자신도 사랑을 받게 되고, 행복하고 즐거운 삶을 살 수 있습니다.

6) 칭찬받는 일을 해야 합니다. '칭찬'은 헬라어로 유페마^{εὔφημα}인데, 원래 의미는 '이야기할 만하다' 또는 '호소할 만하다'입니다. 즉, 다른 사람들이 그 누구에게나 이야기할 만한 존경과 고귀함을 지닌 평판을 얻는 것을 말합니다.

7) 덕^{virtue}이 있어야 합니다. '덕'이라는 말은 헬라어로 '아레테^{ἀρετή}'인데, 이는 도덕적 탁월성을 의미하는 용어로 바울 서신 전체에서 단 한 번만 사용됩니다. 그리스도인은 기본적으로 은혜의 사람이어야 하지만, 그 도덕적 탁월성도 함께 인정받는 사람이 되어야 합니다. 실제로 사람들은 지장^{智將}보다 덕장^{德將}을 더 좋아합니다. 덕은 성품의 한 요소입니다. 아무리 뛰어난 재능을 가지고 있어도 덕이 없으면 그것은 별 의미가 없습니다.

8) 마지막으로 '무슨 기림'은 헬라어로 '에파이노스^{ἔπαινος}'인데, 이는 앞서 언급된 덕과 연관되어 '도덕적으로 칭찬받는 것'으로 해석될 수 있습니다.

바울은 이 단어를 종종 하나님으로부터 칭찬을 받을 만한 것들을 가리킬 때 사용했으며 **롬 2:29; 고전 4:5**, 여기에서는 그것뿐만 아니라 인간들로부터도 칭찬받을 만한 가치가 있는 것까지를 염두에 두고

믿음과 삶의 조화

사용한 것으로 보입니다. 바울은 성도가 추구해야 할 덕목들을 언급하면서, 이러한 덕목들을 실천할 때 하나님과 인간 모두로부터 칭찬을 받게 될 것임을 염두에 두고 이 단어를 사용한 것으로 보입니다.

'생각하라'로 번역된 헬라어 '로기제스데^{λογίζεσθε}'의 원형인 '로기조마이^{λογίζομαι}'는 '계산하다', '열거하다', '생각하다', '판단을 내리다', '숙고하다'라는 뜻을 가지고 있습니다. 이는 위에서 열거된 8가지 덕목을 얻기 위해 깊이 숙고하라는 의미로 사용되었습니다^{Thayer}. NIV는 이를 '너희 마음에 머물게 하라$^{Let\ your\ mind\ dwell\ on}$'로, KJV는 '숙고하라$^{think\ on}$'로 잘 번역하였습니다. 이는 단순히 의미 없이 건성으로 생각하는 것을 넘어서, 깊이 숙고하고 마음에 두며 진지하게 생각하라는 뜻을 함축하고 있습니다.

왜냐하면, 우리가 생각하고 있는 것, 그리고 어떤 관점과 가치관을 따르고 있는가에 따라 우리의 행동이 나오기 때문입니다. 부지불식 중에 마음에 있는 것이 말과 행동으로 나타나기 마련입니다. 따라서 우리 속에 무엇을 품고 살아가는지가 매우 중요합니다. 내 안에 좋은 것이 있으면 좋은 것이 나옵니다. 사랑하는 것이 있으면 사랑이 나옵니다. 성경에서도 이를 이렇게 말합니다. 야고보서 3:11-12는 다음과 같이 말합니다. **"샘이 한 구멍으로 어찌 단 물과 쓴 물을 내겠느냐 내 형제들아 어찌 무화과나무가 감람 열매를, 포도나무가 무화과를 맺겠느냐 이와 같이 짠 물이 단 물을 내지 못하느니라."**

야고보서는 우리 속에 있는 것이 결국 겉으로 나타난다고 분명히 말합니다. 속사람이 아름답게 빚어져 있으면 그 아름다움이 자연스럽게 행동으로 드러나고, 속사람이 더럽다면 더러운 행동이 나옵니다. 그래서 우리는 어떤 일을 만나든지 마음과 생각 속에 여덟 가지 기준을 새기고 살아야 합니다 빌 4:8. 우리가 참된 것, 경건한 것, 옳은 것, 정결한 것, 사랑받고 칭찬받을 일을 하는지, 덕을 세우는 일을 하는지, 좋은 기억으로 남을 일을 하는지 늘 생각하는 습관이 우리 안에 자리잡아야 합니다. 우리가 생각한 대로 그것이 결국 우리의 손과 발, 행동과 입을 통해 밖으로 나오기 때문입니다. 좋은 덕목을 늘 깊이 숙고하며 행동하는 성숙한 믿음의 성도님들이 되시기를 주님의 이름으로 축복합니다.

행동과 실천

　　본문 8절이 우리 안에 무엇이 있어야 하는지에 대한 덕목을 알려준다면, 9절은 그것을 어떻게 행동으로 옮겨야 하는지에 대한 지침을 제공합니다. 바울은 이렇게 말합니다. **"너희는 내게 배우고 받고 듣고 본 바를 행하라"** 빌 4:9. 바울은 빌립보 교회 성도들에게 강력하게 요청합니다. **"여러분은 내가 하나님의 말씀을 가르쳐 준 것을 배우고, 받고, 듣고, 본 바를 행하기 바랍니다. 그렇지 않으면 여러분의 믿음은 죽은 믿음입니다. 죽은 믿음이 여러분을 어떻게 구원하겠습니까?"**

관념적으로 생각만 하고 그것을 마음 속에만 담아두는 것은 진정한 믿음이 아닙니다. 우리가 믿음을 가졌다면, 그 믿음은 반드시 행동으로 이어져야 합니다. 믿음과 행함의 균형이 중요합니다. 행함이 없는 믿음은 아무리 올바른 믿음이라 하더라도 결국 죽은 믿음이 됩니다. 우리 안에 있는 믿음은 행동으로 나타나야 영혼이 살아날 수 있습니다. 야고보서 1:22는 다음과 같이 권면합니다. **"너희는 말씀을 행하는 자가 되고 듣기만 하여 자신을 속이는 자가 되지 말라."** 야고보서 2:26에서는 **"영혼 없는 몸이 죽은 것 같이 행함이 없는 믿음은 죽은 것이니라"** 라고 단정합니다.

믿음과 행함은 동전의 양면처럼 함께 가야 합니다. 그러나 오늘날 많은 그리스도인의 가장 큰 문제는 삶의 모습과 믿음이 일치하지 않는다는 점입니다. 교회에서의 모습과 가정에서의 모습, 직장에서의 모습이 서로 다릅니다. '페르소나^{Persona}'는 고대 그리스 가면무도회에서 배우들이 쓰던 가면을 의미하며, 심리학자 칼 융은 이를 사람들이 삶에서 맞닥뜨리는 다양한 역할에 맞게 쓰고 벗는 가면으로 설명했습니다. 페르소나는 긍정적인 면과 부정적인 면이 있습니다. 긍정적인 면은 자기 역할을 충실히 수행하는 것이고, 부정적인 면은 모든 사람에게 연기하듯 가면을 쓰고 다니며, 그로 인해 자기 정체성을 잃고 위선적인 모습을 보이게 되는 것입니다. 예를 들어, 회사에서 사장은 기업 운영을 위해 장기 계획을 세우고 사내 질서를 유지하는 역할을 합니다. 그러나 퇴근 후 사장이라는 페르소나를 벗고, 집에서는 남편 또는 아내로서의 역할을 해야 합니다. 만약 사장 역할을 집에서도 계속한다면, 가정이 마치 회사처럼 되어버릴 수 있습니다. 이는 페르소나를 잘못 사용했을 때 나타나는 단점입니다.

페르소나를 잘 소화할 때의 장점은 직장에서, 가정에서, 친구들 사이에서 모두 인정받는 사람이 될 수 있다는 것입니다. 그러나 그리스도인들이 페르소나를 완벽하게 소화해 낸다는 시각에서는 문제가 발생할 수 있습니다. 교회에서는 완벽한 그리스도인으로 모습을 보이지만, 집에 돌아가서는 가면을 벗고 무서운 아빠로 돌변하거나, 회사에 가서는 경직된 분위기를 조성하며 갑질하는 폭군처럼 행동할 수 있다는 점입니다. 이처럼 삶과 행동이 너무 다른 그리스도인들이 존재합니다. 그들은 교회, 가정, 회사에서 전혀 다른 인격을 가진 존재로 살아가고 있습니다. 이것이 기독교를 위험에 빠뜨립니다.

우리는 더 이상 이중적으로 쓰고 입고 있는 가면을 벗어야 합니다. 그리스도인으로서 연극을 그만두고, 진정한 그리스도인이 되어야 합니다. 집사, 권사, 장로, 목사와 같은 직분은 연극에서 맡은 배역이 아니라, 하나님이 우리에게 주신 삶을 담는 그릇이므로 분리할 수 없습니다. 직분 역할의 가면을 쓰는 것이 아니라, 직분이 우리의 삶이 되어야 합니다. 신앙과 삶이 하나님의 영광을 드러내는 것으로 연결되지 않은 사람들은 자신이 얼마나 복음을 가로막고 있는

지 깨닫지 못합니다. 기독교가 하루아침에 사람들에게 외면당하고, 손가락질을 받거나 혐오의 대상이 되는 것이 아닙니다. 어쩌면 우리는 가면을 쓰고 진정한 그리스도인의 삶을 살아내지 못한 책임이 있을지도 모릅니다. 그리스도인을 과일에 비유한 재미있는 이야기도 있습니다. "그리스도인은 토마토가 되어야지, 사과가 되어서는 안 된다." 그 차이는 무엇일까요? 토마토는 겉과 속이 같은 빨간색입니다. 반면 사과는 겉은 빨갛지만 속은 하얀색으로, 겉과 속이 다릅니다. 우리는 겉과 속이 다른 사람이 아니라, 겉과 속이 일치하는 신행 일치의 조화로운 삶을 살아야 합니다.

결론적으로, 성도의 삶에서 신행일치信行一致와 조화調和는 하나님께서 간절히 원하시는 바입니다. 예수님께서 산상수훈을 마무리하시며 말씀하셨습니다. "내 말을 듣고 실행하는 자는 반석 위에 집을 짓는 지혜로운 건축자와 같고, 내 말을 듣고도 실행하지 않는 자는 기초를 모래 위에 둔 어리석은 건축자와 같다"고 하셨습니다. 이는 성도들에게 말씀을 듣고 배운 만큼 실천으로 옮기는 행함이 필요함을 강조하신 것입니다 마 7:24-27. 우리의 인생을 말씀을 통해 든든히 세워가려면 8가지 실제 덕목을 깊이 숙고하며 행동해야 합니다. 앎으로 표현되는 믿음과 행함이 균형을 이루어 매사에 그리스도의 향기를 드러내며 승리하는 성도가 되시기를 주님의 이름으로 축복합니다.

Chapter. 19

자족의 비결
The Secret of the Contentment

빌립보서 4:10-13

10 내가 주 안에서 크게 기뻐함은 너희가 나를 생각하던 것이 이제 다시 싹이 남이니 너희가 또한 이를 위하여 생각은 하였으나 기회가 없었느니라 **11** 내가 궁핍하므로 말하는 것이 아니니라 어떠한 형편에든지 나는 자족하기를 배웠노니 **12** 나는 비천에 처할 줄도 알고 풍부에 처할 줄도 알아 모든 일 곧 배부름과 배고픔과 풍부와 궁핍에도 처할 줄 아는 일체의 비결을 배웠노라 **13** 내게 능력 주시는 자 안에서 내가 모든 것을 할 수 있느니라

사람들이 살아가는 방식은 다양합니다. 어떤 이들은 많은 것을 가지고 있음에도 불구하고 항상 불평하며 살아갑니다. 반면, 가진 것이 많지 않음에도 불구하고 만족하고 기쁘게 살아가는 사람들도 있습니다. 결국, 불평과 감사, 행복과 불행은 소유의 많고 적음이나 외적인 조건에 의한 문제가 아니라, 각자의 선택에 달린 문제임을 알 수 있습니다.

사도 바울은 본문 11절 하반부와 12절에서 **"어떠한 형편에든지 나는 자족하기를 배웠노니, 나는 비천에 처할 줄도 알고 풍부에 처할 줄도 알아 모든 일 곧 배부름과 배고픔과 풍부와 궁핍에도 처할 줄 아는 일체의 비결을 배웠노라"** 고 말했습니다. 그는 자신이 처한 상황에서 자족의 비결이 물질의 많고 적음에 달려 있지 않다고 믿었습니다. 또한, 이는 단순한 지식이 아니라 실제 경험을 통해 배운 것이며, 그 덕분에 매사에 기쁨을 잃지 않고 살 수 있었습니다.

오늘 이 시대를 살아가는 성도는 바울의 경우를 보면서 자족의 비결을 가지고 사는 사람이 되기 위해 어떻게 해야 하는지 본문을 통하여 몇 가지 교훈으로 은혜를 나누고자 합니다.

기쁨, 물질이 아닌 마음

바울은 본문 10절에서 **"내가 주 안에서 크게 기뻐함은 너희가 나를 생각하던 것이 이제 다시 싹이 남이니 너희가 또한 이를 위하**

여 생각은 하였으나 기회가 없었느니라"라고 말했습니다. 바울의 기쁨의 직접적인 원인은 빌립보 교인들의 '배려와 돌봄'에 있었습니다.

사도 바울은 선교 사역하는 중에 재정적으로는 넉넉하지 않았고, 늘 쪼들리는 궁핍한 가운데 살았던 것이 사실입니다. 빌립보 교회가 바울의 궁핍함에 대해서 넉넉히 채워주지 못한 것이 분명합니다. 바울은 **"나를 생각하는 것이 다시 싹이 난 것"**을 인하여 기뻐하고 있으며, 또한 **"너희가 나를 생각은 하였으나 기회가 없었다"**고 이해하고 있습니다. 그래서 바울은 크게 기뻐할 수 있었습니다. 그리고 그 기쁨을 **"크게 기뻐함**I rejoiced in the Lord greatly**"**이라고 말합니다. 바울은 여기서 '크게메갈로스, μεγάλως'라는 말을 사용하여 자신의 기쁨 정도를 나타내고 있습니다. '크게'로 번역된 '메갈로스'는 '크게', '대단히 많이', '격렬하게'라는 의미를 가진 단어입니다. 바울은 이 단어를 사용하여 자신의 마음이 온통 기쁨으로 가득 차 있음을 나타내며, 그 기쁨이 마음을 완전히 지배하고 있음을 강조하고 있습니다. 바울은 빌립보 교회에 대한 기쁨과 자신이 누리는 기쁨이 물질적 상황이나 환경에 의한 것이 아니라, 자신을 생각해 주는 빌립보 교회의 성도들의 마음 덕분임을 분명히 하고 있습니다. 만약 바울이 빌립보 교회와 성도들을 향해 다른 마음을 가졌다면, 아마도 기쁨을 느끼기보다는 원망과 불평이 가득했을 수도 있었을 것입니다.

진정한 성도의 기쁨의 근원은 오직 그리스도 안에 있으며, 그리스도로 인한 기쁨의 충만함은 외적인 조건에 의존하지 않음을 믿어야 합니다. 그래서 바울은 항상 **"주안에서 항상 기뻐하라 내가 다시 말하노니 기뻐하라"** 4:4고 권면했습니다. 자족의 비결을 가진 성숙한 그리스도인은 환경에 얽매이지 않고, 오히려 환경을 다스리는 주인으로 살아갑니다. 즉, 환경에 지배받지 않고 그것을 초월하는 삶을 사는 것입니다. 만약 기쁨의 근원이 환경의 조건이나 소유에 달려 있다면, 물질이나 세상 어떤 것도 내 손을 떠날 때마다 슬픔과 실망, 불안만이 내 마음에 자리 잡게 되어 결국 불행한 삶을 살게 될 것입니다. 그러므로 성도는 외적인 물질, 지위, 명예 등으로 기뻐하거나 즐거워할 것이 아니라, 오직 마음에 주어지는 평강과 그리스도의 은혜로 인해 진정한 기쁨을 누리며 살아야 합니다. 성도의 기쁨은 진정한 자산이며, 행복의 원동력입니다.

자족, 경험의 결과물

사도 바울은 오늘 본문에서 **'배웠다'** ^{ἔμαθον}라는 단어를 두 번 사용하고 있습니다. 그는 **"나는 자족하기를 배웠노니"** $^{I\,have\,learned}$라고 말하며, 또 **"일체의 비결을 배웠노라"** $^{I\,am\,instructed}$고 고백합니다. 만족은 타고난 생득적인 것이 아니라 많은 과정을 통해서 경험적으로 배움으로 획득되는 것입니다. 여기 **'배웠노니'**는 '행동의 시행착오를 통하여 배우다', '습득하다'라는 의미입니다. 책을 통한 지식으로나 스승을 통해서 가르침을 받아 배우는 것이 아니라 자기에게 맞닥뜨려진 문제와 환경을 통해서 배우게 되는 체험적 배움입니다.

사도 바울은 안정적으로 거처할 집도 없었고, 어려울 때 함께 할 수 있는 사랑하는 아내도 없었습니다. 그리고 삶에 기쁨과 활력소를 제공하며 보람을 느끼도록 하는 자녀도 없었습니다. 세상 사람들이 중요하게 여기는 그 어떤 가치도 최상의 가치인 예수님을 만난 후에 배설물처럼 다 버리고 아무것도 없었습니다. 바울은 예수님께서 전도자에게 옷이나 전대에 돈을 가지고 다니지 말고 빈손으로 하나님을 의지하며 살라는 말씀을 실천한 진전한 전도자였습니다. 마가복음 6:8-9의 새번역 성경은 이렇게 말씀하고 있습니다 "**그들에게 명하시기를 길을 떠날 때에는, 지팡이 하나 밖에는 아무것도 가지고 가지 말고, 빵이나 자루도 지니지 말고, 전대에 동전도 넣어 가지 말고, 다만 신발은 신되, 옷은 두 벌 가지지 말라.**" 이 명령을 순종한 분이 바로 사도 바울이였습니다. 예수님은 제자들에게 신발과 입은 옷 이외에 두벌 옷을 가지고 가지 말라고 명하신 이유가 무엇이겠습니까? 부르심을 입은 제자의 삶은 세상에 필요한 것으로 전도의 사명을 감당하는 것이 아니라 오직 주의 능력을 힘입어야만 감당할 수 있었음을 잘 나타내는 말씀입니다. 증인으로서의 부름은 육신적, 세상적 가치에 의한 인간적 필요를 채우기 위함의 부르심이 아니라 철저히 예수 그리스도 십자가 사랑의 복음의 은혜를 앞둔 예비의 과정에 세상적 가치관에 사로잡힌 자^{귀신들린 자, 병든 자} 모두에게 복음의 은혜를 미리 전하여 깨어 경성함으로 땅에서 돌이켜 회개하는 마음으로 주님 맞이할 준비를 시키고자 함입니다.

사도 바울은 복음을 전하다가 여러 차례 많은 매를 맞았고, 결박되어 옥중에서 밤을 지새운 적이 한두 번이 아니었습니다. 고린도후서 6:4-5에서 그는 자신의 처지를 이렇게 간증합니다. **"오직 모든 일에 하나님의 일꾼으로 자천하여 많이 견디는 것과 환난과 궁핍과 고난과 매 맞음과 갇힘과 난동과 수고로움과 자지 못함과 먹지 못함 가운데서도."** 그는 거의 전 생애를 예수님처럼 가난과 궁핍 속에서 살았습니다. 심지어 생활 필수품조차 없이 지내기도 했습니다. 그는 위험이 도사리는 숱한 역경의 인생길을 걸었습니다. 그러나 바울은 이 모든 역경 가운데서도 결코 불평 한마디 없이 행복하고 즐겁고, 보람 있으며 의미 있는 빛나는 삶을 살았습니다. 그것은 천성이 그래서가 아니라, 자족하는 법을 배웠기 때문이었습니다. 사람이 배워야 할 최고의 산 지식은 바로 '자족^{헬라어로 아우타르케스, αὐτάρκης}'입니다. 우리는 어떤 형편에 처하든지 만족할 수 있어야 합니다. 그러나 대부분의 사람들은 궁핍하거나 무엇인가 모자라면 불평하거나 비참해집니다. 하나님의 자녀들은 가난해도 낙심하지 않고, 부해도 교만하지 않은 자족을 배워야 합니다. 어떤 사람은 풍부하거나 높은 지위, 명예를 얻으면 교만하게 되는 경우가 많습니다. 그때 그 사람의 진면목이 드러납니다. 가난하거나 부하거나 비천하거나 풍부해도 겸손한 사람이 되어야만 물질과 권력, 그리고 환경의 포로가 되지 않고 모든 것에 자유로울 수 있는 하나님의 자녀가 됩니다.

사도 바울은 삶을 대하는 자족의 일체 비결을 12절에서 이렇게 말합니다. "비천에 처할 줄도 알고, 풍부에 처할 줄도 알아 모든 일 곧 배부름과 배고픔과 풍부와 궁핍에도 처할 줄 아는" 것입니다. 이처럼 '자족하는 것'은 우리 마음속에 한순간 기적처럼 일어나는 반응이나 현상이 아님을 우리는 이해해야 합니다. 자족은 수학 공식처럼 쉽게 이해되는 것이 아니라, 누구나 방법만 알면 쉽게 얻을 수 있는 비결이 아닙니다. 바울은 열심히 일하며 점진적으로 경험하고 배우면서 그 비결을 깨닫게 된 것입니다.

우리가 구원받아 하나님의 자녀가 되는 것은 순간적으로 이루어지지만, 성장하고 하나님의 자녀답게 되는 것은 학습과 배움의 과정이 필요합니다. 그러나 배우는 일에는 쉽고 빠른 첩경이 없습니다. 노력과 시간이 필요하며, 여러 고비와 시행착오를 겪으며 깨닫고 배우게 됩니다. 그렇기 때문에 한두 번의 실패에 낙심해서는 안 됩니다. 오히려 인내를 가지고 계속해서 앞을 향해 나아가야 합니다. 그렇게 할 때, 우리는 경험을 통해 얻은 살아있는 지식으로 어떤 상황에서도 감사하며 자족의 비결을 배우고, 기쁨과 행복한 삶을 살아낼 수 있게 됩니다.

자족, 하나님께서 주시는 능력

본문 13절에 나오는 **"내게 능력 주시는 자 안에서 내가 모든 것을 할 수 있다"** 는 믿음 때문에 자족하며 살 수 있습니다. 때때로 이 구절이 만사형통의 비법처럼 오용되기도 하지만, 문맥을 보면 그것이 마법과 같은 것이 아님을 알 수 있습니다. 여기서 말하는 '모든 것'은 우리가 삶에서 마주하는 모든 환경을 뜻합니다. 좋은 환경, 나쁜 환경, 유리한 환경, 불리한 환경 등 다양한 상황을 포함합니다. 이 구절이 의미하는 것은 만사형통이 아니라, 자족의 비결이 하나님께서 허락하시는 어떠한 상황과 조건에서도 능력을 주실 때 비로소 누릴 수 있는 고귀한 선물임을 말하는 것입니다.

바울은 모든 환경에 적응하고 그것을 극복할 수 있었던 이유가 자신의 힘이나 능력 때문이 아니라, 그 뒤에서 역사하시는 그리스도 예수의 능력 덕분이라고 확신하고 고백합니다. 그는 이 사실이 가능했음을 말하고 있습니다. 바울 사도는 약하고 능력이 없었으며, 자신의 힘만으로는 주어진 환경을 극복할 능력이 없었습니다. 그러나 그리스도가 그의 능력이 되어 주셨기 때문에 그는 승리할 수 있었습니다. 바울의 고백을 보면, 고린도후서 6:8-10에서 그는 이렇게 말합니다. **"영광과 욕됨으로 그러했으며 악한 이름과 아름다운 이름으로 그러했느니라 우리는 속이는 자 같으나 참되고 무명한 자 같으나 유명한 자요, 죽은 자 같으나 보라 우리가 살아있고 징계를 받**

는 자 같으나 죽임을 당하지 아니하고, 근심하는 자 같으나 항상 기뻐하고 가난한 자 같으나 많은 사람을 부요하게 하고 아무것도 없는 자 같으나 모든 것을 가진 자로다." 그리고 그 비결이 바로 고린도후서 6:7에 나오는 **"진리의 말씀과 하나님의 능력으로 의의 무기를 좌우에 가지고"** 승리하였음을 천명하고 있습니다.

우리의 삶에서 만나는 환난과 풍파는 한두 가지가 아닙니다. 수많은 환난과 풍파를 겪게 됩니다. 그 중에는 우리가 감당할 수 있는 것들도 있지만, 도저히 우리의 힘만으로는 감당할 수 없는 것들도 있습니다. 그러나 주님께서 우리에게 능력을 주시면, 우리는 어떤 상황 속에서도 능히 그것을 감당할 수 있다는 것을 믿습니다. 따라서 잠언 30장에서 야게의 아들 아굴이 **"내가 두 가지 일을 주께 구하였사오니 내가 죽기 전에 내게 거절하지 마시옵소서 곧 헛된 것과 거짓말을 내게서 멀리 하옵시며 나를 가난하게도 마옵시고 부하게도 마옵시고 오직 필요한 양식으로 나를 먹이시옵소서 혹 내가 배불러서 하나님을 모른다 여호와가 누구냐 할까 하오며 혹 내가 가난하여 도둑질하고 내 하나님의 이름을 욕되게 할까 두려워함이니이다7-9절**"라고 쓴 것처럼, 주님의 능력을 받으면 어떤 형편에서도 만족하며 감사할 수 있습니다. 그리고 받은 사명의 길을 뚜벅뚜벅 걸어가며, 목적지에 승리자로 서게 되는 것입니다. 그러므로 우리도 자족할 수 있도록 하나님의 도움을 구하며, 하나님께서 능력을 주심으로 자족을 이루고, 만족하는 삶을 살아가는 백성들이 되어야 할 것입니다.

　우리가 살아가는 삶의 현장에서 가난하거나 부유한 상황을 경험할 수 있습니다. 하지만 이러한 외적인 조건들이 참된 기쁨을 형성하는 것은 아닙니다. 사도 바울은 자신의 경험을 통해 진정한 기쁨이 소유의 많고 적음, 비천함과 풍부함에 달려 있지 않음을 분명히 밝혔습니다. 그는 그 기쁨이 오직 그리스도 안에서만 알 수 있는 비결이라고 말합니다. 이 기쁨은 배운 지식에 근거한 교훈이 아니라, 삶의 시행착오와 구체적이고 생생한 체험을 통해 터득되는 산 지식입니다. 이 기쁨과 자족할 수 있는 삶을 살게 하는 것은 바로 하나님께서 능력을 주실 때 가능합니다. 그러므로 우리는 자신의 한계를 인정하고 하나님께 기도하여 능력을 덧입음으로, 어떤 상황 속에서도 자족하는 삶을 살아야 합니다. 이러한 주님의 능력이 우리 삶에 온전히 녹아들어 매 순간 승리하며 기쁨, 즐거움, 그리고 행복을 누리는 성도님들이 되시기를 주님의 이름으로 축복합니다.

Chapter. 20

향기로운 제물
The Sacrifice, an Odour of a Sweet Smell

빌립보서 4:14-19

14 그러나 너희가 내 괴로움에 함께 참여하였으니 잘하였도다 **15** 빌립보 사람들아 너희도 알거니와 복음의 시초에 내가 마게도냐를 떠날때에 주고받는 내 일에 참여한 교회가 너희 외에 아무도 없었느니라 **16** 데살로니가에 있을때에도 너희가 한 번뿐 아니라 두 번이나 나의 쓸 것을 보내었도다 **17** 내가 선물을 구함이 아니요 오직 너희에게 유익하도록 풍성한 열매를 구함이라 **18** 내게는 모든 것이 있고 또 풍부한지라 에바브로디도 편에 너희가 준 것을 받으므로 내가 풍족하니 이는 받으실만한 향기로운 제물이요 하나님을 기쁘시게 한 것이라 **19** 나의 하나님이 그리스도 예수 안에서 영광 가운데 그 풍성한 대로 너희 모든 쓸 것을 채우시리라

성숙함은 결코 저절로 이루어지는 것이 아닙니다. 그것은 배우고 훈련하며 익히는 과정을 통해 가능한 것입니다. 성숙해지기 위해서는 우리의 생각이 변화해야 합니다. 또한, 재정적 문제를 겪을 때 주님을 의지하고 그분을 인정함으로 자족함을 배우는 것이 필요합니다. 이렇게 우리의 삶이 구체적인 영역에서 성숙해질 때, 하나님께서 주시는 참된 기쁨을 경험할 수 있을 것입니다.

물질 헌금은 항상 민감한 주제입니다. 종종 복을 받기 위한 수단으로 여겨지거나, 때로는 아예 무시당하기도 합니다. 그러나 바울은 빌립보 교회가 복음 사역을 위해 보낸 선교 헌금을 받고 매우 기뻐합니다. 그럼에도 불구하고, 성도들이 그의 기쁨의 진정한 원인에 대해 오해하지 않도록 몇 가지 중요한 사실을 분명히 전하고 있습니다.

바울이 전하는 선교 후원금에 대해 본문을 통해 몇 가지 중요한 교훈을 살펴보며 은혜를 나누고자 합니다.

괴로움에 참여한 교회

본문 14-16절에 바울은 **"너희가 내 괴로움에 함께 참여하였으니 잘하였도다 빌립보 사람들아 너희도 알거니와 복음의 시초에 내가 마게도냐를 떠날 때에 주고받는 내 일에 참여한 교회가 너희 외에 아무도 없었느니라 데살로니가에 있을 때에도 너희가 한 번뿐 아**

니라 두 번이나 나의 쓸 것을 보내었도다"라고 말하면서, 빌립보 성도들이 바울의 선교 사역을 돕고 그의 필요를 채워준 것에 대해 깊은 감사의 마음을 표현하고 있습니다.

사실 바울을 물질적으로 후원한 다른 교회도 있었지만, 선교 초기에는 빌립보 교회 성도들만이 바울에게 물질을 보내주었습니다. 이에 바울은 그들에게 더욱 깊은 감사를 표하고 있습니다. 바울은 자신이 비천에 처할 줄도 알고 풍부에 처할 줄도 아는 일체의 비결을 배웠다고 하지만, 그렇다고 해서 빌립보 성도들의 도움이 전혀 필요하지 않다는 의미는 아니었습니다. 특히 그가 물질적 어려움에 처했을 때, 교회가 보내준 후원금은 가뭄 속의 단비와 같았습니다.

본문 14절에 '괴로움'이라는 단어는 헬라어로 '들세이^{θλίψει}'로, 이는 '환난'이나 '고통'으로 번역될 수 있습니다. 바울은 앞서 12절에서 고백한 것처럼 '비천', '배고픔', '궁핍'과 같은 괴로움과 난관에 직면해 있었을 때, 빌립보 교회가 물질적 지원과 관심, 사랑의 마음으로 동참해 준 것에 대해 깊은 감사의 마음을 전하고 있습니다. 그의 비천함과 궁핍으로 인한 배고픔은 인간의 기본적인 욕구의 결핍에 해당되기에 참기 어려운 고통이었을 것입니다. 이처럼 일련의 어려움들은 괴로움을 더욱 심화시켰고, 환난과 같은 극한 상황을 맞이하게 만들었습니다. 관계에서 오는 정신적 고통, 정치적 어려움, 사회적 고통도 힘든 일이지만, 물질적인 궁핍에서 오는 중압감 또한 큰 환난임을 우리는 알 수 있습니다.

본문 15절에서 바울은 빌립보 교회의 후원이, 선교 초기 마게도냐 지역 선교를 마치고 다른 도시로 복음 선교 여행을 떠날 때, 정성스럽게 헌금해 준 교회가 빌립보 교회밖에 없었다는 점을 강조하며 더욱 깊은 감사의 마음을 표현하고 있습니다. 다른 교회와 성도들이 바울의 선교 사역에 관심을 가지지 않은 가운데, 빌립보 교회만이 깊은 관심을 가지고 아낌없이 후원해 준 것은 바울 자신을 위한 것이 아니라 복음을 위해 부르신 하나님께 드린 헌신의 표현이었습니다. 실제로 바울에게 주어진 물질은 오직 자신을 위한 것이 아니었습니다. 그는 복음을 전하면서 어려운 성도들을 돕고 복음의 전파를 위해 필요한 자금을 사용하였으며, 이 물질은 그의 선교 활동을 돕고 그가 복음을 전하는 데 필요한 여러 가지 필요를 채워주는 중요한 역할을 했습니다.

사도 바울은 그들이 바울의 필요를 채우기 위해 후원한 것을 바울의 고난에 동참하는 것으로 설명합니다. 본문 14절과 15절에서 두 번 사용된 '참여하다'라는 단어는 헬라어로 '슁코이노네산테스 συγκοινωνήσαντές'와 '에코이노네센 ἐκοινώνησεν'인데, 이는 동일한 의미로 '교통하다', '교제하다'라는 뜻입니다. 사도 바울이 이 용어를 선택한 이유는 빌립보 교회의 선교 헌금을 그들에게 영적으로 풍성한 배당을 되돌려 주는 투자로 보았기 때문입니다. 이 두 단어의 근간에는 교제 혹은 친교라는 의미가 함축되어 있습니다. 빌립보 교회는 사도 바울에게 마음과 물질로 동역했고, 사도 바울은 그들에게 영원한 복음과 생명을 전하며 깊은 교제를 나누었던 것입니다. 주님은 서로 주고받는 마음과 물질로 인하여 영적인 배당을 풍성하게 지급하시는 신실하신 분이십니다. 헌금과 구제는 하나님께 배팅하는 투자입니다. 이는 반드시 더 많은 이익으로 돌아오는 확실한 투자임을 믿으시기 바랍니다. 그러므로 선교와 구제를 소홀히 하는 교회는 아무리 규모가 크더라도 가난한 교회입니다.

오늘날도 마찬가지입니다. 교회와 복음을 위해 수고하는 선교사님들, 그리고 그들의 사역이나 복음 단체, 사역자들에게 드려지는 헌금은 그 교회나 단체, 개인을 위한 것이 아니라 하나님께 드려진 향기로운 제물입니다. 이는 하나님께 한없는 기쁨을 드리는 헌신이라고 믿습니다. 하나님께 드려진 제물은 복음을 위해 섬기는 분들에게 유용하게 사용되어, 그들을 부르신 하나님께 기쁨과 영광을 돌리게 됩니다. 서로에게 유용함과 풍성함이 넘치는 거룩한 투자가 되는 것입니다. 드리고 나누며 베푸는 것이 하나님의 은혜와 생명을 더욱 풍성하게 받는 비결입니다.

오늘 우리가 드리는 헌금도 그와 같은 마음으로 기쁨으로 드린다면, 하나님의 나라가 크게 확장될 것이며, 그 안에서 수고하는 사역자들이 어려움과 힘든 상황 속에서도 큰 위로와 힘을 얻어 끝까지 사역을 잘 감당할 수 있을 것이라 확신합니다. 여러분이 드리고 나누는 모든 헌금은 결코 헛되지 않으며, 하나님께서 여러분의 삶에 헤아릴 수 없는 풍성함으로 보상해 주실 것을 믿어 의심치 않습니다. 성도의 나눔과 베풂은 더 큰 풍성함으로 나아가는 통로이며, 그것이 바로 하나님께서 예비하신 지름길임을 믿습니다.

하나님께 향기로운 제물과 기쁨

본문 16,17절에 사도 바울은 **"데살로니가에 있을 때에도 너희가 한 번뿐 아니라 두 번이나 나의 쓸 것을 보내었도다 내가 선물을 구함이 아니요 오직 너희에게 유익하도록 풍성한 열매를 구함이라"** 고 하면서 자신이 데살로니가에서 사역할 때도 빌립보 교회가 두 번이나 헌금하여 선교사역을 후원해 주었음을 상기시키고 있습니다. 아마 바울은 선교 보고 중에 재정적인 어려움이 있다는 사실을 빌립보 교회에 소상히 전했을 것입니다. 그 이유는 자신과 선교에 동역하는 사역자들이 헌금을 단순한 선물$^{도마, δόμα}$로 생각하고 거저 받으려는 것이 아니라, 어려운 선교사역에 동참함으로써 그들 역시 하나님의 은혜와 풍성한 열매를 경험할 수 있도록 하기 위함이었습니다^{17절}. 현재도 교회 사역자나 선교사님들이 재정적인 어려움이나 필요를 느낄 때 후원교회나 후원자에게 그 사실을 알려 도움을 받는 것과 유사합니다. 이렇게 어려운 형편을 알리면 기도하는 교회나 성도는 기꺼이 헌금하게 되며, 이는 오히려 헌금하는 교회와 성도가 더 큰 하나님의 은혜와 풍성함을 경험하는 기회가 됩니다.

18절에서 바울은 "내게는 모든 것이 있고 또 풍부한지라 에바브로디도 편에 너희가 준 것을 받으므로 내가 풍족하니 이는 받으실 만한 향기로운 제물이요 하나님을 기쁘시게 한 것이라"라고 고백합니다. 바울은 자족에 대한 비결을 배워서 모든 상황에서 "풍부하다$^{페리슈오, περισσεύω}$"라고 고백합니다. 그 이유는 빌립보 교회가 에바브로디도를 통해 헌금을 보내주었기 때문입니다. 메시지 성경은 이를 이렇게 의역합니다. "지금 나는 모든 것을 가지고 있고, 더 많이 얻고 있습니다. 여러분이 에바브라디도편에 보내준 선물은 차고 넘쳤습니다." 당시에는 은행 송금과 같은 현대적인 방식이 아니었기에, 인편으로 받은 후원금이 선교 사역에 풍성한 결과를 가져왔음을 바울은 감사하게 표현하고 있습니다. 바울은 빌립보 교회의 후원이 자신에게 주어진 물질이 하나님께서 받으실 만한 향기로운 제물이며, 하나님을 기쁘시게 하는 것이라고 말합니다. 구약 시대에 이스라엘 백성들은 제물을 하나님께 드릴 때, 제물의 고기가 오직 제사장과 성전에서 봉사하는 레위지파에게 돌아갔습니다. 그 제물은 하나님께 받아들여졌고, 레위지파는 이를 통해 성전에서 봉사하는 데 필요한 재정을 지원받았습니다. 마찬가지로 바울은 빌립보 교회가 보낸 제물이 하나님께 드려지는 향기로운 제물이자, 그가 선교 사역을 하는 데 필요한 풍부한 사역 동력이 되었다고 표현하고 있습니다.

이것은 빌립보 교회 성도들이 보낸 헌금이 하나님께 드려진 영적인 희생 제사$^{a\ sacrifice}$로 간주되었음을 의미합니다. 하나님은 그의 백성이 드리는 제사를 매우 기뻐하시며, 오늘날 이는 예배와 같습니다. 하나님이 우리를 창조하신 목적은 바로 그분께 예배를 드리기 위함이며, 이는 하나님께 무한한 영광을 돌리는 일이 됩니다. 그러므로 우리는 주님께 내가 가진 물질을 하나님의 나라와 교회, 그리고 선교 사역을 위해 기꺼이 드려야 합니다.

예수님께서도 **"너희는 먼저 그 나라와 그 의를 구하라 그리하면 이 모든 것을 너희에게 더하시리라"** 마 6:33고 말씀하셨습니다. 이 말씀은 우리가 하나님의 나라와 의를 우선적으로 구할 때, 우리의 모든 필요를 하나님께서 채워 주실 것임을 약속하신 것입니다. 나의 필요와 쓸 것을 내려놓고 다른 사람을 섬기는 일이 쉬운 일은 아니지만, 우리가 헌신하면 하나님께서 우리의 수고와 헌신을 기억하시고 그에 합당한 복을 주실 것입니다. 주님을 위하여 헌신하는 손길에 하나님께서 축복하시고, 우리의 삶도 돌보아 주실 것임을 믿습니다.

하나님의 약속

본문 19절에 사도 바울은 **"나의 하나님이 그리스도 예수 안에서 영광 가운데 그 풍성한 대로 너희 모든 쓸 것을 채우시리라"**는 하나님의 약속을 선포하고 있습니다. 바울은 빌립보 성도들의 수고를 하나님께서 아시고 그들의 필요를 풍성하게 채워주실 것이라고 확신을 전하고 있습니다. 하나님은 우리의 욕망을 채워주시겠다고 약속하신 적은 없지만, 하나님의 자녀가 하나님의 뜻을 따르고 그의 영광을 위해 섬기면, 그가 원하는 모든 필요를 풍성히 채워 주실 것이라고 약속하셨습니다. 중국의 선교사 허드슨 테일러는 "하나님의 일이 그분의 영광을 위해 하나님의 뜻대로 이루어지면 하나님께서 채우시는 은사가 그치지 않을 것"이라고 말했습니다.

바울은 하나님을 '나의 하나님'으로 고백하면서, 예수 그리스도를 통해 영광 가운데 그가 모든 필요를 넉넉히 채우실 것을 전혀 의심하지 않고 확신합니다. 이는 단순한 관념이 아니라, 하나님이 실제로 모든 삶에 풍성하게 채우시는 것을 경험적으로 선언하는 것입니다. '나의 하나님'은 이방인이나 헬라인들이 믿고 있었던 다신이 아니라, 이집트나 앗시리아인, 로마인들이 숭배했던 우상의 신이 아닙니다. 바울에게 '나의 하나님'은 특별하고 인격적인 살아계신 하나님이었습니다. 그가 믿고 의지했던 하나님은 예수 그리스도를 통해 사람들에게 인격적으로 자신을 드러내신 이스라엘의 신, 여호와 하나님이셨습니다. 여호와는 위대하시고 영광스러우며 능력 있는 신이십니다. 모든 성경 저자들에게 있어, 다른 신들은 신이 아니라 우상에 불과하며, 그 우상들은 전혀 능력이 없는 존재들입니다. 이사야 40:19에서는 **"우상은 장인이 부어 만들었고 장색이 금으로 입혔고 또 은 사슬을 만든 것이니라"**라고 하며, 이사야 42:17에서는 **"조각한 우상을 의지하며 부어 만든 우상을 향하여 너희는**

우리의 신이라 하는 자는 물리침을 받아 크게 수치를 당하리라" 라고 경고하고 있습니다.

바울은 우리를 구원하시기 위해 십자가에서 죽으시고, 사흘 만에 부활하셔서 직접 우리를 만나 주신 승리자 예수 그리스도의 하나님이시며 아버지이심을 고백하고 확신했습니다. 이 하나님은 자신의 약속에 신실하신 하나님이십니다. 중요한 것은 다른 사람들이 예수님을 누구라고 말하는 것이 아니라, 하나님이 나와 어떤 관계에 있는지를 믿고 고백하는 것입니다. 예수님께서는 지금도 우리에게 **"너희는 나를 누구라 하느냐?"**마 16:15고 묻고 계십니다. 이에 대해 분명하고 확고한 신앙 고백이 필요합니다. 베드로처럼 **"주는 그리스도시요 살아계신 하나님의 아들"** 이라고 고백할 때, 하나님은 우리의 삶에 매사에 복을 주시며 풍성하고 부요하게 하실 것입니다.

여기서 '풍성함'은 헬라어로 '플루토스^{πλοῦτος}'로, 이 영광의 풍성함이 주는 부요는 여러 가지 의미를 함축하고 있음을 깨닫게 됩니다. 첫째, 물질적인 부요함입니다. 둘째, 믿음의 부요함입니다. 셋째, 참을성의 넉넉함입니다. 넷째, 지혜와 지식, 원만한 이해의 부요함, 그리고 영적인 자산, 모든 필요를 공급하시는 부요함입니다. 이처럼 다양한 영역에서의 부요함을 하나님께서 약속하고 계십니다. 이러한 풍성함은 그리스도를 통해 주어지며, 영광 가운데 성취됩니다. 그렇다면, 우리가 이 모든 부요함을 누리기 위해 하나님께 어떤 영역에서 요구해야 할까요?

    만약 당신이 구원이 필요하다면, 하나님께서 풍성한 구원을 베푸실 것입니다. 삶의 여러 시련에 대처할 힘이 필요하시다면, 하나님께서 힘과 능력을 공급해 주실 것입니다. 외롭고 고독하신가요? 그렇다면 하나님께서 당신을 만나 주시고 위로하시며 참된 친구가 되어 주실 것입니다. 낙심하고 좌절하고 계신다면, 하나님은 당신의 기운을 북돋우시고 희망을 주실 것입니다. 만약 물질이 부족하여 궁핍한 가운데 걱정하고 있다면, 하나님은 만물을 창조하시고 부요하신 분으로 당신에게 넉넉히 채워 주실 것입니다. 이제 당신에게는 부족함이 없습니다. 왜냐하면, 하나님께서 그리스도 예수 안에서 영광 가운데 그 풍성한 대로 당신의 모든 쓸 것을 채워 주시겠다고 약속하셨기 때문입니다.

    우리가 하나님의 부요하심을 경험했더라도, 그분이 가지신 풍요의 극히 일부분만을 맛본 것입니다. 우리가 체험한 하나님의 풍요는 우리의 필요를 채워준 유한적인 경험에 불과하며, 그 너머에 있는 무한한 하나님의 풍요와는 비교할 수 없습니다. 그 무한한 풍요를 경험하며 감사하는 인생이 될 수 있기를 주님의 이름으로 축복합니다.

    그동안 저의 주위에서 함께한 동역자들과 가족은 여러 어려운 상황 속에서도 함께 참여하며 자족하는 삶의 비결을 배우게 해주었습니다. 이 모든 것은 나 혼자 이루어진 것이 아니라, 함께 기도하고 물질로 동역한 분들 덕분에 하나님 나라와 교회 사역을 잘 할 수 있었습니다. 그분들의 헌신과 섬김은 향기로운 제물로 하나님께 받아지며, 주님께서는 풍성하게 모든 쓸 것을 채워주셨습니다. 이제 우리도 따뜻한 마음과 물질로 주님이 기뻐하시는 사역과 불우한 이웃을 아낌없이 나누고 섬기는 삶을 살아가야 할 것입니다. 서로 동역할 때 하나님의 나라는 더욱 확장되고, 사역자는 힘을 얻어 끝까지 사역에 매진하여 풍성한 열매를 맺게 될 것입니다. 그리고 우리의 모든 삶이 하나님께 드려지는 향기로운 제물이 되어, 하나님께 영광을 돌리며 큰 기쁨이 될 것이라 믿습니다.

Chapter. 21

영광송과 문안 인사
His Glory and the Greeting

빌립보서 4:20-23

20 하나님 곧 우리 아버지께 세세 무궁하도록 영광을 돌릴지어다 **21** 그리스도 예수 안에 있는 성도에게 각각 문안하라 나와 함께 있는 형제들이 너희에게 문안하고 **22** 모든 성도들이 너희에게 문안하되 특히 가이사의 집 사람들 중 몇이니라 **23** 주 예수 그리스도의 은혜가 너희 심령에 있을지어다

인생의 궁극적인 목적은 하나님을 영화롭게 하고, 그분을 통해 영원히 즐거움을 얻는 것입니다. 웨스터민스터 소요리 문답의 첫 번째 질문과 답이 바로 이 점을 강조하고 있습니다. 인간 창조의 원래 목적은 하나님께 영광을 돌리는 것이며, 이를 통해 인생은 기쁨과 즐거움을 누리며 살아야 합니다. 그러나 인간이 범죄하여 타락한 이후, 이 목적을 상실하게 되었습니다. 사람은 자신의 소견대로 행동하며 하나님과 멀어지고, 그 결과 소극적으로는 자신의 영예를 추구하고, 적극적으로는 하나님을 대적하는 삶을 살게 되었습니다.

사도 바울은 인간의 타락을 언급하면서 로마서 1:21-23에 다음과 같이 말합니다. **"하나님을 알되 하나님을 영화롭게도 아니하며 감사하지도 아니하고 오히려 그 생각이 허망하여지며 미련한 마음이 어두워졌나니 스스로 지혜 있다 하나 어리석게 되어 썩어지지 아니하는 하나님의 영광을 썩어질 사람과 새와 짐승과 기어다니는 동물 모양의 우상으로 바꾸었느니라."** 바울은 하나님을 영화롭게 하지 않는 인간의 타락을 이렇게 지적하고 있습니다.

사도 바울의 신앙을 보면, 그의 모든 삶과 사역에서 성삼위 하나님께 영광과 찬송을 돌리는 모습을 발견할 수 있습니다. 특히, 에베소서 1장에서 성부 하나님께서 우리를 만세 전에 택하시고 자신의 자녀가 되게 하신 일에 대해 **"그의 은혜의 영광을 찬송하려"** 엡 1:6고 했으며, 성자 예수님께서 우리에게 속량과 죄 사함을 주신 것에 대해 **"그의 영광의 찬송이 되게 하려 함이라"** 엡 1:12고 말했습니다. 또한, 성령님께서 우리에게 인치시고 보증이 되게 하신 것은 **"그의 영광을 찬송하려 하심이라"** 엡 1:14고 하였습니다. 오늘 본문을 통해 영광의 송영과 문안 인사에 대한 몇 가지 교훈을 살펴보고자 합니다.

하나님께 영광과 찬양

바울은 본문 20절에서 **"하나님 곧 우리 아버지께 세세 무궁하도록 영광을 돌릴지어다"**라고 명령형으로 말씀하고 있습니다. 여기서 바울이 말하는 '하나님의 영광'은 무엇을 의미하는 것일까요? 우리는 종종 하나님의 영광을 위해 산다고 고백하지만, 그 영광이 정확히 무엇을 뜻하는지 깊이 이해하지 못하고, 그저 의미 없이 사용하는 경우가 많습니다.

바울은 본문 19절에서도 **"예수 그리스도 안에서 영광 가운데"**라고 하면서 하나님의 신실하신 약속을 말씀하고 있습니다. 여기서 말하는 '영광 가운데'는 20절에서 사용된 용어와 같지만, 그 의미는 다릅니다. 19절의 영광은 헬라어로 '독세δόξη'인데, 이는 하나님의 성품을 드러내는 단어입니다. 따라서 바울은 하나님께서 그분의 무한한 힘, 지혜, 사랑, 거룩, 진실, 그리고 완전함을 통해 성도의 필요를 계속 채워주실 신실하신 약속자로서의 하나님의 성품을 강조하고 있습니다. 반면, 20절에서 바울이 영광을 돌리라고 한 '영광'은 같은 헬라어 단어인 '독사δόξα'를 사용했으며, 이는 하나님을 높이 찬양하라는 의미입니다. 즉, 하나님을 찬양하고 그분의 존재와 위대하심을 높이 드러내야 할 것을 명령하는 것입니다. 바울은 하나님께서 찬양을 받으시고 영화롭게 되실 날을 간절히 사모했습니다. 그가 생각하기에 하나님은 마땅히 그러한 영광을 받으시기에 합당한 분이셨습니다.

그렇습니다. 우리가 믿는 하나님은 구원의 주도자이자 시행자로서 찬양을 받으시는 것이 너무나 합당한 분이십니다. 모든 피조물이 함께 올려드려야 할 마땅한 찬양입니다.

그리고 하나님은 왕이시기 때문에 찬양받으셔야 할 분이십니다. 바울이 당시 로마의 황제인 시저나 지역을 통치하는 분봉왕들이 찬양과 영광을 받는 모습을 보며, 만왕이신 하나님께서 피조물로부터 찬양을 받으셔야만 할 분으로 여기고 이렇게 명령한 것입니다. 하나님은 유다 지파의 사자이자 다윗의 뿌리인 영원한 왕이십니다. 계시록 4장 11절에서는 **"우리 주 하나님이여 영광과 존귀와 권능을 받으시는 것이 합당하오니 주께서 만물을 지으신지라 만물이 주의 뜻대로 있었고 또 지으심을 받았나이다"**라고 천상의 24장로들이 찬양을 드리고 있습니다. 예수님께서 두루마리^{말씀}를 펼치시자 모든 피조물은 소리 높여 찬양합니다. 계시록 5장 13절에서는 **"보좌에 앉으신 이와 어린 양에게 찬송과 존귀와 영광과 권능을 세세토록 돌릴지어다"**라고 찬송합니다. 그리고 장로들과 창조물들, 천군 천사들까지도 영원히 살아계시며 온 우주를 통치하실 그리스도께 머리 숙여 경배합니다.

바울 사도가 빌립보 교회 성도들에게 보내는 서신의 마무리 부분에서, 하나님께서 찬양을 받으시고 모든 영광이 주 예수 그리스도에게 돌아가며, 모든 이들이 그 앞에서 무릎 꿇고 경배하게 될 것임을 소망하는 바울의 마음을 엿볼 수 있습니다.

이 땅에서 성도의 모든 삶은 하나님의 영광에 초점이 맞추어져, 오직 그분만을 높이고 찬양하며 영광을 돌리는 값진 삶이 되어야 할 줄 믿습니다.

이 복음 찬양을 함께 불러 봅시다.

주님 큰 영광 받으소서 홀로 찬양받으소서
모든 이름 위에 뛰어난 그 이름
온 땅과 하늘이 다 찬양해

겸손하게 우리 무릎 꿇고 주 이름 앞에 영광 돌리세
모두 절하세 독생자 예수 주님께 찬양 드리리
모든 영광과 존귀와 능력 받으소서 받으소서
영광과 존귀와 능력 받으소서 받으소서
그리스도 살아계신 하나님

교회의 성도 - 형제 자매들

본문에서 사도 바울은 그의 서신의 마지막 부분에 항상 그렇듯 개인적인 안부 인사를 두 구절에 걸쳐 전하고 있습니다. 20절과 21절에서 그는 **"그리스도 예수 안에 있는 성도에게 각각 문안하라 나와 함께 있는 형제들이 너희에게 문안하고 모든 성도들이 너희에게 문안하되 특히 가이사의 집 사람들 중 몇이니라"**라고 전하며 문안 인사를 전하고 있습니다.

그리스도인들은 종종 다른 성도들에 대해 너무 추상적으로 생각하는 경우가 많습니다. 그러나 사도 바울은 그리스도인의 현실적인 삶과 신학적인 개념을 통합하여 먼저 하나님께 영광과 찬양을 돌리도록 권면한 후, 그 찬양을 돌리는 형제 자매들에 대해 구체적으로 언급하고 있습니다. 이는 그가 성도들에 대해 깊은 관심을 가지고 있다는 것을 나타냅니다. 바울은 빌립보 교회 성도들에게 따뜻하고 사랑이 담긴 마음으로 문안 인사를 전하고 있습니다. **"그리스도 예수 안에 있는 성도에게 각각 문안하라."**

그 다음으로 바울은 자신의 가까운 동료이자 그리스도인 지도자들을 생각하며 문안을 전합니다. 디모데, 에바브로디도, 그리고 다른 여러 사역자들을 언급하며 바울은 그들을 **"나와 함께 있는 형제"**라고 칭합니다. 또한, 바울은 로마에 살고 있는 많은 믿는 성도들을 떠올리며 **"모든 성도들이 너희에게 문안하되"**라고 말하면서 그들을 지칭하고 있습니다. 마지막으로 바울은 로마 궁정과 연관된 특별한 직업을 가진 그리스도인 형제들을 기억하며 **"가이사의 집 사람들 중 몇이니"**고 언급합니다. 비록 이들 중 일부는 바울에게 부정적이고 비판적인 태도를 보였지만, 바울은 이 형제들과 성도들이 결국 하늘나라에서 함께 하나님을 찬양하게 될 것임을 믿고 기뻐했습니다. 그는 그들이 하나님께 영광을 돌릴 것임을 확신하며 기뻐했습니다.

우리 모두는 출생, 직업, 재능, 신분이 다 다르지만, 주님 안에 있으면 모두 형제자매임을 믿습니다. 이곳에서 함께 하나님께 찬양을 드리며 영광을 돌리고 있지만, 장차 하나님의 나라에서 앞서간 성도들과 천군천사들과 함께 영원토록 하나님께 영광을 돌리게 될 형제자매들임을 기억하며, 서로 문안하고 교제하며 사랑할 수 있기를 바랍니다.

여러분은 바울 사도처럼, 주위에 있는 모든 그리스도인들을 그렇게 생각하고 교제하며 기도하고 계신가요? 혹시 형제자매 중 어떤 사람을 싫어할 수도 있을 것입니다. 또 어떤 이들은 여러분에 대해 비판적일 수도 있고, 어떤 이들은 아직 성숙하지 못한 초보 신자일 수도 있습니다. 하지만 하나님은 그들을 통해 영광을 받으시고, 그들도 훗날 여러분과 함께 하늘나라 찬양대의 일원이 될 것입니다. 내 주위에 있는 거슬리는 사람의 인격이나 행동을 보고 판단하기보다는, 그들과 함께할 미래의 궁극적인 운명에 대해 생각한다면 지금 여기에서 그들과 형제자매로 지내는 것이 그렇게 어렵게 여겨지지 않을 것입니다. 우리는 주 안에서 하나님께 영광을 돌려드려야 할 한 가족입니다. 그러므로 서로 깊이 사랑하고 교제하면서 늘 문안의 인사를 나눌 수 있기를 주님의 이름으로 축복합니다.

문안 인사 - 은혜

바울이 서신을 마무리하는 마지막 부분인 23절에서 **"주 예수 그리스도의 은혜가 너희 심령에 있을지어다"** 라고 전하는 인사는 겉으로 보기에는 평범한 인사처럼 들릴 수 있지만, 그 속에는 깊은 의미가 담긴 축복의 말씀입니다. '은혜'라는 단어는 헬라어로 '카리스 ^{χάρις}'입니다. 바울은 모든 그리스도인에게 필요한 것이 무엇보다 하나님의 은혜라고 생각했습니다. 많은 말들을 하고 싶었겠지만, 결국 '은혜'보다 더 중요한 것은 없다고 믿었던 것입니다. 이 은혜는 기독교 신앙의 핵심으로, 알파와 오메가입니다. 창조부터 지금까지, 아니 영원토록 하나님 아버지께서 죄인인 우리에게 베푸신 값없는 호의로 주어진 은혜는 선물 중의 선물입니다. 그러나 우리는 하나님으로부터 무엇인가를 받을 자격이 전혀 없는 존재입니다.

제임스 보이스$^{James.\ M.\ Boice}$ 목사님은 이 교훈을 토대로 이렇게 질문합니다.

당신은 생명이나 건강, 혹은 행복을 받을 자격이 있습니까? 당신은 하나님의 사랑이나 예수 그리스도가 갈보리 언덕에서 당신을 위해 피값으로 사신 구원을 받을 자격이 있습니까? 당신은 성경을 받을 자격이 있습니까? 당신은 하나님의 선물인 성령을 받을 자격이 있습니까? 혹은 일상의 삶에서 하나님의 보호하심을 받을 자격이 있습니까? 당신은 주 예수 그리스도 안에서 언젠가는 볼 하나님의 풍성하심을 함께 나누게 될 하나님의 상속인이 될 자격이 있습니까?

이 질문을 던지면서 우리는 전혀 받을 자격이 없는 죄인임을 깨닫게 됩니다. 우리는 하나님과 멀어졌고, 중생한 이후에도 여전히 옛 사람의 성품을 벗어 버리지 못하며 죄인으로 살아왔습니다. 우리가 하나님과 멀어져 떠나 있을 때, 예수님은 인간의 몸을 입고 이 땅에 오셔서 우리의 죄를 대신 짊어지셨습니다. 그리고 우리를 의롭게 하시기 위해 부활하시고, 이제 우리의 삶 속으로 들어오셔서 거룩함으로 인도하십니다. 하나님은 우리를 사랑하시며 영원히 사랑하실 것입니다. 이것이 바로 은혜입니다. 하나님의 은혜는 복음의 핵심이며, 오직 예수 그리스도를 통해서만 누릴 수 있는 지극한 선물입니다. 우리는 그분의 은혜로 말미암아 믿음으로 구원을 받아 하나님의 자녀가 되었습니다. 우리의 행위나 자격, 조건에 의해서 구원받은 것이 아닙니다. 만약 우리가 어떤 조건을 충족시켜 구원을 받았다면, 우리는 자랑할 것이 많았을 것입니다. 하지만 모든 것이 하나님의 전적인 은혜로 이루어졌기에, 우리는 그저 감사할 따름입니다. 에베소서 2:8-9은 이 사실을 다음과 같이 말하고 있습니다. "**너희는 그 은혜에 의하여 믿음으로 말미암아 구원을 받았으니 이것은 너희에게서 난 것이 아니요 하나님의 선물이라 행위에서 난 것이 아니니 이는 누구든지 자랑하지 못하게 함이라.**"

우리가 이 큰 은혜를 선물로 받았기 때문에, 이 은혜가 우리 심령 속에 깊이 자리잡고 확신을 갖게 되면, 세상이 아무리 힘들고 어려워도 고난을 능히 이겨낼 수 있는 능력을 얻게 됩니다. 어떤 환난과 고통, 위기가 닥친다 해도, 은혜로 결국 승리하게 됩니다. 문제는 고난의 유무에 있는 것이 아니라, 삶 속에 그리스도의 은혜가 있느냐 없느냐 하는 것입니다. 은혜가 넘친다면, 슬픈 일이나 막막한 일, 고통스러운 일을 겪더라도 그것을 능히 이겨낼 수 있는 힘이 됩니다. 우리는 이 세상을 살면서 고난과 고통, 슬픔, 아픔, 괴로움, 눈물을 피할 수 없는 것이 현실입니다. 그러나 하나님의 은혜, 특히 그리스도 안에서 누리는 은혜가 우리 안에 넘친다면, 그 은혜는 우리의 삶 속에 하나님의 평강을 임하게 합니다. 이 평강, 즉 샬롬은 하나님 나라에서 경험하는 가장 뛰어난 은혜입니다.

우리가 주목해야 할 점은 이 은혜가 바로 예수 그리스도를 통해 주어진 값진 선물이며, 지금도 우리가 누리고 있고, 앞으로도 계속해서 주어질 것이라는 사실입니다. 그래서 바울은 빌립보서를 시작하면서 '주 예수 그리스도'를 언급했고, 서신을 마칠 때에도 다시

한 번 '주 예수 그리스도'를 언급하며 은혜가 우리의 심령에 가득하기를 축복하고 있습니다. **"주 예수 그리스도의 은혜가 너희 심령에 있을지어다"**라는 이 축복이 여러분에게도 그대로 이루어지기를 간절히 소망합니다. 예수님은 우리의 안전하고 견고한 닻이십니다. 그 어떤 대가를 치르더라도 찾을 가치가 있는 보물입니다. 그의 은혜로 우리를 붙잡으시고, 세상이 끝날 때까지, '예수 그리스도의 날까지' 우리를 놓지 않으실 것입니다.

결론적으로, 우리는 하나님을 찬양하고 영광을 돌려야 할 피조물임을 확신하게 되었습니다. 그 이유는 우리의 창조와 지음, 그리고 그리스도 안에서 하나님의 자녀가 된 궁극적인 목적이 바로 하나님께 영광을 돌리기 위함이기 때문입니다. 또한, 하나님의 자녀된 형제 자매들이 함께 하나님을 찬양하고, 앞으로 영원토록 그 영광을 찬양할 것임을 기대하며 소망 가운데 살아야 합니다. 우리는 어떤 인격과 성품, 신분과 수준을 가진 형제 자매라도, 지금 우리가 소속한 교회와 미래의 천국에서 하나님을 찬양할 성가대원이라는 사실을 기억해야 합니다. 그러므로 형제 자매들을 사랑하고 따뜻하게 교제하며, 문안의 인사로 함께 해야 합니다. 우리는 시기, 질투, 다툼, 소외, 비판의 대상으로 형제 자매들을 바라봐야 할 것이 아니라, 함께 사랑해야 할 하나님의 가족입니다.

다음 찬송의 가사를 음미하면서 함께 불러봅시다.

내가 누려왔던 모든 것들이, 내가 지나왔던 모든 시간이

내가 걸어왔던 모든 순간이, 당연한 것 아니라 은혜였소

아침 해가 뜨고 저녁의 노을 봄의 꽃 향기와 가을의 열매

변하는 계절의 모든 순간이 당연한 것 아니라 은혜였소

모든 것이 은혜 은혜 은혜 한 없는 은혜

내 삶에 당연한 것 하나도 없었던 것을 모든 것이 은혜 은혜였소

내가 이 땅에 태어나 사는 것, 어린 아이 시절과 지금까지

숨을 쉬며 살며 꿈을 꾸는 삶, 당연한 것 아니라 은혜였소

내가 하나님의 자녀로 살며, 오늘 찬양하고 예배하는 삶

복음을 전할 수 있는 축복이, 당연한 것 아니라 은혜였소

모든 것이 은혜 은혜 은혜 한 없는 은혜

내 삶에 당연한 것 하나도 없었던 것을 모든 것이 은혜 은혜였소

하나님의 기쁨, 나의 기쁨

초판 1쇄 발행 2025년 4월 23일

지은이	안병만
펴낸이	허태영
디자인	스몰띵 smallthing
펴낸곳	에스에프씨(SFC)출판사
주소	(06593) 서울특별시 서초구 고무래로 10-5 2층 SFC출판부
Tel	(02)596-8493
Fax	(02)537-9389
홈페이지	www.sfcbooks.com
이메일	sfcbooks@sfcbooks.com
기획/편집	편집부
ISBN	979-11-989050-7-9
값	26,000원

잘못된 책은 구입하신 곳에서 교환해드립니다